农业土地利用系统模拟与调控

刘黎明　袁承程　李洪庆　周　德　起晓星　著

中国农业大学出版社
·北京·

内容简介

该书为国家自然科学基金重点项目“高集约化农区土地利用系统过程模拟及其环境风险控制”的研究成果。全书详细阐述了农业土地利用系统的基本特征、过程、效应及其调控机制，并针对高集约化农区不合理的土地利用活动所导致的高环境风险问题，从土地利用系统角度，引入物质流分析原理，开展不同尺度农业土地利用系统过程解析和定量模拟，探析从区域—小流域(景观)—农户经营单元尺度的污染物累积机制和环境风险控制途径。

图书在版编目(CIP)数据

农业土地利用系统模拟与调控 / 刘黎明等著. —北京：中国农业大学出版社，2018.9

ISBN 978-7-5655-2085-3

Ⅰ.①农… Ⅱ.①刘… Ⅲ.①农业用地-土地利用-系统仿真-研究-中国 Ⅳ.①F321.1

中国版本图书馆 CIP 数据核字(2018)第 177174 号

书　　名 农业土地利用系统模拟与调控

作　　者 刘黎明　袁承程　李洪庆　周　德　起晓星　著

策　　划 孙　勇　　**责任编辑** 孙　勇

封面设计 郑　川

出版发行 中国农业大学出版社

社　　址 北京市海淀区圆明园西路 2 号　　**邮政编码** 100193

电　　话 发行部 010-62818525，8625　　**读者服务部** 010-62732336

编辑部 010-62732617，2618　　**出　版　部** 010-62733440

网　　址 http://www.caupress.cn　　**E-mail** cbsszs@cau.edu.cn

经　　销 新华书店

印　　刷 涿州市星河印刷有限公司

版　　次 2018 年 9 月第 1 版　2018 年 9 月第 1 次印刷

规　　格 787×1 092　16 开本　12.5 印张　310 千字　彩插 8

定　　价 68.00 元

前　言

20世纪90年代以来，我国普遍实行了高投入的农业生产模式，通过不断提高土地集约利用程度、增加化肥农药等投入，实现高产增收，在一定程度上缓解了我国人口增长与耕地资源不断减少的矛盾。然而，这种高投入和高强度的集约化土地利用模式的资源损耗代价和环境风险十分突出。如何协调粮食安全保障与生态环境保护之间的关系，实现农业和农村的可持续发展，已成为当前中国农业发展过程中面临的一个严峻挑战。在这个国家重大战略需求的背景下，我们申请了国家自然科学基金重点项目“高集约化农区土地利用系统过程模拟及其环境风险控制”（批准号41130526），试图从农业土地利用系统的视角，来辨析土地投入和产出、粮食安全与生态环境之间的复杂关系，揭示高集约化农区土地利用环境风险的关键控制环节，研究探索投入减量化和低环境风险的可持续土地利用模式。

《农业土地利用系统模拟与调控》一书，是由该重点基金项目部分研究成果整理而成，全书共9章，主要包含以下核心内容：①基于人地关系理论和系统分析方法，完整地阐述了农业土地利用系统的基本特征、过程、效应及其调控机制；②根据农业土地利用系统的尺度特征，以农户经营单元—小流域—区域三种不同管理尺度为主线，构建了一套从农户管理单元尺度，到小流域尺度，进而上升到整个区域尺度的农业土地利用系统定量模拟方法体系，实现了分析和模拟不同管理尺度的农业土地利用系统变化对粮食生产和生态环境影响的目标；③探讨了基于粮食安全与环境风险控制目标的可持续农业土地利用系统调控方法，从农业景观格局优化、农户土地利用行为决策、农业和土地政策调控等不同层面，探索了投入减量化和低环境风险的可持续土地利用模式，可为高集约化农区的生态环境质量提升和农业可持续发展提供科学依据。

本著作是由所有参与这项国家自然科学基金重点项目研究的师生们共同努力所取得的成果。在此，特别感谢上海大学胡雪峰教授、中国农业大学孙丹峰教授和芮玉奎副教授、日本埼玉环境科学国际中心王効挙教授对重点项目方案的形成、实施和圆满验收所做出的重要贡献。在项目实施期间，先后有20几位硕博研究生参加了这项研究工作，共发表了将近60篇高水平学术论文。其中，由笔者指导的研究生有周德、李洪庆、起晓星、付永虎、刘朝旭、殷冠羿、邱孟龙、袁承程、卓东、常笑、赵鑫、邝琴霞、刘升蛟、马聪、叶津炜、杜苏玲、郭赟、王加升等同学。尤其是在论著编写过程中，袁承程、李洪庆、周德、起晓星等博士们承担了主要章节的撰写，付出了更多艰辛努力。袁承程博士在项目的后期总结、结题验收和论著整理编写过程中做出了不可替代的重要贡献。

农业土地利用是一个广受关注的研究议题，不同领域的学者都会有各自的认识和观点。本书主要以农业土地利用、系统模拟与调控以及综合风险管理三者交叉融合为脉络，试图更加全面和系统地阐明农业土地利用系统的基本原理和理论框架，并将其应用于不同尺度上的农业土地利用系统模拟与调控实践，希望能够为那些致力于解决土地利用与生态环境问题的研究人员和管理者提供一个新的视角和方法。

作　者

2018年1月

目　　录

第1章 农业土地利用系统概述

农业土地利用是人类为了自身的生存和发展需求而有计划地对土地资源进行开发、利用和经营的活动，是人地关系的纽带和桥梁，同时也是土地利用系统最为重要的组成部分(唐华俊，等，2015)。农业土地利用系统对人类的生存和发展至关重要：一方面，农用地作为全球面积最大的土地利用类型，它生产的大量农产品直接关乎人类粮食安全；另一方面，农用地作为一种空间连续的社会经济和自然综合体，其状态与功能随时间的变化而变化，驱动区域乃至全球生态环境的变化。因此，如何科学合理地利用农用地是农业土地利用可持续发展中亟须认真对待并加以解决的重大课题，同时也是地理学、生态学等领域的前沿和热点研究方向之一(Foley，et al.，2011)。本章在对农业土地利用系统的定义和特征进行解析的基础上，通过构建农业土地利用系统概念框架，明确农业土地利用系统的组成部分，并从农户经营单元尺度、小流域尺度以及区域尺度对农业土地利用系统定量模拟的目标和内容进行了概述。

1.1 农业土地利用系统的基本内涵及其特征

1.1.1 农业土地利用系统的基本内涵

系统是由相互作用、相互依赖、相互制约的若干部分结合而成的具有特定功能的有机整体。从系统科学理论来看，土地本身就是由土壤、气候、水文、地质、生物等要素组成的陆地表层生态系统，具有一定结构和功能，是一个与外界不断进行物质、能量、信息交换的开放系统。土地利用则是人类为了从土地上获取物质或精神的需要，对土地实施永久或周期性的干预活动，是由土地质量特性和人类社会需求协调一致所决定和发挥土地功能与作用的过程。因此，土地利用系统是一个由自然因素和社会经济因素交互作用的复杂系统，既受到人类社会需求的驱动，也受到自然环境要素的约束，两者相互影响、相互制约，形成具有地域空间特征的自然生态经济耦合系统。

综上所述，农业土地利用系统是指在一定的自然和社会经济条件下，农业各部门或各种作物的生产要素按各种比例、采用不同方式结合而成的人与自然耦合系统(付永虎，2016；刘黎明，2010)，它是以土地为核心载体的农业系统与土地系统的结合部分。农业土地利用系统的过程包括环境输入、生产要素输入、土地利用活动以及各种输出；农业土地利用系统的功能是以保障人类生计与粮食安全，促进人类可持续发展为核心；农业土地利用系统的特征以土地权属、作物布局、集约程度等为具体表象。农业土地利用系统由于受到自然、社会、经济等驱动因子变化的影响，其结构、过程和功能均会发生变化。结构变化主要包括农业土地数量、土地利用结构以及空间布局等状态的变化。过程变化包括农业土地利用系统的物质流、能量流、价值流和信息流的不断变化。功能变化主要表现在随着人类社会发展和需求改变农业土地利用的目的逐渐由单一功能向多功能方向演变。因此，农业土地利用系统的研究内容应当包括系统组成结构和时空格局演变、土地利用过程模拟以及综合效应分析等3个方面，它是以农业土地利用系统的组成结构和时空格局演变分析为重要基础，以多模型耦合的过程与机制解析为核心内容，以综合效应评估与调控为关键任务。

1.1.2 农业土地利用系统的基本特征

从农业土地利用系统的定义可知，农业土地利用系统研究具有以下3个基本特征：

(1)多学科　农业土地利用系统是农业系统、土地系统以及社会经济系统等复杂系统所组成的一个结合体(余强毅，2013)。因此，农业土地利用系统的研究离不开诸如农学、土壤学、气象学、土地管理等学科知识的支持，如图1-1所示。例如，研究农作物的生长需要作物学、土壤学、植物营养学以及气象学等学科的支持；而对农业土地利用系统结构和空间格局变化的研究，又需要地理学、土地资源学、土壤地理学、遥感等学科的知识；同时，由于农业土地利用的主要目的是为了满足人类生存和发展的粮食需求，因而在研究农业土地利用系统时又须借助社会经济领域相关学科的理论与知识。只有在多学科领域紧密联系的基础上，才能对农业土地利用系统进行全面的解析，了解其基本运行规律，识别其关键问题，从而修正人类不合理行为，控制其环境风险，实现农业土地可持续利用的目标。

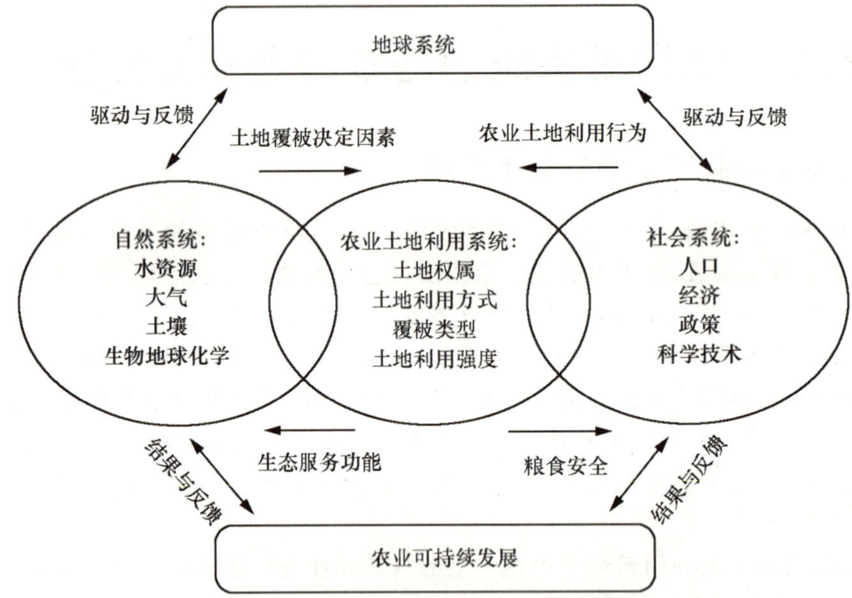

图1-1　农业土地利用系统及其与其他学科领域的关系(改自唐华俊，2015)

(2)多尺度　尺度是人们观察地理现象的窗口，所有的地理实体都是在特定的尺度范围内被观察和测量。因而，尺度不同，对地理现象的抽象和表达也会存在着显著差异(柯新利等，2010)。作为地球系统和社会经济系统的有机组成部分，农业土地利用系统同样遵循着地理科学的基本定律——尺度特征。如仅考虑耕作和种植制度，一个土地单元和一个土地利用类型相结合构成一个农户经营单元尺度的农业土地利用系统；而在一个农业区域，土地组合的类型较多，利用方式也较多，甚至同一块土地类型的范围内，或同一块土地类型上的不同部位也会形成相异的土地利用类型，从而形成复合土地利用系统；在单一或复合土地利用系统的轮作下，构成区域农业土地利用大系统（付永虎，2016）。农业土地利用系统的等级组织及其复杂性，使之具有高度空间异质性，例如，在农业土地利用的格局、过程、驱动力和效应分析，以及土地利用系统管理和重建等方面，均表现出显著的多尺度特征。根据相关研究，尺度又可依据缩放的方式，分为横向尺度（Horizontal scale）和纵向尺度（Vertical scale）；横向尺度是指依据比例尺或分辨率定量的放大或缩小；而纵向尺度是强调的是管理方式和政策制度的变化，例如田块（耕作单元）尺度、农户管理单元尺度、小流域管理尺度以及区域管理尺度等（FAO，2007）。因此，本研究依据纵向尺度，把农业土地利用系统主要分为农户管理单元尺度、小流域管理尺度以及区域管理尺度（图 1-2）。一般而言，小尺度上主要涉及具体技术问题，中尺度上会涉及利用方式和布局问题，大尺度上则还需要考虑战略和政策问题，而所有这些问题又是互相影响的（蔡运龙，2001）。因此，在耕作单元和农户管理单元尺度，本文主要研究农户决策过程和农业土地利用过程等具体技术问题；在小流域管理尺度，主要研究农业土地利用的空间布局对环境效应的影响；而在区域管理尺度，主要研究政策对农业土地可持续利用的影响。

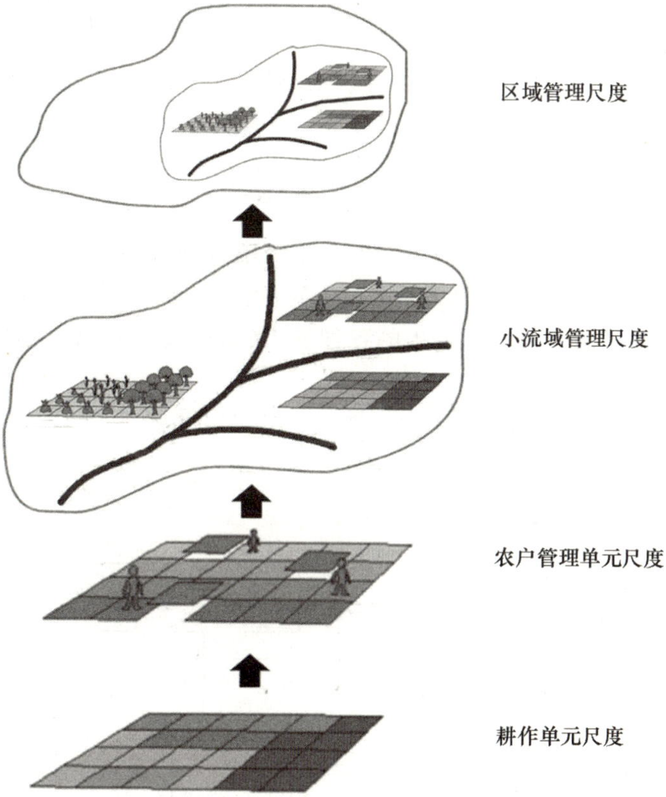

图 1-2　不同管理尺度的农业土地利用系统

（3）多效应　农业土地利用系统的多效应性，主要体现在：首先，农业土地利用系统具有社会经济效应。自人类社会出现以来就持续不断从耕地中获取食物供给，耕地面积的扩展、土地利用集约度的提高、农作物单产的提升和空间布局与种植结构的调整等，这些对于保障区域或国家粮食安全、促进农业增长、农村稳定和农民增收等均发挥了重要作用（Brouwer，et al.，2013；Smith and Sullivan，2014）。其次，农业土地利用系统具有环境效应。例如，人类在从农业土地获取食物供给的同时，因农用化学物质的过量投入，不仅会危害人类自身健康，又会产生诸如水质恶化、土壤板结、气候变化等严重的环境问题。农业土地利用系统还具有生态效应。农业土地利用系统的变化会改变地表覆盖和利用强度状况，影响地球表面的物理特征和生物地球化学循环过程，进而影响地表与大气之间的能量、水分和元素的交换过程，以及土壤—植被之间的营养物质输送过程，从而改变土地生态系统的结构与功能，导致其产生不同的生态效应，如生态服务价值、生物多样性和景观破碎化程度的变化（Chazal，2009；Hayha，2014；Metzger，et al.，2006）。

1.2 农业土地利用系统的概念框架

经过对农业土地利用系统的解析，在参考已有研究的基础上（刘黎明，2010），本研究构建了农业土地利用系统概念框架，如图 1-3 所示。依据该框架，农业土地利用系统主要由输入、土地利用过程、输出以及反馈与控制 4 个部分组成：①农业土地利用系统输入分为生产输入和环境输入，其中生产输入包括了各种物质资料（如化肥、农药、种子、畜禽粪肥、灌溉用水等）、资金、劳力、机械和技术等投入，而环境输入主要包括环境自然要素（如光照、温度、水分等）以及其他污染物（如重金属）的输入。②土地利用过程主要包括生物过程、农户决策过程、土地利用变化过程以及物质流动过程，其中物质流动过程又可分农田养分循环过程，水文过程以及物质流分析等。通过农业土地利用过程，农业土地利用系统的生产输入和环境输入进入系统中并产生系统输出。③农业土地利用系统输出分为产品输出和环境输出，其中产品输出分为农产品（如稻谷、小麦和玉米等粮食产品）和农副产品（如秸秆等）；而环境输出主要是指经由地表径流、地下淋溶、挥发以及反硝化等途径输出的各种物质（如氮磷营养物质、温室气体、农药残留

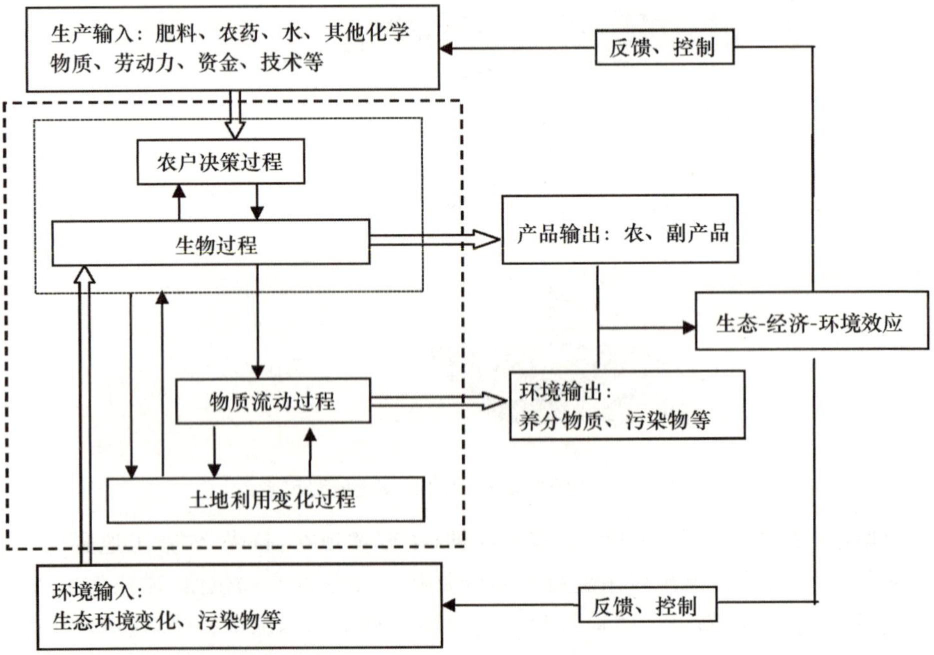

图 1-3 农业土地利用系统概念框架

等)。④农业土地利用系统主要包括了两个反馈与调控路径:其一,是由生物过程产出的粮食产量,与社会、经济、政策等因素结合之后,又通过农户决策行为输入到农业土地利用系统中所构成的反馈路径;其二,是由环境输出的污染物质,经过政策和工程技术手段干预后又通过环境输入到农业土地利用系统中所组成的反馈路径。

1.3 农业土地利用系统的过程分析

根据农业土地利用系统框架,农业土地利用过程是农业土地利用系统研究的核心部分。它主要包括生物过程、农户决策过程、土地利用变化过程以及物质流动过程,其中物质流动过程又可分农田养分循环过程,水文过程以及物质流分析等。

1.3.1 生物过程

生物过程是指生物生长、发育、产量形成等过程及其与环境交互的过程。目前,在农业土地利用系统中,主要是通过构建生物过程模型定量描述生物生长、发育、产量形成等过程及其与环境的关系。生物过程模型按照模拟对象的不同,可分为作物生长模型和畜禽动物生长模型。根据模型的输出特点,作物生长模型又分为两类:一类是专注于模拟作物产出的模型,如WOFOST、SWAP和ORYZA等模型(王涛等,2010;冯绍元等,2014;莫志鸿等,2011),该类模型以光合作用为基础,通过改变作物参数便可应用于不同作物,主要用于验证科学假设和率定作物模型以及评价不同管理措施对作物产量的影响;另一类是既可模拟作物生长又能模拟环境输出的综合作物生长模型,此类模型把作物生长模块与氮磷物质循环模块进行了耦合,如DSSAT、APSIM、EPIC等模型(Vogeler, et al., 2013;刘建刚,等,2013;张均华,等,2012)。它们不仅可以模拟气候变化或管理措施对作物产量的影响,为合理有效地利用农业和自然资源提供决策支持(Dono, et al.,2013;Ritchie,1995;Yang, et al.,2014;杜建涛等,2008),还可用于模拟土壤碳氮循环(Luo, et al.,2014;Vogeler, et al.,2013),评价养分循环与损失(Bandaru, et al.,2013;Bash, et al.,2013)和水土流失(Gaiser, et al.,2008)等方面。而畜禽养殖作为农业土地利用系统的重要组成部分,畜禽动物生长模型的模拟对于分析农户经济效益与环境效应具有重要作用,但是,因牵涉的学科领域太广,涉及因素众多,且各因素间的相互作用关系过于复杂,目前应用于动物生产实践的模型很少。

农业土地利用系统中的生物过程模型在模拟农事活动、预测其经济产量和环境输出等方面具有重要作用,其目的是实现定时、定位、定量地开展农业生产技术管理,以达到高产出、低投入、低环境风险的目标。然而,现有的生物过程模型还有待进一步发展:①动物生长模型研究还需加强。在我国农业土地利用系统中,养殖业对农户的决策行为及其环境效应具有非常重要影响。而现有的模型大部分是通过系数法测算动物产量和环境输出,其准确性有待提高。②作物生长过程模型通用性与参数检验问题。作物生长过程模型是农业土地利用系统的基础。为了便于与其他模型耦合,其模拟的作物类型不仅仅是一种或两种作物,而是能模拟一个区域内主要的农作物生长。假若作物模型不通用,参数需要多,会耗费大量的人力物力。③应与3S技术、专家系统、决策支持系统、网络技术、天气发生器等高新技术或其他领域模型进一步结合。此外,模型界面友好,便于操作,才能使模型为农业生产者和管理者所应用。

1.3.2 农户决策过程

农户是以血缘和婚姻关系为基础而组成的农村家庭。它是农村经济活动的行为主体，也是农业生产中最基本的决策单元，同时也是政策和市场因素的直接受体。土地权属的流转、作物布局的变化、作物种植方式的改变等都直接与农户的行为相关。因此，对农户的决策过程的研究具有重要意义。目前，农户决策过程研究主要是通过构建农户决策模型来定量描述农户的土地利用行为，其代表性的模型，如线性规划模型和基于 Agent 的决策模型等（李芹，等，2014）。线性规划模型是在一组生产限制条件下最优化农户的目标效用的方法（刘莹，黄季焜，2010）。如吴连翠（2011）基于线性规划法，通过构建农户模型来模拟粮食补贴政策的绩效（吴连翠，陆文聪，2011）。线性规划方法主要通过构建数学函数来求解，应用相对简单，但是对农户的意愿考虑略有不足。故又有学者提出基于 Agent 的模型来研究农户决策行为。基于 Agent 的决策模型是通过建立农户决策规则，以实现对农户决策行为的模拟（常笑，等，2013；余强毅，等，2013）。该方法能较好地解释农户决策的机理，但是该模型的构建过程相对复杂。

1.3.3 土地利用变化过程

土地利用变化过程旨在研究社会经济发展或气候变化对土地利用变化的影响。根据土地利用变化模型构建的原理，又可分为 3 类：一是基于经验统计的方法，如 CLUE-S。CLUE-S 模型是将自然驱动与人文驱动因子、空间分析与非空间分析、基于经验统计模型与基于过程模型相结合，全面描述社会、经济、环境和制度因素对土地利用变化的影响。CLUE-S 优点是具有较好的综合性、更好的开放性，更明晰的空间性以及较高的效率（吴健生等，2012），可很好地模拟土地利用变化的生态环境效应（Dams，et al.，2008；Zhou，et al.，2013；Zhang，et al.，2013），以及对不同政策的响应（Banse，et al.，2011；Britz，et al.，2011）。

二是基于栅格邻域关系分析的方法，如元胞自动机（Cellular Automata，CA）。CA 模型是一种时间、空间状态均离散，相互作用及因果关系皆为局部的网格动力学模型；CA 模型优点是可模拟复杂系统行为，实现系统未来发展状况的情景分析，能够可视化地模拟土地利用的时空动态过程等，例如：Zhou（2012）、王友生（2011）等通过应用 CA 与 Markov 模型耦合来研究区域土地利用/景观变化。CA 模型的缺点是参数有较大的不确定性，无法有效地将具体的政策影响容纳到模型之中。

三是基于多智能主体分析的方法，如 Agent-based model（ABM）。ABM 模型主要是通过模拟微观主体结构变化（如人口增长、迁徙等）或决策行为变化（如生计选择、土地配置、权属变更、农作物选择），并表达这些变化过程对宏观层面土地利用方式与格局的影响（余强毅等，2013）。例如 Valbuena 等（2010）通过构建 ABM 模型来模拟区域尺度土地利用变化，并以荷兰的一个案例区进行了研究。ABM 模型的优点是建立模型灵活，注重模拟人类决策行为，以及能够表达宏观与微观之间相互反馈作用关系等。此外，作为由下至上的模型，ABM 模型还可非常容易地与其他模型模块进行耦合，以研究土地利用系统的变化及其所带来的经济—社会—生态综合效应。但是，目前 ABM 也存在空间表达困难、模型检验和验证研究不足等问题。

以上 3 种模型是现有模拟土地利用变化过程最常见和应用最广泛的方法。它们在模拟农业土地利用系统变化，帮助人类了解其变化机制起到了重要作用。但是，现有模型侧重于土地利用类型变化，如耕地、建设用地、林地等之间的转化，对耕地内部农作物空间格局动态变化研究不足。而实现对农作物空间格局动态变化的模拟具有重要意义：一方面，农作物布局和种植方式的变化会显著影响这一区域的生物多样性与农田碳氮循环过程；另一方面，农作物时空格局变化与农田碳氮循环过程又会共同作用于粮食生产，从而影响区域粮食安全状况。此外，现有研究多侧重于土地自然属性的变化，缺少对土地权属等社会属性变化的研究。因土地权属的变化必然会导致其农业投入的变化，如张丽君等(2005)研究结果表明，农村农地流转行为很大程度上改变了农村土地利用结构、土地利用方式以及土地利用强度。因此，如何模拟农业土地系统中土地权属和作物布局的变化是今后重点研究方向之一。

1.3.4　物质流过程模拟

农业土地利用的过程也是物质在农业土地利用系统内的迁移与转化的过程。在定量模拟农业土地利用变化过程中，依据研究尺度的不同，其物质流动过程的模拟分析方法又可分为农田营养物质循环模型、流域水文过程模型及区域物质流分析模型。

1. 农田营养物质循环模型

目前，关于农田氮循环模型的研究有许多。根据模型建立方法的不同，氮循环模型可分为经验模型和机理模型。经验模型通常依据实验测定或调查的环境变量间的数据关系，采用统计方法，通过曲线拟合建立方程，以此进行外推，如 Shaffer 等(1987)建立的氮素循环模型 NTRM。经验模型所需的参数较少，使用比较方便，应用较为广泛，却不能准确地反映土壤氮素的长期动态变化，有较强的地域性(唐国勇等，2005)。而机理模型则从氮循环机理着手，研究环境因子对氮循环过程的影响机制，如 DNDC 模型、CERES 的子模型以及 EPIC 的子模型等(张均华等，2012；刘建刚等，2013；)。该类机理模型理论性强，延展性好，可用于模拟不同地区土壤氮素长期动态变化，如 DNDC 已被许多学者应用在不同的地区(Cui，et al.，2014；Goglio，et al.，2014)，但该模型运行所需参数较多，建模者需对整个氮循环过程都有深入研究。与氮循环研究相比，磷循环的研究目前还很薄弱。之前，磷循环研究主要集中在作物吸磷的机理方面，缺少磷循环的动态模拟研究。近些年，一些学者尝试对磷循环进行动态模拟，并取得了一定的成果，如庄恒扬等(2005)建立了土壤磷动态及作物吸收利用的模拟模型。此外，一些作物生长模型也开始通过构建磷的子模型来模拟磷的运转和迁移，如李军等(2005)介绍了 EPIC 中土壤磷运转和作物营养的数学模拟。但是，磷的动态模拟研究还是不足，在许多已研制的诸如 CERES、ORYZA、WCSODS 等综合性作物生长模型中都还缺少磷素循环模块的研究(张均华等，2012)。

2. 流域水文过程模型

水文过程模型主要目的是模拟在重力因素的影响下，流域内物质在各类土地利用类型中迁移与转化的过程，其模拟结果对于识别流域内农业土地利用系统关键污染源，评价区域土地利用管理措施和工程措施对水文水质的影响等方面具有重要作用。目前，在水文过程模型研究中，应用较多的主要是非点源污染模型。根据模型的构建途径和过程，非点源污染模型通常又可分为经验模型、机理模型和功能模型 3 类。一类是经验模型，它是指利用污染物输出系数估算流域面源污染负荷，是一种集总式简便面源污染负荷估算方法(Johnes，1996)，如输出系数模型。输出系数模型通过应用黑箱原理，有效地避开了非点源污染发生的复杂过程。该方法具有所需参数少，操作简便，且具有一定精度的特点。输出系数模型虽然不能预测单场降雨所产生的非点源污染，却可以为流域内长期的非点源污染研究提供一种简便可行的方法，因而在国内外得到了广泛应用(丁晓雯等，2006)。但是，因污染物的输出系数存在很大不确定性，其精确度还待提高。另一类是机理模型，它是指根据非点源污染产生的过程机理，模拟非点源污染的一种模型，如 ANSWERS 和 HSPF 模型等(张玉斌等，2004；李兆富等，2012)。该类模型机理清楚，但模型构建复杂，对数据量和数据精度的要求比较高。第三类是功能模型，它是在经验模型和机理模型的基础上发展起来的，并有效协调了两种模型的优缺点，能对非点源污染的水文、侵蚀和污染物迁移过程进行系统综合模拟，其代表模型有 AnnAGNPS、SWAT 和 APEX 等(Taguas, et al.,2012; Zhang, et al.,2014; Wang, et al,2008)。目前，机理模型和功能模型广泛地应用在识别土地利用系统关键污染源，模拟区域土地利用管理措施对水文/水质的影响等方面。然而，该方法也存在一些不足：首先，现有的模型在构建和校正过程所需参数较多，存在率定困难等问题；其次，由于当前模型不够完善，还存在不能完全准确地模拟非点源污染过程的困难，导致模拟结果不够理想；最后，现有水文模型侧重于氮、磷等营养元素的迁移转化研究，而在重金属方面的应用还较少。由于目前土壤重金属污染已成为我国最严重环境问题之一，因此，对土壤重金属在流域内的迁移转化途径进行研究，可为重金属污染防控提供决策支持，具有重要的现实意义。

3. 区域物质流分析模型

在土地利用系统过程中，能量和信息流动往往依附于物质流动传递，系统的物质流动才是系统环境风险产生的关键。对于土地利用系统而言，物质流分析可以将系统在一定时空范围内的物质流动和贮存从物质流动的源、路径及汇 3 个方面进行系统分析。由于物质是守恒的，所有的系统物质均可通过输入、贮存及输出过程来达到物质平衡。农业土地利用实际上是对土地系统的扰动，最终会对系统的物质输入、贮存和输出产生影响，最终对自然生态环境产生影响。

目前，物质流分析主要有两种类型，即 Bulk-MFA(Bulk-Material Flow Analysis)和 SFA (Substance Flow Analysis)(张晓刚，曾辉，2014)。Bulk-MFA 主要分析社会经济系统中混合物和大宗物资的流动状况，其研究对象主要是国家经济系统。而 SFA 主要针对某种特定的物质流进行研究，一般指化学元素或者化合物，常应用在国家物质循环分析(岳强，陆钟武，2005；张江徽，陆钟武，2007)、流域营养元素代谢分析(刘毅，陈吉宁，2006)以及环境风险评价(Huang, et al.,2014)等方面。从农业土地利用系统角度来说，营养元素在满足作物生长需求的同时，过多的营养元素又会累积、迁移和转化，给土壤和周边环境造成负面影响，而 SFA 在追踪特定元素或化合物的流动过程，识别环境问题，提高物质利用率等方面具有特殊的优势。因此，SFA 应该同样适用于农业土地利用系统。它可将集约农业土地利用系统视为一个物质流动的生态系统，重点关注人类投入对农业生产中物质代谢过程的影响及其可能产生的环境问题。

基于农业土地利用系统过程构建的物质流分析框架包含了主要的污染物质(N、P、农药、化肥、重金属等)的输入和输出过程(图 1-4)。在农业土地利用过程中，系统的输入包括了一系列自然或人为的输入方式。本文重点关注人类土地利用活动导致的污染物质输入，这些活动包括:肥料投入、农膜使用、农药施用、灌溉等途径。而污染物的环境输出主要包括:淋溶径流、土壤残留以及焚烧等途径。

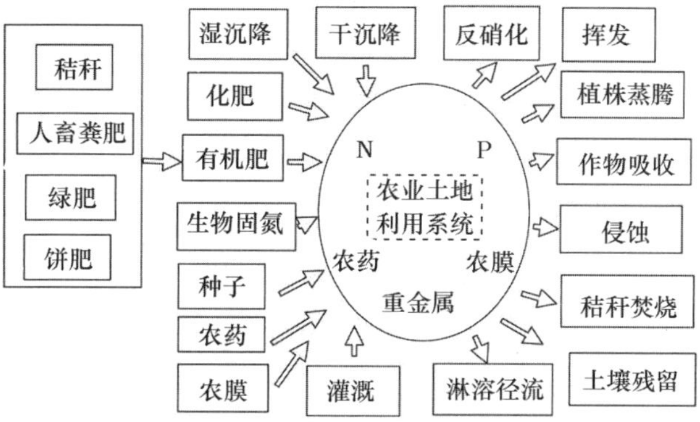

图 1-4　农业土地利用系统物质流分析框架(卓东,2017)

1.3.5　过程耦合与集成

农业土地利用系统作为一个多学科、多尺度、多效应的复杂系统,目前仅靠某一土地利用过程模型的模拟是不足以表达其复杂土地利用过程的经济效益和环境效应。为了实现定量地模拟农业土地利用系统的目标,往往需要把相关的土地利用过程模型进行耦合。目前,在农业土地利用系统过程模型中,主要存在生物过程与农户决策过程的耦合与集成、生物过程与物质流过程的耦合与集成、农户决策过程与土地利用变化过程耦合与集成、土地利用变化过程与生物过程的耦合与集成、土地利用变化过程与物质流过程的耦合与集成以及多个过程的耦合与集成。根据农业土地利用系统的尺度效应,农业土地利用系统的多个过程耦合与集成又可分为农户管理单元尺度,小流域尺度和区域尺度。如在农户管理单元尺度上,可将农户决策与生物过程和农田氮素循环模拟过程进行耦合,模拟单个农户决策对生物生长与环境的影响,此类研究如 DSSAT 模型;在小流域尺度上,将农户决策过程、土地利用变化过程、生物过程以及水文过程模型进行综合,模拟政策因素对整个流域的粮食生产与环境的影响,如 Daloglu 等(2014)将 ABM 与 SWAT 模型进行耦合,评价保护性耕作对水质的影响;而在区域尺度,可将农户决策过程、土地利用变化过程和物质流分析过程进行耦合,并考虑社会经济因素,构建一个完整的区域农业土地利用系统模型,可协调区域粮食生产与环境的关系,为政府决策提供参考依据,但是目前此类研究还很不足。

1.4　农业土地利用系统的模拟

土地利用系统模拟旨在回答土地利用系统结构在何时、何地以及发生了怎么样的变化与转换,并导致了何种突出的环境效应(邓祥征,2008)。而农业土地系统研究的核心目的在于理解和解释农业生产过程中的“人类—自然”综合复杂关系,进而为可持续农业发展提供科学服务(Bezlepkina, et al.,2011)。具体来说,农业土地利用系统模拟目标是应用各种模型来动态模拟土地利用过程中的投入与产出关系,预测不同土地利用方式的经济产出和环境效应,进而评价相关措施和政策的合理性,以探讨可持续的土地利用模式。然而,由于农业土地利用系统具有多尺度的特征，使得研究尺度的不同，其研究关注点和主要内容也有所差别。因此，本节将依据农业土地利用系统的尺度特征，分别从农户经营单元、小流域尺度以及区域尺度具体分析各尺度农业土地利用系统模拟目标、内容和方法。

1.4.1 农户经营单元尺度

在农户经营单元尺度上，农户是广大农村投资、经营等经济活动的主体，是农村土地利用最基本的决策单位(刘洪彬，等，2012)。作为土地利用的直接参与者，农户的决策行为(如：是否流转、是否耕作、种植何种作物以及如何种植等)不仅会直接改变农田的种植方式和产出，而且会影响农业土地利用系统的结构、布局以及社会—经济—环境效应。因此，探明农户决策过程的行为机制，分析农户决策行为对农业土地利用系统变化的影响，是优化种植结构，提高资源利用效率，确保粮食安全以及相关政策制定的重要依据和基础。

(1)研究目标　以农户为研究对象，实现对农户决策过程的模拟，并分析其决策结果和行为特征对粮食生产和环境效应的影响。

(2)研究内容　在大量农户调研的基础上，根据二叉树聚类方法，选取农户主要收入来源和农户经营规模为指标，对研究区内的农户进行分类，并全面解析各个农户类型的农业土地利用行为及其经营特征。在此基础上，以农户理性经济人假设为前提，以农户经济效益最大化为目标，应用线性规划方法，构建农户土地利用决策过程模型，并应用物质流分析模型研究农业土地利用物质流动及其迁移与转化过程，从而实现对农户经营单元尺度的农业土地利用系统的粮食生产和环境效应分析。农户经营单元尺度研究框架如图 1-5 所示。

(3)研究方法　线性规划方法、物质流分析以及 Logistic 回归分析。

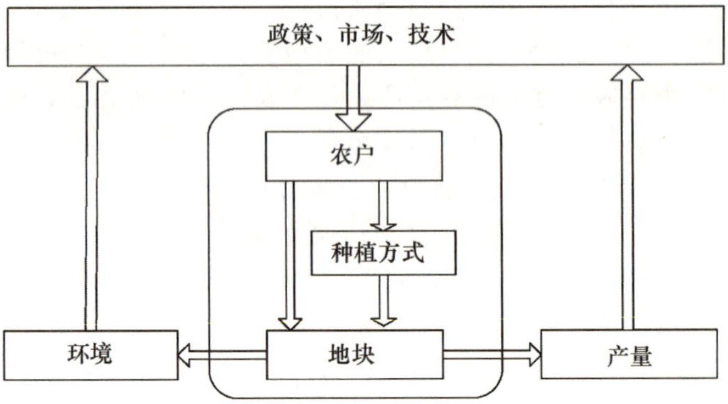

图 1-5　农户经营单元尺度研究框架

1.4.2 小流域尺度

小流域通常是指二三级支流以下，以分水岭和下游河道出口断面为界，集水面积在 50 km^2 以下的相对独立和封闭的自然汇水区域。假如在一个小流域内土地利用类型主要以农用地为主，该区域即可称为小流域尺度的农业土地利用系统。近年来，随着我国工业化、城市化的不断发展，人类对土地资源不合理利用的问题日益凸显，加剧了流域的非点源污染，导致水环境日益恶化。因此，在小流域尺度上，有必要研究农业土地利用系统变化对水环境污染的影响，从而有助于将来通过调控农户行为，优化农业景观格局，改善流域水环境质量，实现流域生态环境可持续发展。

(1)研究目标　通过对小流域尺度内农业土地利用系统的模拟,分析农业土地利用变化(包括农业结构和布局变化、土地利用方式、土地利用强度等)对污染物质在农业土地利用系统内的流动迁移状况的影响。

(2)研究内容　针对小流域尺度的特征,在农户经营单元研究的基础上,本研究通过分析社会经济驱动因子对农户决策过程的影响机制,构建多智能体(ABM)模型,实现对流域内众多个农户的决策过程的模拟,并在流域内表达农户决策结果对农户种植方式、土地利用类型、常住人口以及养殖业发展状况的影响;在此基础上,把ABM模型模拟的结果以及流域的DEM和降雨等数据输入到改进的输出系数法(IECM)模型中,从而构建ABM与IECM的耦合模型,实现对流域内物质流动迁移状况的模拟,明晰社会经济因子影响流域内水质的机制,为将来通过调控农户行为控制水质环境奠定基础。小流域的尺度研究框架如图1-6所示。

(3)研究方法　ABM模型与IECM模型。

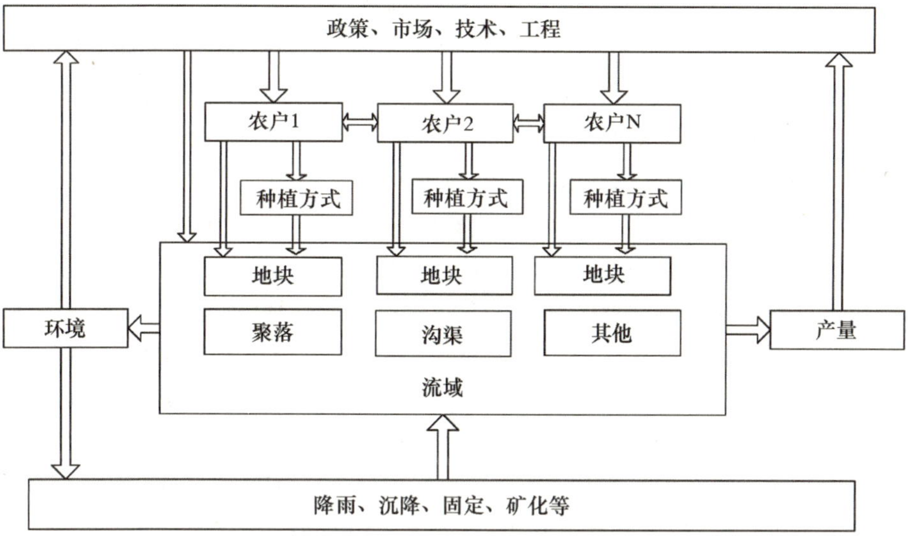

图1-6　小流域尺度研究框架

1.4.3　区域尺度

在本研究中,区域主要是指国家为实行分级管理而划分并设立相应国家机关的行政区域,由行政界线所组成,它既可以是一个镇(乡),也可以是一个县或省(自治区、直辖市)等。在行政区域内,除去城市的建设用地,剩余的农业用地部分即可称为区域尺度的农业土地利用系统。按照行政区划等级,它又可划分为镇域农业土地利用系统、县域农业土地利用系统和省(自治区、直辖市)域农业土地利用系统等。由于小流域尺度研究的范围一般是由流域地面分水线和出口断面所组成的一个相对封闭区域,其研究边界往往不与行政区划重叠,使得其研究结果很难为以行政区划为基本单元的政府决策行为提供直接依据。此外,与小流域尺度相比,区域尺度的农业土地利用系统具有更为相似的政策制度和自然环境。因此,对区域尺度的农业土地利用系统进行模拟,更有助于分析政策因素对农业土地利用系统的粮食产出和环境效应的影响。

(1)研究目标　通过模拟区域尺度的农业土地利用系统变化,协同研究农业土地利用系统的社会经济效益与环境效应,为政府制定农业可持续发展政策提供依据。

(2)研究内容　依据大量的农户调研,明确研究区域内农业土地利用的主要问题和特点;之后,在农户经营单元研究的基础上,构建ABM与物质流分析模型(SFA)的耦合模型,应用ABM模型模拟区域农业土地利用系统的变化,并运用SFA模型模拟农业土地利用系统的粮食产量和环境效应;在假定其他因素保持稳定不变的情况下,通过设置不同政策补贴情景,协同分析各个政策补贴情景对区域粮食产量和环境效应的影响,从而为将来制定合理的调控政策、权衡粮食生产与环境风险两者之间的关系提供参考依据。

(3)研究方法　ABM模型与SFA模型。

1.5 农业土地利用系统的调控

系统动力学认为,系统的基本结构是一阶反馈回路,一个复杂系统则按一定的系统结构由若干相互作用的反馈回路组成,反馈回路的交叉作用形成了系统的总功能(Kombe,2005)。农业土地利用系统是由土地利用方式、土地利用过程和自然环境要素等组成,在人类农业生产活动过程中形成的自然—生态—经济复杂系统,因此,农业土地利用系统必然也包含了若干反馈回路。经过系统解析,本研究认为农业土地利用系统主要包含了两个反馈路径:其一,是由生物过程产出的粮食产量,与社会、经济、政策等因素结合之后,又通过农户决策行为输入到农业土地利用系统中所构成的反馈路径;其二,是由环境输出的污染物质,经过政策和工程技术手段干预后又通过环境输入到农业土地利用系统中所组成的反馈路径。在农业土地利用系统中任何一个过程的改变都会经过这两个反馈路径,又作用于整个农业土地利用系统。因此研究农业土地利用系统的反馈与控制,对于调控农业土地利用系统具有重要意义。

目前,农业土地利用系统模拟模型根据反馈的关注点,可分为经济效益反馈模型和环境效应反馈模型。针对经济效益的模拟模型,如Schreinemachers等(2011)应用MP-MAS模型与其他生物物理模型进行耦合,研究农业技术、环境变化、市场动态以及政策干预对土地利用的经济—社会—生态综合效应的影响。针对环境效应反馈的模型,如Berger(2014)等把GCE和PE模型与ABM模型耦合,模拟政策和土地利用策略对气候变化的响应;Classens等(2009)应用CLUE与LAPSUS的耦合模型,研究了土地利用改变与土壤侵蚀的反馈机制。经济效益反馈模型有助于理解社会、经济、政策以及气候变化对作物产量的影响机制,而环境效应反馈模型对于控制环境污染、降低环境风险具有重要作用。因此,加强经济效益反馈与环境效应反馈研究是协调好经济效益与环境效应,构建可持续农业土地利用系统的重要途径。

1.6 小结

本章从农业土地利用系统基本内涵出发,概述了农业土地利用系统的多学科、多尺度、多效应的基本特征,构建了农业土地利用系统概念框架,并把农业土地利用系统解析为输入、土地利用过程、输出及反馈与控制四个部分。在此基础上,对生物过程、农户决策过程、土地利用变化过程以及物质流动过程等土地利用过程以及农业土地利用系统调控进行了详细阐述。依据农业土地利用系统概念框架以及农业土地利用系统的尺度特征，本章还明晰了农户管理单元尺度、小流域尺度以及区域尺度农业土地利用系统的研究目标和研究内容。根据本章的研究结果，从第 2 章到第 9 章将对上述 3 个尺度农业土地利用系统的研究内容和研究方法进行详细描述。

第2章　农户经营单元的农业土地利用系统模拟与调控研究

农户经营单元尺度的农业土地利用系统就是以耕作单元为基础，以农户为核心的农业土地利用系统。农户是农业经营和农村土地利用的主体，同时也是诱发农业土地利用系统结构变化的微观基础。通过对农户经营单元尺度的农业土地利用系统研究，有助于探明农户作物选择的行为机制，理解农作物空间格局变化过程，分析其对社会—经济—环境效应的影响，是优化种植结构，确保粮食安全，控制农业环境风险以及制定相关政策的重要依据和基础。

2.1　研究区概况及数据来源

2.1.1　研究区概况

本研究以湖南省桃江县为案例区。桃江县位于湖南省洞庭湖区中部，地处湘中偏北，资江中下游，因境内有桃花江而得名。地理坐标为北纬28°13′～28°41′，东经111°36′～112°19′，县境东西长73.3 km，南北宽51.5 km，总面积2 068.35 km^2，为湖南省总面积的0.97%。隶属湖南省益阳市，东邻资阳、赫山二区，南接宁乡，西南与安化毗邻，西北与常德鼎城、汉寿接壤。全县辖15个乡镇，772个行政村，8 163个村民小组，2013年末全县总人口88.91万人，其中农业人口77.77万，占87.47%，实际城镇化率37.79%，人口自然增长率为6.5‰。

桃江县属于丘陵地区，为雪峰山余脉向洞庭湖过渡的环湖丘岗地带，地形由西南向东北倾斜，山地以西南部居多，丘陵主要分布在西北部和东部，岗地分布于平原与丘陵之间，平原分布在中部资江和溪河两岸以及山间谷地之中。境内属中亚热带大陆性季风湿润气候，年平均气温16.6℃，有效积温在5 000～5 500℃之间，年日照时数1 583.9 h，太阳总辐射量102.7 kal/cm^2，相对湿度82%，无霜期平均263 d。县内水源充足，平均年降雨量1 566 mm，雨季集中在4—6月，占全年总量的42%，7—9月偏少、占24%，全县年降水总量为33亿 m^3。资水在桃江穿境而过，年总流量达223.7亿 m^3。

桃江县有耕地面积44 538.0 hm^2，占土地总面积的21.53%，其中水田面积37 413.8 hm^2、旱地面积7 124.3 hm^2。全县主要耕作制度有：一季稻、稻—稻、菜—稻—稻、油—稻—稻、肥—稻—稻、油—稻等，2014年水稻播种面积占总粮食作物播种面积的93.0%，其秸秆还田率达71.0%。全县林业用地面积稳定在187万亩以上，其中毛竹林面积93万亩；森林活立木蓄积量435万 m^3，森林覆盖率62.98%。

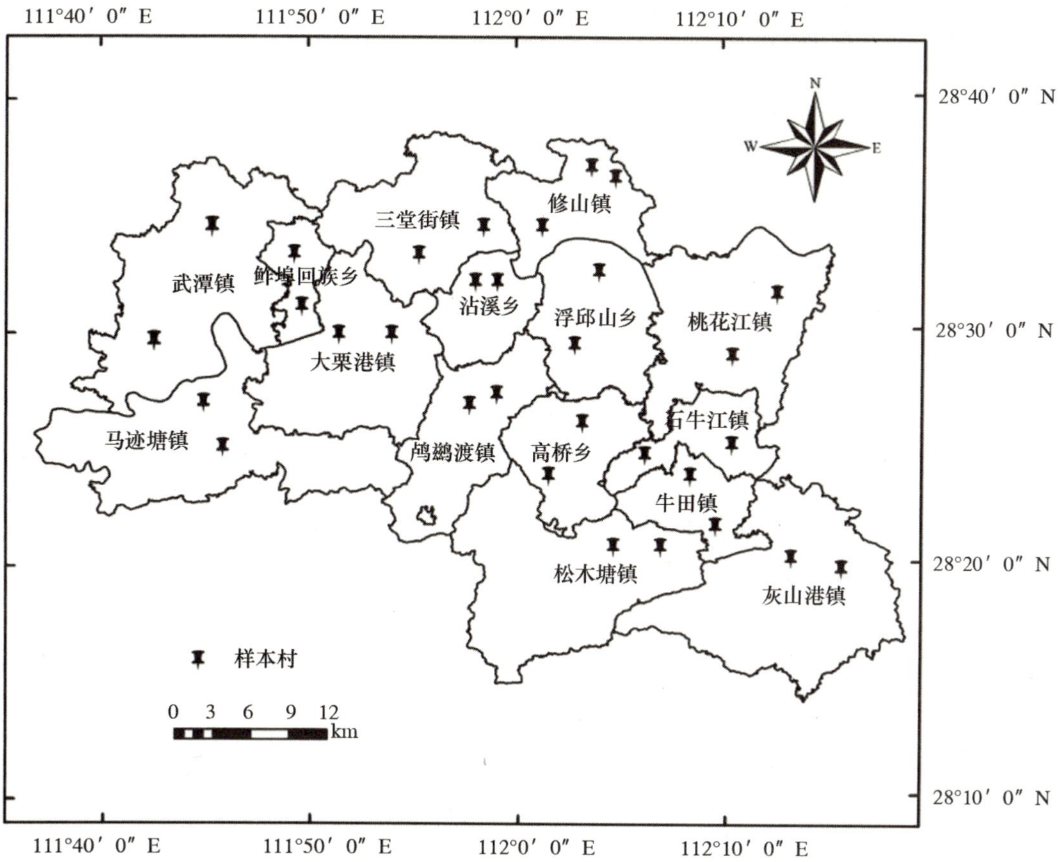

图 2-1　桃江县农户调研样点分布图

2.1.2　数据来源

本研究的数据主要来自以下途径。

(1)农户调研数据　调研采取随机分层典型抽样方法,以典型性、代表性、有效性为原则确定调研样本。于 2011—2015 年间深入湖南省桃江县对农户的经营规模、种植结构、投入产出以及家庭收入等情况进行了实地调查和深入访谈,在桃江县每个乡(镇)分别随机抽取 2 个典型样本村。另外,在样本户的确定上尽可能覆盖:不同家庭特征、不同经济收入状况、不同经营规模以及地处不同地理位置的农户。基于上述样本选择方法,共计调研 420 户,其中有效问卷 399 户,有效率 95.0%。因为桃江县大部分农户的经营规模小于 0.667 hm^2,所以此类农户在各个乡镇调研的份数较多,合计有 158 份;而对于耕地面积大于 3.333 hm^2 的农户,由于本地区该类型农户本身就相对较少,只有 31 户调研数据。具体的各种类型农户调研结果如表 2-1 所示。

(2)基础图件数据　此类数据主要被用来计算耕地地力等级,它由土壤调查数据、灌溉条件数据和地形地貌数据、水利数据及土地利用现状数据等组成。

(3)文献资料　农地流转率、农业补贴等来源于桃江县内部统计资料,而物质流分析模型中氮和磷的相关参数选取主要由相关文献资料获得。

2.2 农户土地利用行为解析

农户是我国农业生产经营的主体单位，同时也是诱发农业结构调整的微观基础（胡豹等，2005）。因此，有必要对农户土地利用行为进行解析，分析影响农户决策行为的因素，为下一步模拟农户土地利用决策行为奠定基础。

2.2.1 农户类型研究

农户的合理分类是研究农户经营单元尺度农业土地利用系统的基础，同时也是小流域尺度和区域尺度的农业土地利用系统模拟的基本要求。目前，有关分类方法的科学研究种类繁多，如有二叉树聚类、k 均值聚类、层次聚类等。其中，二叉树分类方法具有分类直观、逻辑性强，特别是在处理同时存在定量与定性的数据时，分类效果十分理想等特点（王磊，2011；Valbuena, et al.，2008）。因此，本研究选用该方法对农户进行分类。在参考相关研究文献的基础上（Daloglu, et al.，2014；Kobrich, et al.，2003；Siciliano，2012；Valbuena，2008），本研究选取了农户主要收入来源和经营规模作为分类指标（起晓星，2015；王磊，2011），并考虑将来对小流域和区域尺度研究的需要，根据二叉树分类方法将农户类型划分为 8 类，分别是退耕型、传统型、休闲型、兼业型、以农为主型、专业型、大规模型以及养殖专业型，具体划分方法和依据如图 2-2 所示。

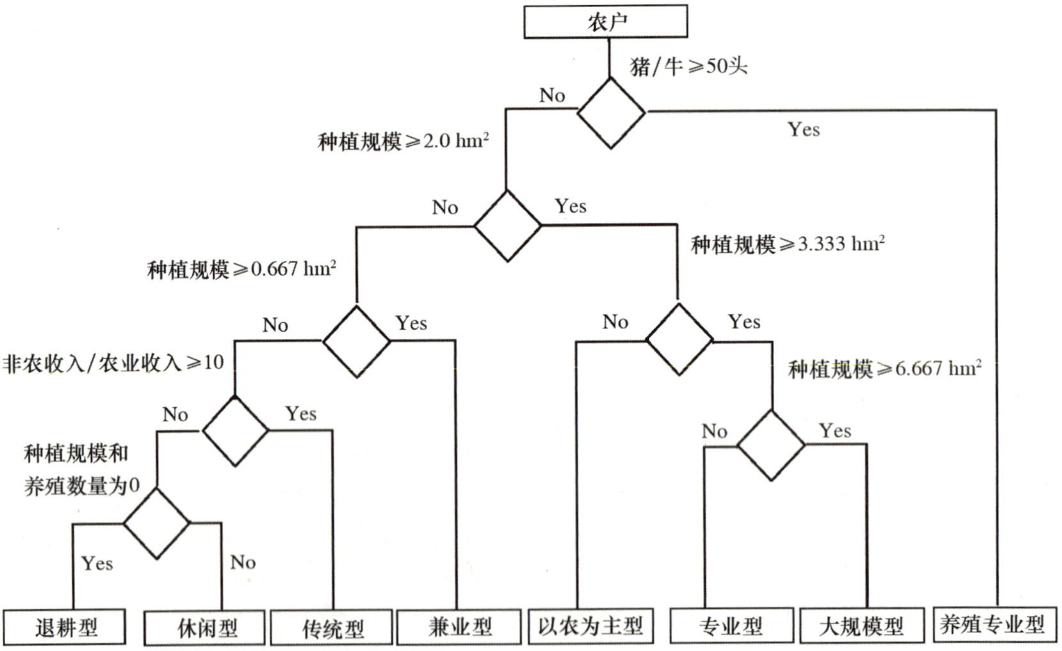

图 2-2 农户类型分类图

2.2.2 农户行为特征分析

因退耕型农户主要以非农收入为主，基本不从事农业活动，故本文不再予以研究。通过农户调研数据分析，不同类型农户在农业土地利用方式上存在一定的差异（表 2-1）。从粮食产量来看，单/双季水稻单产最高的是以农为主型农户，其次是兼业型农户，而休闲型农户的单/双季水稻单产最低。从氮肥投入量分析，兼业型农户单位面积氮肥投入量最高，而专业型和大规模型农户单位面积的氮肥投入量相对较低。这主要是因为农业部门的技术指导，使得专业型和大规模型农户基本上都采用了优化施肥技术，减少了单位面积化肥的投入量。从农药投入角度来看，传统型农户的单位面积农药投入量为最大，而其他农户类型的单位面积农药投入量无显著差异。就劳动力投入而言，总体上随着农户经营规模的扩大，单位耕地面积劳动力投入数量也随之减少。这主要是因为随着农户经营规模的扩大，农户为了节约劳动成本，采用新技术或新机械的积极性较高，从而减少了单位面积的劳动力投入。如表 2-1 所示，大规模型农户种植单季稻劳动力投入数量是 38.0 天/hm^2；而对于传统型农户而言，由于他们大部分采用精耕细作的方式，其劳动力数量为 121.5 天/hm^2，是大规模型农户的 3.2 倍。同样，随着养殖规模的扩大，折算之后，每头猪所需的劳动力的数量也呈减少趋势。当农户养殖规模较小时，每头猪平均所需工作日的数量为 5.57 天/头，而当农户养殖生猪规模超过 50 头时，其每头猪平均所需工作日的数量减少为 2.43 天/头。

表 2-1　农户类型识别及其特征

特征	农户类型						
	传统型	休闲型	兼业型	以农为主型	专业型	大规模型	养殖专业型
调研数量/户	92	51	62	68	80	31	15
户主年龄	61.8	52.7	51.1	50.0	50.1	50.2	49.6
家庭人口/个	4.7	4.5	3.5	4.5	4.8	4.8	4.9
耕地面积/hm^2	很小（<0.66）	很小（<0.66）	小（0.66～2）	中等（2～3.33）	大（3.33～6.66）	较大（>6.66）	—
主要收入来源	种植业	非农	兼有	种植业	种植业	种植业	养殖业
家畜数量/头	少（<50）	少（<50）	少（<50）	少（<50）	少（<50）	少（<50）	多（≥50）
双季稻							
产量/(kg/hm^2)	10 182.0	9 649.5	10 390.5	10 467.0	10 188.0	10 078.5	—
氮肥投入量/(kg/hm^2)	292.5**	285.0*	295.5	286.5*	280.5	276.0	—
磷肥投入量/(kg/hm^2)	98.4	72.6	89.4	92.7	80.6	81.5	—
农药投入量/(kg/hm^2)	11.0**	7.0*	8.0	6.1*	6.2	6.2	—
劳动力投入/(天/hm^2)	233.0	214.0	170.1	115.9	98.6	75.9	—
单季稻							
产量/(kg/hm^2)	5 836.5	5 473.5	5 940.0	6 097.5	5 782.5	5 734.5	—
氮肥投入量/(kg/hm^2)	156.0**	151.5*	163.5	154.5*	147.0	144.0	—
磷肥投入量/(kg/hm^2)	49.7	37.8	45.7	47.4	41.8	42.3	—
农药投入量/(kg/hm^2)	5.9**	3.7*	4.5	3.4	3.7	3.5	—
劳动力投入/(天/hm^2)	121.5	108.0	85.9	61.5	49.1	38.0	—
养殖业							
平均重量/(kg/头)	115.5	115.5	115.5	115.5	115.5	115.5	110.1
劳动力投入量/(天/头)	5.57	5.57	5.57	5.57	5.57	5.57	2.43

注：* 表示该数值基于 70%～90%的该类型农户调研数据得出；** 表示该数值基于 50%～70%的该类型农户调研数据得出。

2.2.3 农户决策行为影响因素分析

根据调研发现，目前湖南省桃江县农业土地利用主要面临两个问题：①如何进一步促进农地流转；②如何进一步落实“压单扩双”政策，扩大双季稻种植面积。鉴于此，本部分主要对影响农户农地流转以及水稻种植模式的决策行为的因素进行分析，以了解农户决策机制，从而为政府制定相关政策提供依据。

1. 农户作物种植决策的影响因素分析

经文献梳理，影响农户作物种植决策的因素较多，既与市场因素、政策因素、技术因素、自然条件、社会因素等外部因素有关，也与农户家庭自身的劳动力、教育程度以及社会地位等农户内部因素有关(胡豹，2005；刘洪彬等，2013)。因此，本调查设计了“哪些因素会影响农户种植作物类型”这样一个多选问题，把影响农户作物种植决策的因素归类为：市场因素、政策因素、技术因素、自然因素、社会因素以及农户自身因素，结果如图 2-3 所示。

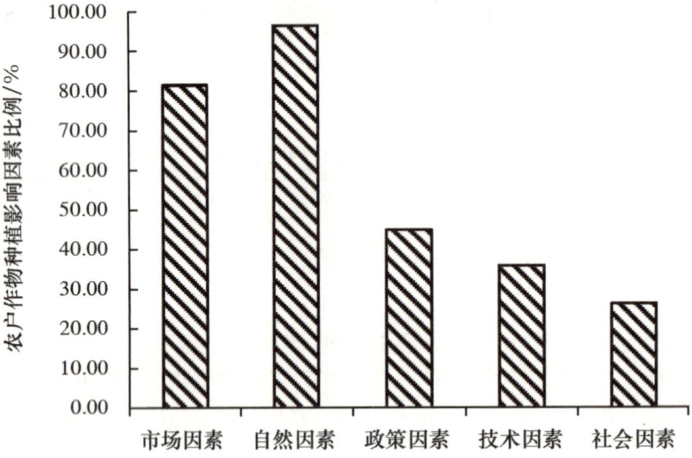

图 2-3　农户作物种植决策的影响因素分析

通过农户调研发现，其中 81.5%的农户认为市场因素密切与种植作物类型相关。经过进一步分析，这主要与以下 3 个因素有关：首先，与粮食价格因素有关，因为粮食价格的高低，会直接影响农户的利润。假如某种作物的平均利润相对较高，自然会吸引大量的农户(特别是专业型或大规模型)种植该作物类型。其次，与化肥、农药、土地以及劳动力等的价格密切相关，这同样是因为这些物质花费会直接影响单位面积某作物类型的利润。最后，还与市场规模有关，桃江县水稻种植的面积一直占主导地位，导致其他作物类型市场较小。如果改种植玉米、小麦或其他经济作物之后，农户还需自己开拓市场，使其难以承受市场波动的风险。

45.0%的农户还认为政府的政策因素与种植作物类型的决策直接相关。这主要是因为桃江县政府对种植水稻的农户进行补贴，以提高农户水稻种植的积极性，这对农户作物种植类型的选择具有重要影响。调研还发现，35.8%的农户认为技术因素与种植作物类型有关，这主要是因为桃江县的作物类型历史上就以水稻种植为主，使得农户缺少其他作物类型的相关技术，导致农户往往为了风险最小化，不愿种植其他作物类型。96.3%的农户认为当地自然环境与作物种植类型的选择密切相关。例如，由于桃江县春天雨水较多，并不适合诸如小麦、玉米等作物类型的生长。此外，调研还发现，26.3%的农户认为作物种植类型还与其社会关系网络有关。换言之，当农户决定种植某种作物类型时，它还会受其附近农户的决策行为影响。由于土地破碎化，如果不能与周边农户在种植制度上保持一致，这会给其自身的农事管理带来不便。

此外，对于桃江县“双改单”现象比较突出的实际情况，本研究还对影响农户水稻种植模式的因素进行了分析。大多数传统型、休闲型以及兼业型农户更倾向于种植单季稻，不愿意种植双季稻，这主要原因是单季稻种植的比较收益较高，农户只需花费大约一半的时间就能获得同双季稻略低一些的收益，如表 2-2 所示。与之相反，以农为主型、专业型以及大规模型农户更倾向于种植双季稻，其主要原因是双季稻能够有效地减少由自然灾害造成的粮食损失，确保收益水平（政府给予“种双补贴”）；而他们在其余耕地选择种植单季稻，主要是由于耕地质量条件以及灌溉条件的限制。

表 2-2　不同农户类型种植单双季稻利润比较

项目	传统型	休闲型	兼业型	以农为主型	专业型	大规模型
单双季稻种植比例	1∶0.07	1∶0.05	1∶0.15	1∶0.8	1∶1.4	1∶1.62
单季稻纯利润/（元/hm^2）	3 982	3 745	4 182	4 385	4 108	3 864
双季稻纯利润/（元/hm^2）	7 546	6 903	8 547	5 199	4 355	4 370

2. 农户土地流转决策的影响因素分析

通过调研统计，共计 365 个农户进行过耕地流转，其中转入耕地的农户有 241 户，而转出耕地的农户有 124 户。经过文献梳理，目前影响农地流转的主要因素有四大类：自然环境特征、农户个人特征、农户家庭特征以及政策环境特征（王东明，2014），其中自然环境主要是指耕地的水利条件、自然灾害情况、土壤肥力情况；农户个人特征主要是指户主的年龄、学历、种植经验等；农户家庭特征主要是指家庭总人口、家庭主要收入来源、拥有的耕地数量等；而政策环境主要是指社会保障程度、土地征用情况、地权稳定性、交易成本等因素。在参考现有研究的基础上，以及考虑到农户调研数据和研究区当地的实际情况，本研究初步列举了可能影响桃江县农户土地流转决策行为的因素，如表 2-3 所示。

表 2-3　农户农地流转决策行为的模型指标解释

类别	变量	单位	变量代码及含义	变量类型
自然环境特征	地力等级 X_1	1～10	1. 一等地；2. 二等地；3. 三等地；4. 四等地；5. 五等地；6. 六等地；7. 七等地；8. 八等地；9. 九等地；10. 十等地；	多分类
农户个人特征	户主年龄 X_2	岁		连续型
	户主受教育程度 X_3	1～4	1. 无；2. 小学；3. 初中；4. 高中	多分类
农户家庭特征	家庭劳动力个数 X_4	人		连续型
	耕地面积 X_5	hm^2		连续型
	家庭主要收入来源 X_6		农业总收入/非农业总收入	连续型
政策环境特征	人均农业补贴 X_7	元/人	农业补贴金额/家庭常住人口	连续型

本研究采用 Logistic 回归分析方法，应用 SPSS 16.0 的 Logistic Regression 模块，对影响农户水稻种植决策行为的显著因素进行筛选，计算结果如表 2-4 所示。应用 -2 Log likelihood、Cox&Snell R Square 以及 Nagelkerke R Square 对该模拟结果进行检验，三个指标的值分别为 40.918、0.617 和 0.866。由于 -2 Log likelihood 主要被用来检验逻辑回归显著性，在本研究中，该值大于 0.05，表明本研究的回归很显著。而由于 Nagelkerke R Square 是修正的 Cox&Snell R Square，反映方程对被解释变量变差解释的程度，一般取值范围在 0～1 之间，越接近于 1 说明方程的拟合度越高。本研究该值为 0.866，说明回归方程的拟合程度较好。

表 2-4　农户农地流转决策行为的模型估计结果

自变量	回归系数值	标准差	Wald 卡方值	自由度	P 值
户主年龄 X_2	−2.008	0.701	9.194	1	0.004
家庭劳动力个数 X_4	1.679	0.674	6.208	1	0.013
耕地面积 X_5	0.5	0	5.035	1	0.025
家庭主要收入来源 X_6	9.257	1.960	22.316	1	0.0
Constant	−0.505	2.197	0.053	1	0.818

注：显著性水平 α =0.050，α 进入=0.05，α 剔出=0.10，变量筛选方法为 Enter。

模型估计结果（表 2-4）表明，户主年龄、耕地面积、家庭劳动力个数以及主要收入来源等因素对农户的农地流转决策行为有较显著的影响。而其他几个变量，如地力等级、户主受教育程度等，对农户农地流转的决策行为影响不显著。

3. 农户土地投入意愿的影响因素分析

本研究还对不同类型农户的种子、化肥、农药、劳动力和机械等投入的意愿进行了分析。调研发现，不同类型的农户均一致认为目前的化肥投入量正好合适，既不需增加，也不宜减少。由于目前桃江县已建立了完善的农药施用时间、药品和剂量等信息通报制度，因此，各个类型的农户也均认为现阶段的农药施用比较合理。而在劳动力投入上，传统型、兼业型农户普遍认为目前的劳动力投入量正好，无需增加；而对于专业型和大规模型农户而言，因人工成本逐年上升，使得此类农户一直在试图应用新的技术，以减少劳动力投入。而对于是否愿意施用农家肥的问题，兼业型和大规模型农户普遍表示不愿意施用农家肥，并认为其费时费工，且效益并不好；而对于传统型、兼业型、以农为主型以及专业型农户而言，有 56% 的农户愿意增加有机肥的投入，原因有二：其一，由于这些农户主要以农业收入为主，在从事农业种植的同时，大部分家庭还会养殖一些家畜，使其有农家肥的来源；其二，由于这些农户家庭的种植面积还不是很大，还有一定的剩余劳动力，他们可以通过施用农家肥以进一步提高粮食的产量。另外，以农为主型、专业型以及大规模型的农户，普遍愿意继续增加机械投入，以减少人工成本；而对于传统型、休闲型以及兼业型农户而言，97% 的农户不愿意再增加机械投入，这主要是因为这些农户类型本身没有相关的机械设备，每次劳动时都需别人代工，导致其机械投入的成本居高不下，影响了其种植利润。此外，农户调研还发现，土地承包经营权并不影响农户的土地投入强度，在耕作过程中，农药、化肥、机械等物资投入量与土地是否承租无直接联系。

2.3　农户土地利用决策行为模拟

本节在解析农户土地利用行为的基础上，应用线性规划模型模拟农户土地利用决策行为，对不同农户类型的粮食产量进行回归分析。

2.3.1　基于线性规划模型的农户土地利用决策行为模拟

在农业土地利用系统中，线性规划方法主要是通过建立农户目标优化模型，达到预测农户土地利用决策行为的目的，主要包括以下步骤：

（1）模型假设

假设一：农户是理性的经济人，即在决策过程中，假定每个农户均是基于其先天所拥有的资源禀赋、后天所学的知识、劳动技能、所积累的资金以及所处环境等方面因素而确定所从事的行业、投入生产多大的规模，以期获得最大的收益。

假设二：农户是市场价格的接受者，即每个农户面临的市场是完全竞争的，无论是投入品价格（如劳动力、化肥和农药等物资价格），还是产出品价格（如粮食价格）均由外生给定的，农户仅仅是市场价格（包括投入品价格和产出品价格）的接受者。

假设三：家庭劳动力具有替代性。假设在一定范围内，家庭劳动力与市场上的劳动力是可替代的，即农户既可以出售自身家庭多余的劳动力，也可以从市场上购买一定的劳动力。

假设四：不同类型农户具有不同的土地利用行为。在生产行为决策、农业技术选择行为、农产品销售决策行为方面会产生差异性，同时也会导致土地利用效应的明显差异。

（2）效用函数　对于农户而言，生产决策追求的主要目标是如何将有限的劳动力、资金资源在各种经济活动之间进行合理配置，使家庭总收益最大化，而不仅仅局限于土地产出效益最大化。目前桃江县农户的经济活动主要包括种植业、养殖业以及非农就业，因此本部分仅研究在有限的劳动力、土地资源以及资金资源的限制下，农户如何合理配置这些资源，从而获得家庭总收益的最大化。一般来说，因粮食价格、化肥和农药价格、饲料价格以及非农务工的机会成本的变化，不同资源禀赋的农户将会依据种植业、养殖业以及非农就业 3 个行业平均劳动力的收入做出不同的决策行为，其农户的效用函数如下所示。

农户的生产函数：

$$Q = \sum_{i=1}^{k} P_i + \sum_{i=1}^{k} L_i + \sum_{i=1}^{k} N_i \qquad \text{公式 2-1}$$

家庭劳动力收入函数：

$$\begin{aligned} \mathrm{Max}(Q) &= \sum_{i=1}^{k} P_i + \sum_{i=1}^{k} L_i + \sum_{i=1}^{k} N_i - \left(\sum_{i=1}^{k} C_{pi} + \sum_{i=1}^{k} C_{li} + \sum_{i=1}^{k} C_{ni}\right) \\ &= \sum_{i=1}^{k} J_{pi} + \sum_{i=1}^{k} J_{li} + \sum_{i=1}^{k} J_{ni} \end{aligned} \qquad \text{公式 2-2}$$

$$J_{pi} = \sum_{i=1}^{n} (Yield_i \times CroP_i + Sub_i - Cost_i) \times Area_i \qquad \text{公式 2-3}$$

$$J_{li} = \sum_{t=1}^{n} (Ani\_Num_t \times AniP_t \times Weight_t - \sum_{i=1} MP_{it} \times Mco_i \times Ani\_num_t) \qquad \text{公式 2-4}$$

$$\begin{aligned} J_{ni} = &(251 \times Household\_laborer - \sum_{i=1}^{n} (Crop\_labor_i \times Area_i) - \\ &\sum_{t=1}^{n} (Animal\_labor_t \times Ani\_Num_t) \times Average\_income \end{aligned} \qquad \text{公式 2-5}$$

式中 P_i、L_i、N_i 分别为种植业收入、养殖业收入和非农务工收入；C_{pi}、C_{li}、C_{ni} 分别为种植业成本、养殖业成本和外出务工成本；J_{pi}、J_{li}、J_{ni} 为种植业、养殖业和非农务工的劳动净收入

(元);$Yield_i$是指作物类型i的产量;$CroP_i$是指作物类型i的价格(元/kg);Sub_i是指农户种植单位面积作物类型i所获得的政府补贴金额;$Cost_i$是指种植单位面积作物类型i所需要的各种花费,包括了化肥、种子、农药、机械以及土地租金等;$Area_i$是指种植作物类型i的面积(hm^2);Ani_Num_t是指家畜类型t的数量;$AniP_t$是指家畜t的价格;$Weight_t$是指每头/个家畜t的重量;Mco_i和MP_{it}分别是指饲养家畜类型t所需要投入i的消费系数和价格;251是指在中国每个劳动力一年内可工作的天数;$Household_laborer$是指每个家庭的总劳动力的数量;$Crop_labor_i$是指种植单位面积作物类型i所需投入的工作天数(天/hm^2);$Area_i$是指作物i的面积(hm^2);$Animal_labor_t$是指当饲养家畜t时,每头家畜t所需要的劳动天数(天/头);$Crop_labor_i$和$Animal_labor_t$主要通过农户调研数据获得;Ani_Num_t是指家畜类型t的总数量;$Average_income$是指每个劳动力的日均收入,该数据来源于当地的统计数据。

(3)约束条件　农户在生产决策过程中可能受到各种因素的限制,例如土地面积、劳动力、资金投入以及政策干预等。根据桃江县农户调研的实际情况,农户在生产决策时主要受到耕地面积与劳动力的限制,而其他因素影响很小。因此,本模型主要考虑了农户家庭拥有的耕地面积和劳动力两个因素的限制。其具体的约束条件如下:

$$\begin{aligned}&A_i \geqslant 0\\&\sum_{i=1}^{k} A_i \leqslant S\\&T_{ni} \geqslant 0\\&\sum_{i=1}^{k} T_{pi} + \sum_{i=1}^{k} T_{li} + \sum_{i=1}^{k} T_{ni} \leqslant T\\&T = Labor \times 251\end{aligned} \qquad \text{公式 2-6}$$

式中A_i为i种作物的种植面积,S为农户家庭的耕地数量;T为农户能够提供的最大劳动力时间;T_{pi}、T_{li}、T_{ni}为种植业、养殖业和非农务工劳动时间,$Labor$是指该农户家庭所拥有的劳动力个数,251是指在中国每个劳动力一年内可工作的天数。

2.3.2 不同农户类型的粮食产量回归模拟

在上述线性规划模型的计算过程中,如何定量描述种植业过程中农户的投入与粮食产出的关系是农户决策行为模拟的基础,同时也是农业土地利用系统模拟的难点和重点。因此,本部分将重点介绍不同农户类型的粮食产量回归模拟方法,并以水稻种植为例进行相关研究。本研究在参考已有的文献基础上(Turnerl B. L. 2013),首先,通过指数法计算耕地地力等级,此地力等级更多的是考虑自然属性的差别;然后,再根据农户调研数据,应用回归模型法计算不同农户类型在不同地力等级和投入水平的粮食产量,其具体计算过程如下:

(1)耕地地力等级评价　耕地地力等级评价是以土地利用方式为目的,评估耕地生产潜力和土地适宜性的过程,主要揭示生物生产力的高低和潜在生产力,其实质是对耕地生产力高低的鉴定(鲁明星,等,2006)。目前,耕地地力评价结果的表达方法主要有回归模型法和指数法。而本研究在参考相关耕地粮食生产能力测算方法研究的基础上,主要应用指数法对桃江县农田耕地地力等级进行评价。

$$IFI = b_1 x_1 + b_2 x_2 + \cdots L b_n x_n \qquad \text{公式 2-7}$$

式中，IFI 是指耕地地力指数；x_i 是指耕地自然属性 i 的隶属度，本研究主要包括地形部位、障碍因素、质地、有机质、有效磷、缓效钾、排水能力、灌溉能力、剖面构型、耕层厚度等参评因素；b_n 是指该属性对耕地地力的贡献率，即评价指标的权重。隶属度和评价指标权重的计算方法参考相关文献（起晓星，2015）。在计算出各评价单元耕地地力指数的基础上，结合等距法，并参考实际产量，根据 3 年粮食平均单产于综合地力指数进行相关分析，确定了桃江县耕地地力等级。

（2）不同农户的粮食产量模拟　在确定田块耕地地力等级的基础上，粮食产出会随着农户投入（如劳动力投入、化肥和农药等）因素的变化而变化。因此，结合农户调研数据，采用 Cobb-Douglas 生产函数，对不同农户类型的粮食产量与耕地地力等级、农户投入等因素之间的关系进行模拟：

$$\begin{aligned}\mathrm{Ln}Yield_i &= \beta_1 \mathrm{Ln}Land_i + \beta_2 \mathrm{Ln}Labori_{+} \beta_3 \mathrm{Ln}N_i \\ &+ \beta_4 \mathrm{Ln}P_i + \beta_5 \mathrm{Ln}K_i + c\end{aligned} \qquad \text{公式 2-8}$$

式中 $Yield_i$ 是不同农户类型单位面积 i 种作物类型的粮食产量（kg/hm^2）；$Land_i$ 是某农户所拥有某田块的地力等级；$Labor_i$ 是指某农户劳动力投入工作日的个数，N_i 是指某农户类型单位耕地面积氮肥的投入量；P_i 是指某农户类型单位耕地面积磷肥的投入量；K_i 是指某农户类型单位耕地面积钾肥的投入量；c 为常数项。

2.4　基于耕作单元的农业土地利用环境效应研究

农户经营单元尺度的农业土地利用系统主要由以农户为核心的“人类”社会和以耕作单元为基础的自然环境所组成。根据农户土地利用行为解析结果表明，不同类型的农户经营单元具有不同的农业土地利用行为，如不同的作物选择、不同的农业投入行为以及不同的土地产出。由于农业土地利用行为的不同会导致在不同的耕作单元上其农业土地利用的环境效应存在差异，因此对不同耕作单元的农业土地利用环境效应的研究，有助于实现农户经营单元的社会经济效应与环境效应的协同研究。物质流分析（SFA）作为一个系统地分析一定时空范围内关于特定系统中物质流动和贮存的方法（Brunner and Rechberger，2003），因其在追踪特定元素或化合物的流动过程，识别环境风险，提高物质利用率等方面具有特殊的优势，目前已有研究者应用 SFA 分析不同农户土地利用过程导致的环境效应（殷冠羿，2016；殷冠羿等，2015）。鉴于此，本研究构建了基于耕作单元尺度的 SFA 模型，定量模拟不同农户类型的农业土地利用行为对特定元素或化合物流动过程的影响，并分析其环境效应。

2.4.1　基于耕作单元的农业土地利用系统物质流分析框架

在综合农业土地利用系统概念模型（刘黎明，2010）和物质流分析原理（Brunner and Rechberger，2003）的基础上，本研究构建了耕作单元尺度农业土地利用系统的物质流分析框架。在总体结构上，农业土地利用系统的物质流包含 5 个部分（图 2-4）。其中输入部分包含生产输入和环境输入，输出部分包含产品输出和环境输出，系统内部构成部分包含物质净存量。

生产输入是指人类为了达到一定目的，通过人类劳动所输入物质的量，主要是指人类有意识的投入，如种子、农药、化肥、有机肥等。环境输入包括灌溉、干湿沉降、生物固氮以及人类生活所产生的废弃物，如通过生活污水、生活垃圾等途径输入到农业土地利用系统中物质的量。

与生产输入不同，环境输入属人类无意识的输入，其输入的量很难准确测定。这是物质流分析在农业领域应用的难点之一。为了解决此问题，现有学者多应用系数法进行环境输入的测算（陈敏鹏，陈吉宁，2007；王激清等，2007）。

产品输出分为农产品和农副产品，农产品即是人类土地利用活动所追求的目的，如稻谷、小麦和玉米等粮食产品；而农副产品即指农作物所附加生产的非主要产品，如稻草、麦草等。环境输出由地表径流、地下淋溶、挥发（包括氨挥发和氧化亚氮排放）以及氮的反硝化等途径组成。环境输出同环境输入一样，此部分很难准确测定。

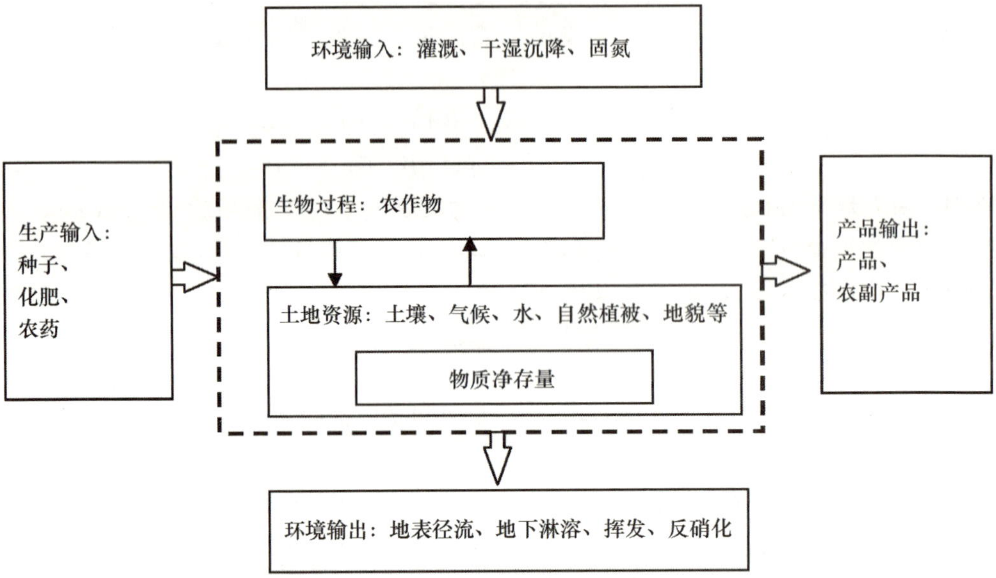

图 2-4　基于耕作单元的农业土地利用系统物质流分析概念框架

2.4.2　物质流分析核算方法

依据物质流分析概念框架，并参考已有研究成果（Brunner and Rechberger，2003；袁承程等，2016），本研究构建了基于耕作单元的 SFA 模型，其具体核算过程见表 2-5。

表 2-5　农业土地利用系统中 SFA 模型的核算方法

项目		计算公式	参数及其含义
生产输入	种子（I_1）	$I_1 = A \times S \times C_1$	A 指田块面积；S 是种植某作物单位播种面积的种子投入量，C_1 是指每单位重量种子中含某种元素的量；Hfs 为单位面积化肥的投入量；C_2 为单位化肥所含某种元素的量；O_i 是指单位面积投入 i 类作物秸秆的还田量；C_{3i} 是 i 作物的秸秆含某种元素的量；G_t 是单位面积 t 种有机肥的投入量；C_{4t} 是 t 类有机肥中含某种元素的量；P_n 是指单位面积内投入 n 类型农药的量；C_{5n} 是指单位重量 n 类型农药中所含某种元素的量
	化肥（I_2）	$I_2 = A \times Hfs \times C_2$	
	有机肥（I_3）	$I_3 = A \times (\sum O_i \times C_{3i} + \sum G_t \times C_{4t})$	
	农药（I_4）	$I_4 = A \times (\sum P_n \times C_{5n})$	

续表 2-5

	项目	计算公式	参数及其含义
环境输入	灌溉（I_4）	$I_4 = A\times C_6$	C_6是指单位耕地面积随灌溉水带入某种元素的量；C_7是单位耕地面积固氮速率；J是单位耕地面积的年降雨量；C_8是单位体积降雨中含某种元素的量；C_9是单位面积某种元素的干沉降率
	固氮（I_5）*	$I_5 = A\times C_7$	
	干湿沉降（I_6）	$I_6 = A\times(C_8\times J+C_9)$	
生产输出	秸秆（O_1）	$O_1 = A\times Y\times C_{10}\times C_3$	Y指单位面积作物粮食产量，依据不同农户类型的粮食产量回归模拟方法获得；C_{10}是该作物的谷草比率；C_{11}是该作物形成每 100 kg 经济产量需要吸收的养分量
	籽实（O_2）	$O_2 = A\times Y\times(C_{11} - C_3)$	
环境输出	地表径流（O_3）	$O_3 = A\times C_{12}$	C_{12}是指单位耕地面积通过地表径流损失的某种元素的量；C_{13}指单位耕地面积通过地下淋溶损失的某种元素的量；I_2为化肥投入量；I_3为有机肥投入量；C_{14}指某种元素通过化肥挥发途径所损失的量；C_{15}指某种元素通过有机肥挥发途径所损失的量；C_{16}是指氮肥和有机肥的反硝化率
	地下淋溶（O_4）	$O_4 = A\times C_{13}$	
	挥发（O_5）	$O_5 = A\times I_2\times C_{14} + A\times I_3\times C_{15}$	
	反硝化（O_6）*	$O_6 = A\times(I_2+I_3)\times C_{16}$	

注：* 表示只有氮素才有此途径。

2.5　不同农户类型的农业土地利用综合效应评价

在上述基础之上，本小节将从社会、经济和环境 3 个方面构建农业土地利用综合效应指标体系，并应用层次分析(AHP)和熵权法确定指标权重，对桃江县不同农户类型的农业土地利用综合效应进行分析和比较。另外，由于养殖专业型农户的家庭收入主要来自家畜养殖，在农业土地利用综合效应评价中，它无法与其他从事种植业的农户相比较，因此本节研究内容没有包括养殖专业型农户。

2.5.1　农业土地利用效应评价指标体系的构建

科学地选取评价指标对不同农户类型农业土地利用综合效应评价至关重要。按照系统性、科学性、代表性和可操作性的原则，在借鉴相关研究的基础上(刘朝旭等，2015)，本研究设置了一个综合平衡的农业土地利用效应评价指标框架，共包含 9 个农业土地利用效应指标，如表 2-6 所示。在评价指标体系中，社会效应是指对社会产生的效果、反映和影响，主要以单位耕地面积粮食产量和劳动力投入作为评价指标进行分析；经济效应是指农业生产的经济产出、经济效率和生产效率，主要以农户人均收入、单位面积耕地纯利润以及投入产出比作为评价指标；而环境效应是指在自然过程或者人类的生产和生活活动中因环境造成的污染和破坏，导致环境系统的结构和功能发生变化的过程。由于农户类型的不同，其种植制度和种植方式均存在一定的差异，导致其环境效应也不同。本研究只关注种植粮食作物的农户，而它的环境效应主要与农药与肥料的不合理施用有关，故仅选用农药施用次数、化肥投入量、氮素损失量以及磷素损失量作为评价指标。其中社会效应和经济效应指标是正向指标，其值越大越好，而环境效应指标是逆向指标，其值越小越好。

表 2-6　农业土地利用综合效应评价指标体系

目标层	准则层	指标层	指标说明及计算方法
农业土地利用综合效应 A_1	社会效应 B_1	粮食产量 C_1	用来表征粮食安全，是指一年内单位耕地面积所产出的粮食总量
		劳动力投入 C_2	为农户提供工作和生计，指一年内单位耕地面积劳动力投入的总数
	经济效应 B_2	农地纯利润 C_3	表征经济产出，是指由单位面积农地毛收入与种植成本之差
		农户人均收入 C_4	用来表征经济效率，主要是指农户家庭从事非农就业纯收入与农业纯收入之和与农户家庭人口总数的比
		投入产出比 C_5	用来表征生产效率，主要是指种植水稻投入的物质资料所折算的价格(包括了种子、化肥、农药、除草剂等花费)与每公顷纯利润之比
	环境效应 B_3	农药施用次数 C_6	用来表征农药污染，农药污染会对土壤、水、气体以及人类造成重大危害；其值主要依据农户调研数据获得
		化肥投入量 C_7	用来表征化肥污染，化肥过度的投入，容易导致土壤板结和酸化，甚至重金属污染等环境问题（李东坡，武志杰，2008；刘晓雨等，2011）。其值直接依据农户调研数据可得
		氮素损失量 C_8	氮素损失是土壤酸化、水体富营养化以及温室气体的主要原因之一，计算方法依据 SFA 模型（袁承程，2016）
		磷素损失量 C_9	磷素损失同样是水体富营养的主要因素之一，其计算方法同氮素损失

根据农户调研的数据，并依据农业土地利用综合效应评价指标体系中的计算方法，得到了不同规模农业土地利用综合效应评价指标值，如表 2-7 所示。

表 2-7　不同农户类型的农业土地利用综合效应评价指标值

农业土地利用效应		农户类型					
		传统型	休闲型	兼业型	以农为主型	专业型	大规模型
社会效应	粮食产量/(kg/hm^2)	6 900	5 975.4	7 099.05	8 271.45	8 908.2	9 271.5
	劳动力投入/(个/hm^2)	115.65	112.5	98.25	58.65	61.35	66.45
经济效应	农地纯利润/(元/hm^2)	11 081.55	8 931.45	12 603.00	10 942.50	11 514.00	7 017.00
	农户人均收入/元	9 467.5	16 080.37	16 575.09	18 224.05	25 669.91	26 718.60
	投入产出比	2.84	2.24	3.18	2.20	2.09	1.57
环境效应	农药次数/(次/hm^2)	63.45	57.45	62.25	58.65	62.85	64.20
	化肥投入量/(kg/hm^2)	649.95	588.90	646.35	852.30	937.13	1161.83
	氮损失/(g/hm^2)	110.10	98.85	122.25	154.95	155.85	195.30
	磷损失/(g/hm^2)	0.15	0.15	0.15	0.30	0.30	0.45

2.5.2　指标权重的确定

为了解决应用 AHP 方法确定农业土地利用综合效应评价指标权重过于主观，未能考虑评价指标客观情况的不足，本研究在主观选择和客观分析的原则下，综合应用 AHP 和熵权法确定权重值。根据 AHP 和熵权法指标权重的计算过程，分别计算了各个指标权重，然后再运用乘法集成法确定最终的组合权重，其计算方法如下：

$$w_i = \frac{w'_i w''_i}{\sum_{i=1}^{m} w'_i w''_i} \qquad \text{公式 2-9}$$

式中，w'_i为指标 i 的主观权重值，w''_i为指标 i 的客观权重值，m 为指标个数。最后，计算得到农业土地利用综合效应各个评价指标的权重值，如表 2-8 所示。

表 2-8　农业土地利用综合效应评价指标权重

权重	社会效应		经济效应			环境效应			
	粮食产量	劳动力投入	农地纯利润	人均收入	投入产出比	农药次数	化肥投入	氮素损失	磷素损失
主观权重	0.83	0.17	0.46	0.28	0.26	0.46	0.10	0.22	0.22
客观权重	0.57	0.43	0.25	0.44	0.31	0.30	0.22	0.24	0.24
综合权重	0.87	0.13	0.36	0.39	0.25	0.51	0.09	0.20	0.20

由于熵权法与评价指标的数值密切相关，因此只适用于指标层权重的确定而不适用于中间层（邵磊等，2010）。本研究指标层权重的确定采用主客观综合赋权法，而在准则层，只运用 AHP 方法确定其权重。在应用 AHP 方法确定准则层权重时，由于政府、农户以及学者的视角不同，对农业土地利用的社会—经济—环境效应各有侧重，导致其给出不同的指标权重（鲍金星等，2012）。例如，对于政府而言，由于政府主要为了提高农民生产、生活水平服务，因而在经济效益和环境效益同等重要的基础上，追求较好的社会效益是政府的主要目标；对农户而言，因其更注重追求长久持续的经济效益，社会效益的实现是保证持久经济效益的前提，而环境效益则没有得到足够的重视。而从学者的角度分析，社会—经济—环境效应应该是同等重要，不分主次。因此，依据政府工作者、农户和学者的视角，经过相关政府官员、农民和学者对农业土地用效应各个方面重要程度的讨论，利用 AHP 方法分别确定了上述 3 种视角下社会效应、经济效应以及环境效应的权重。通过计算，在政府视角下，社会效应、经济效应和环境效应所占比重分别为 0.5、0.25、0.25；在农户视角下，社会效应、经济效应和环境效应所占比重为分别 0.26、0.64、0.10；而在学者视角下，社会效应、经济效应和环境效应权重为各占 1/3。

2.5.3　农业土地利用综合效应的计算

在农业土地利用综合效应评价中，以农户为评价单元，各评价指标运用农户样本的指标平均值。在确定各评价指标权重的基础上，农业土地利用综合效应值可以表示为指标数值加权求和，具体公式如下：

$$Y_w = \sum_{i=1}^{n} [w_i \times (\sum_{j=1}^{m} r_j \times w_j)] \qquad \text{公式 2-10}$$

式中，Y_w 为农业土地利用综合效应值，w_i 为准则层权重，r_j 为指标归一化值，w_j 为指标权重；m 为单一效应评价指标数。

2.5.4 结果分析

1. 不同农户类型的农业土地利用单一效应分析

从社会、经济和环境效应单一层面对比分析，不同农户类型的单一效应存在一定的差异。从表 2-9 可知，仅从社会效应分析，大规模型农户的单一效应最佳，其次是专业型农户、以农为主型农户，再次是传统型农户和兼业型农户，最次是休闲型农户。主要原因是：①与劳动力投入相比，保障粮食安全更为重要，因此在社会效应评价中粮食安全指标的权重占了很大比例，如表 2-8 所示；②依据表 2-7 可知，单位耕地面积的粮食总产量随农户类型的变化而变化。如传统型农户单位面积年均产量为 6 900.00 kg/hm^2，而大规模型农户，其产量已达 9 271.50 kg/hm^2，是小农户产量的 1.34 倍。根据调研分析发现，这主要与不同类型农户的主要收入来源及其种植双季稻的意愿有关。当农户经营规模较小时，农户主要收入来源于非农就业，此时农户对于自己所拥有的耕地实行粗放经营，种植双季稻的意愿较低，导致单位面积粮食产量较低；而随着农户经营规模的扩大，农业收入逐渐成为农户家庭主要的收入来源，此时农户种植双季稻的意愿也逐渐增加，特别是专业型农户，其种植双季稻的积极性最高，此时农户选择种植双季稻的种植面积是单季稻的 1.6 倍，使得单位面积粮食产量较高。

仅从经济效应分析，经济效应方面大小依次为兼业型农户、专业型农户、以农为主型农户、传统型农户、大规模型农户以及休闲型农户。主要原因是：①通过调研分析发现，兼业型农户其单位耕地面积的年均纯利润最高，达到 12 603.00 元/hm^2，而大规模性农户的耕地纯利润最少，仅为 7 017.00 元/hm^2。这主要是因为：传统型农户多采用精耕细作的耕作方式。尽管其单季产量相对较高，并且家庭劳动力充足，但是受一年只一季的影响，农户单位耕地面积纯利润相对较低；而当农户类型为以农为主、专业型或大规模型农户时，随着规模的扩大，家庭的劳动力逐渐不能满足种植的需要。在农忙时节，特别是"双抢"时节不得不雇佣一定量的劳动力，加之随着农村劳动力大量的离乡进城，农村劳动力日益紧缺，农村劳动力成本也是水涨船高，导致其单位耕地面积纯利润反而减少；此外，当农户类型为兼业型时，由于无需雇佣其他劳力，并且农业收入来源多样(除了从事种植业之外，还会从事养殖业)，使得该类型农户有机肥的还田率较高，从而导致其具有相对较高的产量和纯利润。②随着农户类型的变化，总体上投入产出比是先增加后下降，兼业型农户的投入产出比最大，此时的生产效率最高。而当农户类型转为大规模型时，其投入产出比仅为 1.57，表明此时农户的生产效率最低。③尽管农户人均收入随农户经营规模的扩大而递增，如传统型农户，其人均收入仅为 9 467.50 元，而大规模型农户，其人均收入为 26 718.60 元，是小农户人均收入的 2.82 倍，但是，与农地纯利润和投入产出比相比，农户人均收入指标权重仅为 0.39，使其不足以改变经济效应的评价结果。

若仅从环境效应分析，随着农户经营规模的扩大，单位耕地面积农药施用次数、肥料投入量以及氮素和磷素损失量均呈现先增加后减少的趋势，当农户类型为大规模型时，这些评价指标达到最小值，如表 2-9 所示。由于环境效应是逆向指标，因而环境效应最差的是大规模型农户，其次是专业型农户和传统型农户，再次是兼业型和以农为主型的农户，而当农户类型为休闲型时环境效应最佳。从农户调研数据分析，这主要有两个原因：一方面是与复种指数变化相关，从表 2-8 可知，随着农户经营规模的扩大，其双季稻种植比例也随之增加，进而导致单位耕地面积内农药施用次数和肥料投入量发生变化，如休闲型农户单位耕地面积的肥料投入量为 588.90 kg/hm^2，而大规模型农户的肥料投入量为 1 161.83 kg/hm^2，是小农户的 1.97 倍；另一方面，还与不同农户类型的农事过程相关，通过调研发现，传统型农户多为精耕细作，缺少科学种植经验，导致该农户类型的单季作物农药施用次数和肥料投入量过多，而随着农户经营规模的扩大，其种植方式越来越科学，每一季作物平均农药施用次数和肥料投入量呈减少趋势，从而导致其氮素损失量和磷素损失量也随之减少。

表 2-9　不同农户类型的农业土地利用单一效应的评价结果

效应分析	指标	农户类型					
		传统型	休闲型	兼业型	以农为主型	专业型	大规模型
社会效应	粮食产量	28.05	0.00	34.09	69.66	88.98	100.00
	劳动力投入	100.00	94.47	69.47	0.00	4.74	13.68
	单一效应	47.85	25.99	43.82	50.49	65.80	76.25
经济效应	农地纯利润	72.76	34.27	100.00	70.27	80.50	0.00
	农户人均收入	0.00	38.33	41.20	50.76	93.92	100.00
	投入产出比	78.88	41.61	100.00	39.13	32.30	0.00
	单一效应	46.16	37.70	77.25	54.86	73.52	38.69
环境效应	农药次数	11.11	100.00	28.89	82.22	20.00	0.00
	化肥投入	89.34	100.00	89.97	54.03	39.22	0.00
	氮素损失	88.34	100.00	75.74	41.84	40.90	0.00
	磷素损失	100.00	100.00	100.00	50.00	50.00	0.00
	单一效应	50.71	100.00	57.51	65.45	31.73	0.00

2. 不同农户类型的农业土地利用综合效应分析

依据上述研究方法，计算得到了不同视角下不同农户类型的农业土地利用综合效应值，如表 2-10 所示。从表 2-10 可知，在政府视角下，专业型农户农业土地利用综合效应最高，其次是兼业型和以农为主型农户，再次是传统型和大规模型农户，最差的是休闲型农户；在农户视角下，农业土地利用综合效应最差的是休闲型农户，其次是大规模型农户，再次是传统型农户，而专业型农户的农业土地利用综合效应最好，其次是兼业型和以农为主型农户；而在学者视角下，综合效应最优的是兼业型农户，其次是专业型农户，再次是以农为主型农户，最差的是大规模型农户。

表 2-10　不同视角下不同农户类型的农业土地利用综合效应

视角	农户类型					
	传统型	休闲型	兼业型	以农为主型	专业型	大规模型
政府	48.14	47.42	55.60	55.33	59.21	47.80
农户	47.07	41.20	66.55	54.84	67.15	44.34
学者	48.23	54.56	59.52	56.93	57.01	38.31

最后，尽管从学者视角分析，兼业型农户的农业土地利用综合效应最佳，其次是专业型农户；然而从政府和农户视角分析，他们均认为专业型农户具有最好的农业土地利用综合效应。因此，综合政府一农户一学者视角分析，本研究认为在现有的经济技术条件下，桃江县最好的农户类型应是专业型农户。

2.6 农户土地利用行为调控

本项目采取随机分层典型抽样方法，在桃江县对399个农户进行了调研，依据农户家庭主要收入来源和农户经营规模，采用二叉树聚类方法，将农户划分为退耕型、传统型、休闲型、兼业型、以农为主型、专业型、大规模型以及养殖专业型等8类，并对各个农户类型的行为特征进行解析。根据农户调研结果分析，市场因素、政策因素、技术因素、自然条件、社会因素以及农户自身因素对农户作物种植类型的选择具有重要影响。同时，通过Logistic回归分析发现，户主年龄、耕地面积、家庭劳动力个数以及家庭主要收入来源等因素对农户农地流转的决策行为有较显著的影响。在上述研究的基础上，应用线性规划模型模拟了农户土地利用决策过程，并以耕作单元尺度的SFA模型模拟了农业土地利用环境效应，从社会、经济和环境3个方面选取9项指标，建立了农业土地利用综合效应评价指标体系，对桃江县不同农户类型的农业土地利用综合效应进行分析和比较。研究表明，与其他农户类型相比，在现有的经济技术条件下，专业型农户具有较好的农业土地利用综合效应。在将来，政府如何通过政策调控，增加专业型农户的数量，是实现桃江县农业可持续发展的关键，也是未来需进一步重点研究的方向之一。

依据上述研究结果并参考相关文献，建议从如下几个方面对农户土地利用行为进行调控：

(1)从政策层面　一是建议政府制定合理的补贴政策，以提高农民收入，从而保障农户种植粮食的积极性，进而促进农户经营规模的合理有序发展；二是协助农村建立土地流转交易平台，保障土地流转双方农户的合法权益，进而稳定土地流转价格，促进土地规模化经营。

(2)从市场经济层面　一方面要控制农业生产资料价格的过快增长，降低农民的种植成本；另一方面要制定合理政府最低收购价，为农民提供稳定的收入预期。

(3)从种植技术层面　要持续推进测土配方施肥技术和病虫害防治，在降低肥料和农药投入的前提下，增加粮食产量，从而提高农民收入。

(4)从自然条件层面　政府应大力推进土地整治工程，通过平整土地，兴修水利，提高土地质量。

第3章　小流域尺度的农业土地利用系统模拟研究

第2章从农户管理单元尺度对影响农户决策行为的因素进行了分析，并初步构建了用以模拟农户决策过程的线性规划模型。本章将在农户管理单元研究的基础上，尝试构建ABM与IECM的耦合模型，用以模拟小流域尺度农业土地利用系统变化对流域水质的影响。当前，如何模拟农业土地利用系统变化及其效应是国际学术界研究的前沿和热点问题，其研究成果能够为制订切实有效的农业土地可持续利用政策提供科学依据。

3.1　研究区概况及数据来源

3.1.1　研究区概况

花园洞小流域位于洞庭湖区的桃江县桃花江镇境内，是桃花江流域中段支流的一部分，距离县城4 km左右，地理位置在东经112°08′～112°10′，北纬28°28′～28°29′。该小流域主要辖花园洞村，以及程家湾村和文家渡村的一小部分，地形呈东高西低趋势(图3-1)，海拔最高点341.6 m，最低点47.4 m。花园洞小流域土地总面积3.66 km^2，以水稻种植业和养猪业为主，并兼顾林业的发展。2012年以前，该流域内主要种植双季稻，而近几年以单季稻为主。当地统计资料表明，在2000年该小流域的总人口是1 009人，户数是286户；而在2014年，花园洞小流域内常住户数是176户，常住人口578人。整体而言，花园洞小流域经济发展和基础条件一般，农户收入和人口素质中等，农民教育水平以初中文化程度为主，少数人达到高中文化程度，该区域是湖南洞庭湖区典型代表之一。

3.1.2　数据来源

本研究的数据来源主要有：DEM数据、农户调研数据、土地利用数据、地力等级数据、降水数据、水文和水质监测数据以及社会经济数据。DEM数据主要是基于1996年湖南国土测绘局绘制的1∶10 000地形图为底图，通过人工矢量化，得到了5 m×5 m分辨率的数据。农户调研数据主要来源于2012—2014年花园洞小流域内所有农户的跟踪调研数据。通过农户跟踪调研，得到了各个农户的户主年龄、家庭人口、收入来源、经营规模、田块位置、生猪数量以及农事活动的投入产出数据；土地利用现状数据主要来源于遥感影像，并通过实地踏勘，采用监督分类与目视解译相结合的方法进行研究区高精度影像图解译而得到；土壤数据(2005年)和气象数据(2000—2014年)均来自桃江农业局土肥站和当地的气象局；水文水质数据(2012—2014年)主要通过在花园洞小流域出水口设立监测站，每个月对水文和水质进行取样分析而

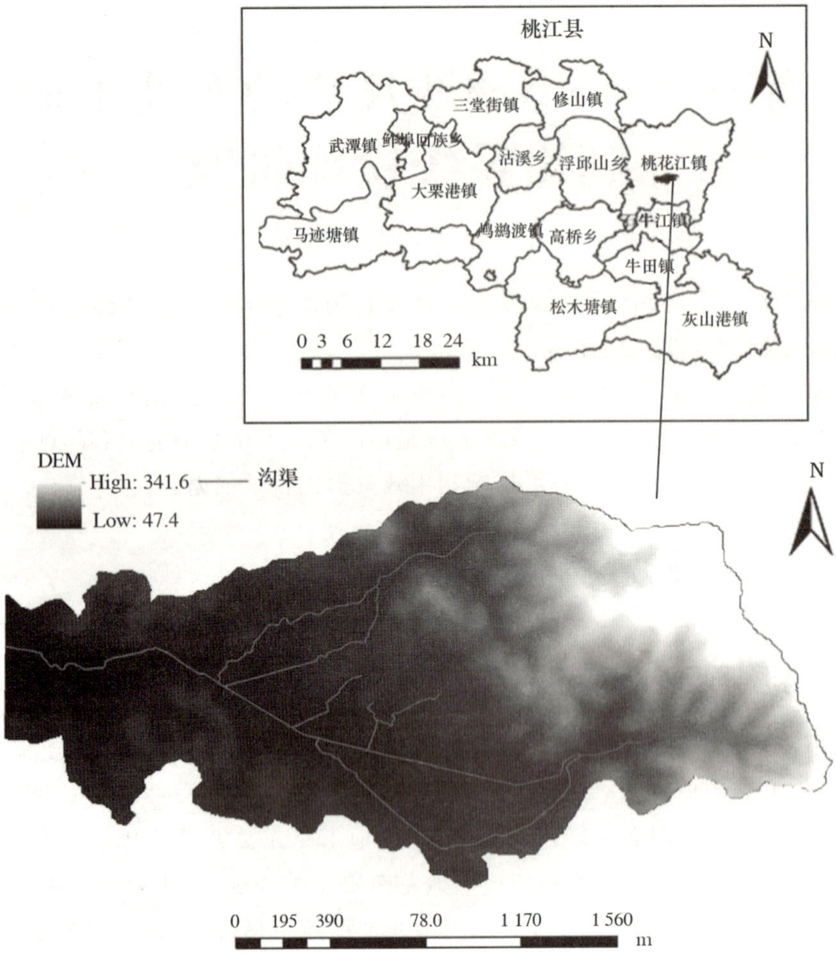

图 3-1　花园洞小流域位置示意图及 DEM 图

获得；其他的社会数据，如水稻价格、生猪价格、税率、补贴政策以及相关输出系数主要来自桃江统计年鉴（2000—2014 年）和相关文献资料（国家发展和改革委员会价格司，李高明，2009；任玮等，2015；Ding, et al.,2010）。

3.1.3　流域基本特征分析

1. 土地利用现状分析

本研究采用了花园洞小流域 2014 年 1.5 m 分辨率的遥感影像，以 1996 年湖南国土测绘局绘制的 1∶10 000 地形图为底图，在 ENVI 遥感影像处理软件中进行遥感影像的地理坐标定位和配准。并于 2015 年进行了实地踏查，在踏查过程中，选取了地面控制点，建立解译标志，并进行地理坐标定位。采用监督分类与目视解译相结合的方法进行研究区高精度影像图解译，如图 3-2 所示（彩图 3-2）。通过计算得到，花园洞小流域总面积是 366.3 hm^2，其中旱地 14.9 hm^2、水田 100.3 hm^2、园地 22.8 hm^2、林地 185.1 hm^2、建设用地 23.6 hm^2、水面 11.7 hm^2 以及其他用地 7.9 hm^2。

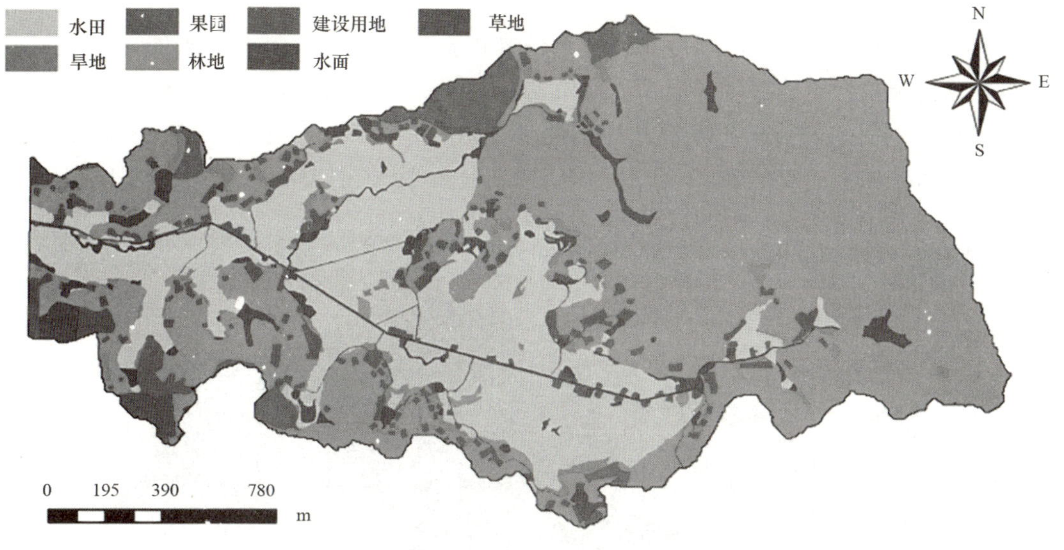

图 3-2　花园洞小流域土地利用现状图

2. 土壤类型分布

依据桃江县农业局测土配方施肥的结果，花园洞小流域土壤分布如图 3-3（彩图 3-3）所示。花园洞小流域土壤类型多样，共有 18 种土壤类型，分别是冷净沙田、扁沙土、河潮泥、滂眼田、熟红土、红泥土、红黄泥、红黄沙土、青夹泥田、青泥田、青隔黄泥、青麻沙泥、麻泥土、麻泥田、麻沙土、麻沙泥、黄泥田和黑扁沙土。其中主要以麻泥田、青夹泥田和青泥田为主，分别占研究区内农田土壤总面积的 45.0％、14.0％和 5.9％。

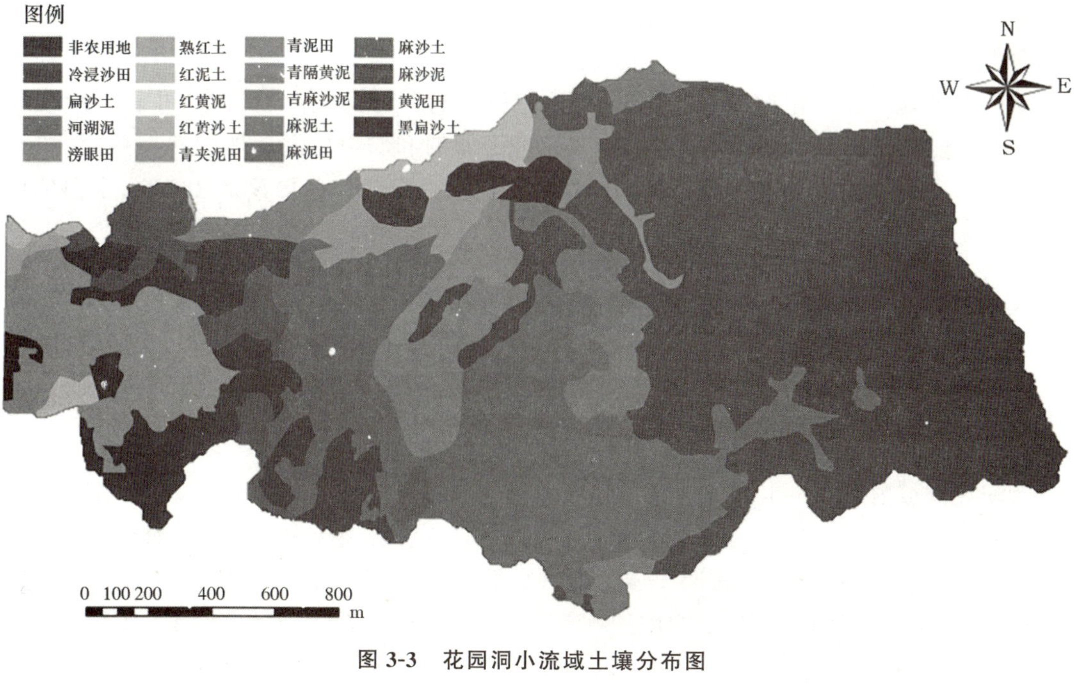

图 3-3　花园洞小流域土壤分布图

3. 耕地地力等级分析

依据耕地地力等级评价方法，在土壤类型的基础上，基于地形部位、排水能力、灌溉条件、剖面构型、障碍因素和耕层厚度等因子，对花园洞小流域的耕地地力等级进行分级(图 3-4，彩图 3-4)。总体上看，花园洞小流域耕地地力条件一般，主要以二等地、四等地、七等地和八等地为主，分别占总耕地面积的 12.6%、16.4%、38.2%和 28.0%，其他等级的耕地占 4.7%。

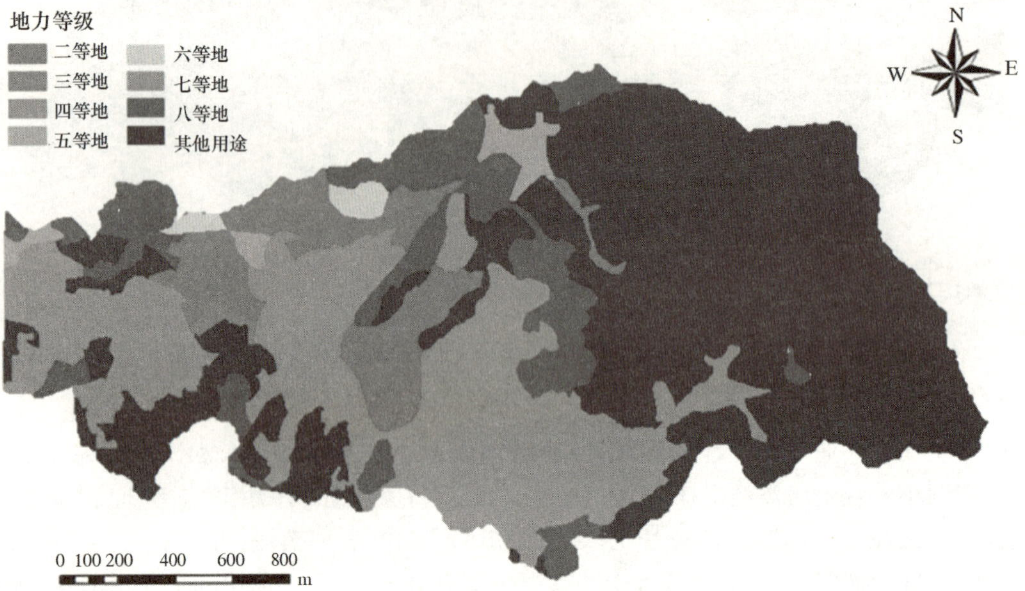

图 3-4　花园洞小流域耕地地力等级图

4. 土地权属状况分析

在土地利用现状的基础上，根据农户调研的结果，对花园洞小流域内的水田和农民住宅用地建立一一对应关系。由于其他地类(如林地、荒草地和旱地)边界不清晰，并且年际变化较小，故本研究没有对它们的权属进行确认，仅研究了水田和农户住宅用地的权属关系，如图 3-5 所示(彩图 3-5)。调研结果发现，该小流域共有 6 个村民小组，总户数是 286 户，水田地块数量为 1 558 块，户均田块数量 5.4 块，户均水田面积为 0.35 hm^2。

3.2　ABM 与 IECM 耦合模型的构建

3.2.1　ABM 与 IECM 耦合模型的框架

为研究流域内因农户生计转型导致的农业土地利用系统变化对非点源污染的影响，本研究构建了 ABM-IECM 耦合框架，如图 3-6 所示。在参考已有关于农户分类和农户生计转型研究的基础上，首先对农户特征进行分析，并识别不同的农户类型(Daloglu，2014)。其次，在 ABM-IECM 耦合模型中，本研究假定影响农户决策行为的因素分为外部因素和内部因素(余强毅，2013；Valbuena，2009)。外部因子主要包括水稻价格、生猪价格、劳动力价格以及农业补贴等因子，此类因子通过影响农户的内部因子，从而影响农户的决策行为；而内部因子主要

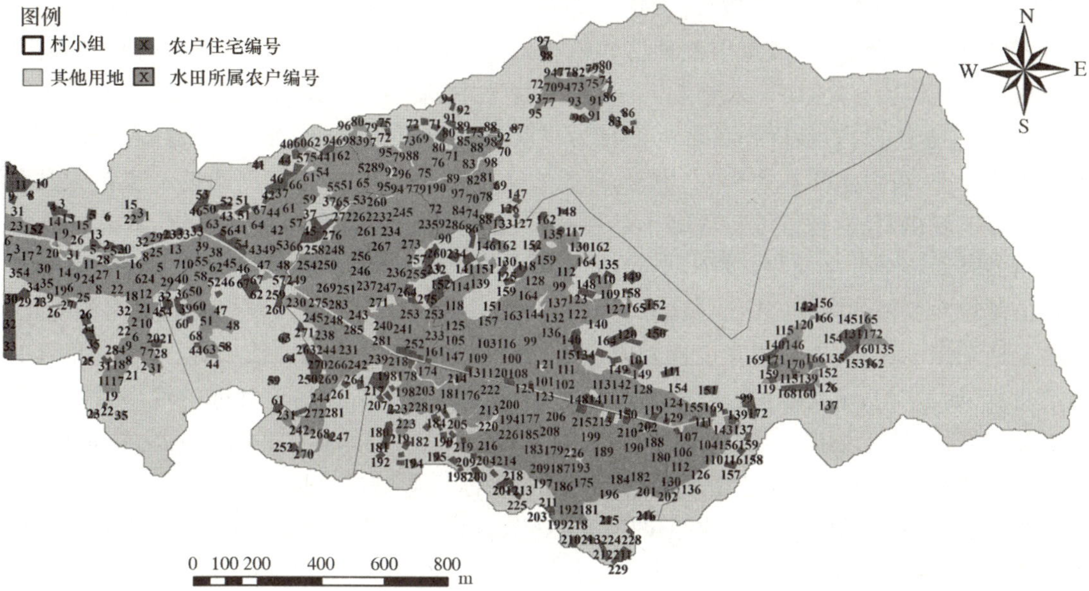

图 3-5　花园洞小流域土地权属图

注：建设用地的标号是指某农户类型的编号，如果某一水田的编号中与此编号相同，则表明此田块由该农户耕作。

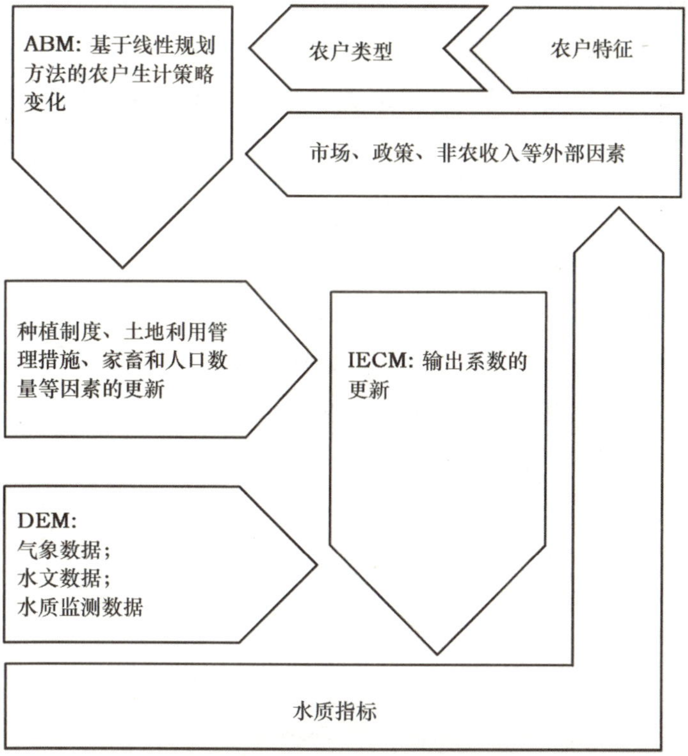

图 3-6　ABM 与 IECM 耦合模型概念框架

包括农户的能力和意愿。农户能力主要是指该农户执行某些行为的能力，主要与该农户的劳动力人口、户主年龄、生猪数量以及种植规模有关；而农户意愿主要是指农户在各种选项中，对某个选择的具体偏好，主要与农户收入来源有关，受外部因素影响较大。当某个农户的能力被定义时，在一定阶段内，该农户可选择的行为也就被确定了。例如，当某个家庭农户的家庭劳动力少于 2 个，或户主年龄大于 60 岁时，那么在下一年度该农户将不可能进一步扩张其种植规模或养殖规模，只能选择维持或缩小其规模。再者，随着社会和经济的发展，农户的外部因素和内部因素将会发生变化，每个 agent 都将基于农户收入最大化的目标，自主决定其种植农作物的面积和养殖的规模，从而导致农户的生计策略发生变化。而因农户生计策略的变化，农户的土地利用方式、土地利用强度以及农户经营规模也将随之变化。最后，这些变化以及其他相关数据，如 DEM、水文数据、水质数据以及气象数据，都将作为基于改进的输出系数法模型（IECM）的重要输入数据。通过 IECM 模型，即可估算输入到水体中的非点源污染负荷，从而实现了模拟小流域尺度内农业土地利用系统变化对水质影响的目标。

为了实现 ABM-IECM 耦合模型的概念框架，该模型主要在 NetLogo 5.1 和 R 3.0 版本中进行编程（Wilensky，1999）。在应用 NetLogo 语言构建模型的过程中，agent 主要代表不同的农户类型，而 patch 主要是指土地利用的栅格数据。

3.2.2 ABM 模型的构建

本研究尝试应用 ABM 模型，模拟农户生计策略变化对研究区内农业土地利用系统的影响，其具体构建过程分 3 个步骤：

1. 农户类型分类及其特征

农户类型的划分有助于简化模型的模拟过程，是 ABM 模型模拟农户行为的基础（Daloglu，2014）。在相关研究的基础上（余强毅，2013；Valbuena，2008），本研究依据农户主要收入来源和农户经营规模，把花园洞小流域内的农户分成六类，分别是传统型、休闲型、兼业型、以农为主型、养殖专业型以及退耕型。由于花园洞小流域内水田总面积仅有 100.3 hm^2，而农户数量又有 286 户，使得户均水田面积不足 0.35 hm^2，导致专业型和大规模型农户在模拟过程中出现的概率极小，因此，本研究把耕地面积大于 2 hm^2 的农户均看作以农为主型农户，以简化模型编程过程。根据农户调研结果，不同农户类型的特征如表 3-1 所示。

表 3-1　花园洞小流域不同农户类型的特征

特征	农户类型					
	传统型	休闲型	兼业型	以农为主型	养殖专业型	退耕型
耕地面积/hm^2	(0, 0.666)	[0, 0.666)	[0.666, 2)	[2, +∞)	[0, +∞)	0
生猪数量/头	<50	<50	<50	<50	≥50	0
单季稻						
成本系数[b]	0.45	0.35	0.35	0.36	—	—
劳动力投入/(天/hm^2)	120.0	109.5	86.9	61.0	—	—
氮肥投入/(kg/hm^2)	156.0 (24)[a]	151.5 (26)	163.5 (23)	152.7 (19)	—	—

续表 3-1

特征	农户类型					
	传统型	休闲型	兼业型	以农为主型	养殖专业型	退耕型
双季稻						
成本系数[b]	0.82	0.70	0.76	0.76	—	—
劳动力投入/(天/hm^2)	239.0	219.0	173.7	115.9	—	—
氮肥投入/(kg/hm^2)	292.5 (22)	285.0 (31)	295.5 (29)	281.7 (21)	—	—
养殖业						
成本系数[b]	0.75	0.75	0.75	0.75	0.80	—
劳动力投入/(天/头)	5.77	5.77	5.77	5.77	2.58	—
生猪重量/(kg/头)	119.6 (11)	119.6 (11)	119.6 (11)	119.6 (11)	115.6 (6)	—

[a]括号里的值是其标准差；[b]是指种植单位面积作物或养殖一头生猪的总成本占总收入的比例

2. ABM 模型运行机制

根据概念框架中相关的假设，ABM 模型运转过程如图 3-7 所示。首先，对 ABM 模型进行初始化操作。在初始化中，每个农户 agent 的静态属性(如家庭人口数量、劳动力数量、户主年龄以及生猪数量)以及每个 patch 的初始状态(包括土地利用类型、土地地力等级、土地权属)均依据农户调研结果而设置。与此同时，一些外部环境因子(如水稻价格、生猪价格、劳动力价格以及农业补贴等)也将根据花园洞小流域的实际情况进行更新。其次，在模型运行的每一步中均先判断农户的户主年龄是否超过 60 岁。如果超过 60 岁，该农户将会判断是否把土地流转给其他人耕种，或由其亲属继承。在该过程中，每个农户仅有一次机会做出相关决策。假如某户主年龄已达到 75 岁，而且该农户还没被继承，则需停止从事农业活动并把土地流转给其他农户。再者，基于线性规划模型的计算结果，根据农户意愿，每个农户都将做出其偏好性的决策行为。之后，农户开始做出相关行动，如扩张、缩小或保持稳定。例如，当某个农户决定扩张其农户规模时，该农户可从其他决定退出的农户中租入一定面积的土地；但是，如果该农户附近没有合适的耕地或其缺少足够的资金，那么该农户当年则不能完成其经营规模的扩张。此外，本研究假定农户种植经营扩大的规模不超过目前农户经营规模的 1 倍；同理，其缩小的规模，也不大于目前农户经营规模的一半。对于养殖业而言，其家畜数量扩大或缩小的规模假定同样在上述范围内变化。再其次，本研究还假定每个农户的决策行为都将会影响下一年度的农户的决策过程。例如，在前 3 年内，某农户的经营规模扩张较大，则下一年该农户将不能继续扩大其经营规模。最后，随着农户经营规模的变化，农户生计策略随之分化，农户类型也将依据分类树进行更新。农户生计策略的不同，导致其农户的行为也存在差异，如不同农户类型，其单位面积的劳动力和化肥投入量是不同的(起晓星，2015；袁宁，刘小川，2013)。这些农户行为的变化又会经过线性规模模型的计算，从而影响下一年度农户的意愿。例如，随着单位面积劳动力或化肥投入的增加，单位面积粮食产量也随之增加，从而使农户在种植业上可以获得比其他行业更高的报酬，导致该农户在下一年度有更强的意愿来扩大其种植规模。

在 ABM 模型中，农户间的相互作用主要体现在农地流转和种植制度的选择上。当某个农户决定缩小其经营规模时，该农户可通过一个基于农户类型、经营规模以及距离其远近的选择机制，筛选出一个最佳的候选农户，并将耕地流转给该候选农户。如果该候选农户扩大的耕

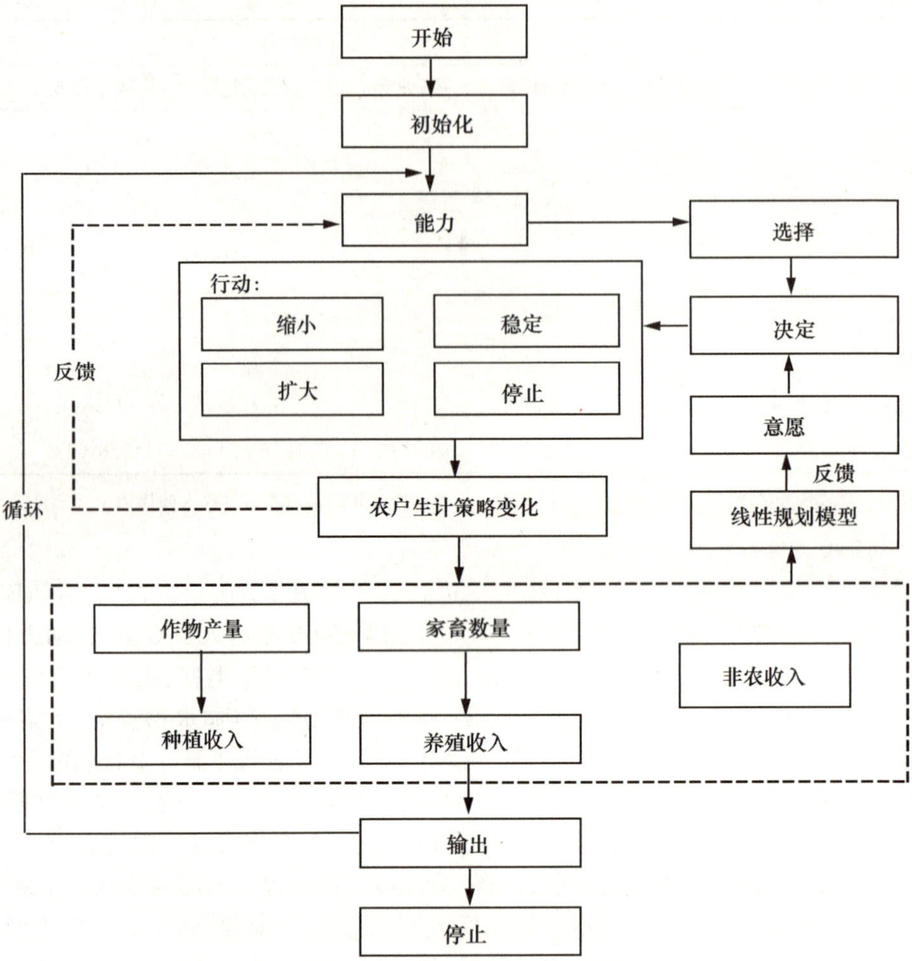

图 3-7　ABM 模型运转流程图

地面积，超过了其可承受的范围，将依据同样的方法，筛选出下一个候选农户，以此类推。另外，根据农户调研发现，无论水田是种植单季稻还是双季稻，或多或少均会受到其周边环境的影响。因此，本研究假定当某块水田所有相邻的田块均被种植双季稻时，那么为了保证在一定时间内农事活动（如灌溉、施肥、收割等）的一致性，该田块也将被种植双季稻。同理，当某块水田所有相邻的田块均被种植单季稻时，那么该田块也将被种植单季稻。最后，当所有农户的行为都确定时，ABM 模型模拟的土地利用方式、生猪数量以及常住人口也将被更新。此外，ABM 模型每运行一次，上述过程将重复一次，直至模型运转停止。

3. 农户决策过程

本研究主要应用线性规划模型模拟农户的决策过程。作为 ABM 模型的重要组成成分，线性规划模型可根据农户能力以及外部因素，通过反复求解约束优化问题，实现对农户期望净收入进行优化的目标。通过应用线性规划模型，可以模拟农户从一系列可能的选项中，做出最优决策的过程。尽管构建一个线性规划模型需要明确的目标函数，但是与其他方法相比，线性规划模型可以较好地表达农户间的异质性，并且可充分捕捉稀缺资源在空间和时间上的分配过程(Schreinemachers & Berger,2011)。鉴于此,线性规划模型至今已被广泛用来模拟农户决策过程(Schreinemachers & Berger,2006;Schreinemachers & Berger,2011)。在本研究中,由于桃江县农户收入来源目前主要来自种植业、养殖业和非农收入,因此农户生计策略主要是指农户从事种植业、养殖业以及非农就业的行为。

农户决策过程的具体步骤是:首先,将土地地力等级、农户不同来源的收入水平和劳动力数量以及其他变量输入到线性规划模型中,通过线性规划模型的计算即可得到某个农户不同作物种植的面积、家畜养殖的数量以及非农务工天数等数据,其具体计算过程参见第 2 章的 2.3 节。然后,通过进一步的计算,即可得到农户在每个劳动日种植业、养殖业以及非农务工的平均收入情况。最后,在农户决策过程中,假定当某个行业的每个劳动日平均收入在前 3 年均大于其他行业时,则下一年度农户将会投入更多的劳动时间,以扩大该行业规模,同时缩小其他行业。例如,与其他行业相比,如果前 3 年某个农户平均每个工作日从种植业获得了的收入是最高的,则该农户极有可能从其他农户的手中租入耕地,以扩大其种植规模;相反,如果前 3 年该农户平均每个工作日从种植业中获的收入是最少的,那么该农户将极有可能转出耕地,以缩小农户经营规模。在本研究中,由于生猪价格、水稻价格、劳动力价格等外部因素是影响农户主要收入来源的重要因素,因此,这些因子也被认为是农户生计策略变化的主要驱动力。

3.2.3　IECM 模型

与其他面源污染模型(如 SWAT、AGNPS)相比,尽管 ECM 模型具有构建简便、使用灵活、所需数据和参数少以及模拟精度可接受等优点(Worrall and Burt,1999;Ding,2010;Johnes,1996),但是 ECM 模型忽视了降雨因子和地形因子在时间和空间的不均匀性,这在一定程度上影响了 ECM 模型的广泛应用(Noto, et al.,2008;Zhu and Chang,2008)。为了解决此问题,一些学者尝试对 ECM 模型进行改进,使之成为一个半分布的水文模型,即改进的输出系数模型(IECM)(任玮,2015;Ding,2010)。由于 IECM 模型考虑了流域内输出系数的时间和空间变异性,赋予了不同斑块在不同土地利用方式下具有不能输出系数的能力,使得 ABM 模型与 IECM 模型耦合成为了可能。一般来说,IECM 模型可以表示为:

$$L = \sum_{i=1}^{n} \alpha\beta E_i[A_i(I_i)] + P$$

$$P = S \times r \times d \times \lambda$$

式中,L 是指营养物质输出总量;E_i是指营养物质源 i 的输出系数;A_i是指家畜类型 i 的数量,或者是流域内土地利用类型 i 的面积,或者是常住人口的数量;I_i是营养物质来源 i 的输入(kg);P 是指通过降水输入的营养物质的量;α 是指降雨的影响因子;β 是指地形影响因子;S 是指流域内总土地面积;r 是指研究区内年降水量(mm);d 和 λ 分别是指降雨中的营养物质的浓度(g/m^3)和径流系数,这两个系数主要是通过监测数据获得。α 和 β 两个系数主要与空间分布有关,它们的计算方法参考 Ding(2010)等的研究。为了研究社会经济因子与流域内面源污染的关系,避免年际间自然条件变化对研究结果的干扰,本研究忽略了降雨的时空分布不均匀性,即假定 α 一直等于 1;而根据计算,其 β 值如图 3-8 所示(彩图 3-8)。因为在本研究中 IECM 模型是以田块尺度为基本研究单元,所以在单位水田面积内其地形因子对氮素输出系数可忽略不计。此外,由于仅有 2012—2014 年的水文和水质监测数据,因此,本研究不得不假

定 P 等于这 3 年通过降雨输入营养物质量的平均值。

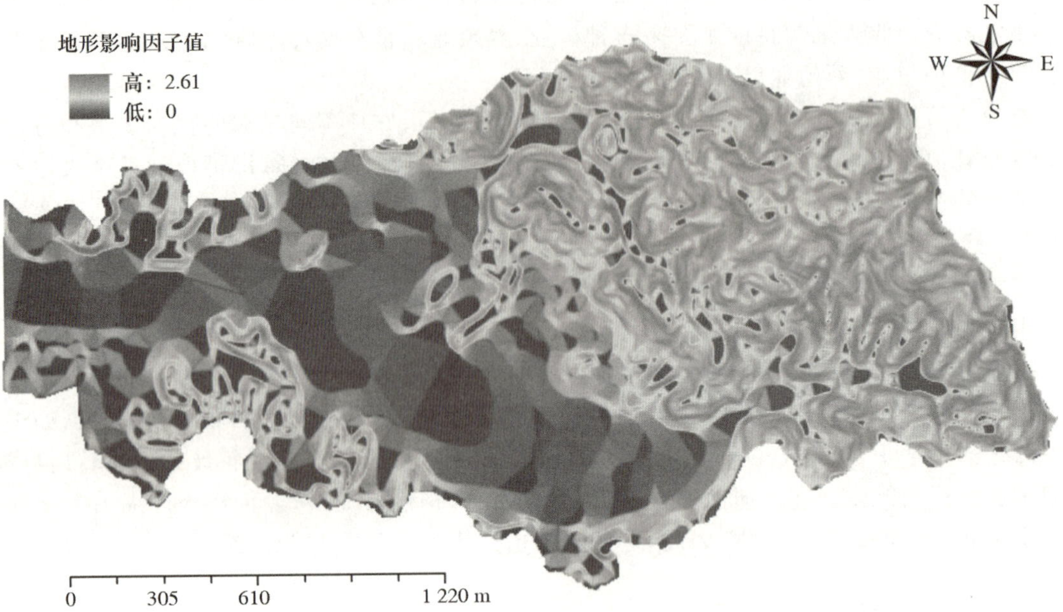

图 3-8　花园洞小流域的地形影响因子值

3.2.4　ABM 和 IECM 模型的数据交互过程

依据 ABM-IECM 耦合模型框架，ABM 模型模拟结果可作为 IECM 模型的重要输入数据来源。在该耦合模型中，目前主要有四类数据被输入到 IECM 模型中，分别是土地利用数据、农业管理数据、家畜数量以及常住人口数量。首先，通过 ABM 模型，可得到不同土地利用或作物类型的面积和分布变化数据。这些数据将会改变 IECM 模型中的土地利用类型 i 的 A 变量。其次，应用 ABM 模型，可根据农户的经营规模和主要收入来源，得到不同农户类型的数据变化。由于农户类型生计策略的分化，农业土地利用方式也将随之改变。例如当一个农户由传统型转为休闲型时，该农户的化肥投入量可能会减少。这些变化又将会影响 IECM 模型中的输出系数，从而影响整个流域内的面源污染计算结果。再者，作为农民农事活动的重要组成部分，养殖业中的家畜数量对流域内营养物质的输出总量具有重要影响(Sun, et al.,2012; Ding,2010)。因此，在 ABM 模型中，家畜数量的变化同样被该模型所模拟。这些数据将会输入到 IECM 模型中，从而影响 IECM 模型中的家畜类型 i 的 A 变量。最后，在 ABM 模型构建的过程中，本研究假定退耕型农户离开农村到城市居住，导致流域内常住人口数量的减少。同样这些变化将输入到 IECM 模型中，从而影响总氮输出量的模拟结果。

3.2.5　ABM-IECM 耦合模型的模拟

由于农事活动通常按一年计算，因此，本研究模型模拟的步长也为一年。为了详细研究现实社会中农户间的异质性，在 ABM 模型构建过程中，每个农户家庭和田块都将被详细描述，每个 agent 代表一个真实的农户，每个农户都拥有不同面积大小和位置的田块，并且每个田块都由许多个 5 m×5 m 的斑块组成。该耦合模型运行分 2 个阶段：1997—1999 年为模型的初始化阶段，而 2000—2014 年为模型的运行阶段。在模型初始化过程中，根据农户调研结果，所有农户的特征，例如户主年龄、家庭人口、劳动力数量都将输入到模型中。农户从事养殖的年限和生猪数量均在 0～5 间随机生成；每年氮/磷肥的投入量和每头猪的重量也皆由模型依据正态分布的规律随机生成。另外，在模型的初始化过程中，所有的农户类型均被认为是传统型；之后，随着社会经济的发展，农户生计策略开始发生变化。

目前，已有相关研究表明，氮素是洞庭湖区水质恶化的最重要影响因素之一（Qin, et al., 2012；黄代中等，2013）。因此，本研究仅以总氮输出量作为水质评价的指标。由于缺少花园洞流域内的相关系数，在本研究中不同来源的氮输出系数主要参考与花园洞小流域相似研究区域的研究结果。根据相关文献资料，农村生活与生猪养殖（农户家庭养殖数量少于 50 头）的总氮输出系数分别选定为每年 1.872 kg/hm^2 和 0.74 kg/头（任玮，2015；Ding，2010）。由于当一个农户养殖的生猪数量超过 50 头时，该农户被认为是专业养殖型农户；而根据此类农户的调研，其家畜粪便多选用水冲洗的处理方式，所以此类农户每年生猪的氮输出系数选定为 1.32 kg/头（第一次全国污染源普查资料编纂委员会，2011）。参考其他研究结果，花园洞小流域内旱地、园地、林地、草地以及建设用地的每年氮输出系数分别确定为 12.5 kg/hm^2、2.5 kg/hm^2、2.5 kg/hm^2、6 kg/hm^2 和 11 kg/hm^2（毕雪，王晓媛，2012）。此外，已有相关研究表明，在洞庭湖区水稻田的氮输出量与农户的氮肥投入具有显著的相关性，它们之间的关系可用以下函数表达 $y=0.0423x+2.6952$ kg/hm^2，其中 x 是每季水稻作物氮肥的投入量，而 y 是单位水田面积氮素流失量（李高明，2009）。因此，花园洞小流域内单位水田面积的氮素输出量主要通过上述函数计算。例如，在某一年内一个传统型农户在 1 hm^2 种植单季稻的水田中投入的氮肥是 156.0 kg 时，则它的氮输出系数为 9.3 kg/hm^2。

3.2.6　ABM-IECM 耦合模型的验证

模型验证是指通过独立的方法来评估系统输出数据产品质量的过程（Randa，2008）。本研究主要通过两个方法验证该模型的可靠性。第一个方法主要是通过检查 ABM-IECM 耦合模型构建过程中规则和算法的有效性，以验证模型结构的可靠性。具体步骤是：首先，通过审核每一行代码，并解释其功能，以确保所有的设计理念和规则正确地反映在代码中；其次，对各个单元进行单独运行，并保证其运行的准确性；最后，对整个模型运行 100 次，以验证模型各个组成部分的工作状态。如果模型运行良好，表明该耦合模型在结构上是可靠的。第二个方法是把 ABM-IECM 耦合模型模拟的结果与现有的历史数据进行对比，以验证该耦合模型模拟结果的可靠性。由于在模型初始化阶段，全部农户均被认为是传统型农户；之后，随着各种因素（如农户特征、农户收入来源、社会关系等）的变化，农户的生计策略开始分化。因此，可以应用在该小流域内通过相对独立的农户问卷调查所获得的双季稻种植面积、生猪数量、不同类型农户的数量以及来自 2012—2014 年的水质监测等数据可以被用来验证该耦合模型。此方法的验证过程也可分为两个部分：其一，通过农户调研的结果验证 ABM 模型的可靠性；其二，运用水质监测数据验证 IECM 模型的可靠性。

2012—2014 年 ABM 模型的验证结果如表 3-2 所示。与模拟结果相比，在此期间该小流域常住人口数、生猪数量以及双季稻实际播种面积的相对误差均在±20%以内。另外，根据调研统计，2012—2014 年在该小流域内传统型、休闲型、兼业型、以农为主型、养殖专业型以及退耕型的农户数量分别为 37、109、41、2、5 和 92 个；35、98、40、3、7 个和 103；33、95、38、6、7 和

107 个。与表 3-2 中的模型模拟结果相比，两者之间比较接近。表明 ABM 模型在模拟流域内农业土地利用系统的变化上具有良好的可靠性。

IECM 模型的验证主要是通过与 2012—2014 年间花园洞小流域的水文和水质的监测数据进行比较，从而验证该模型的准确性。通过监测数据的估算，2012—2014 年间该小流域的实际总氮输出量分别是 5 612 kg、4 675 kg 和 5 186 kg。与 IECM 模型模拟结果相比，其相对误差分别是－11.6%、－28.3%和－16.9%，如表 3-2 所示。验证结果表明，该耦合模型模拟结果在可接受的范围内，可以用来研究该小流域内的农业土地利用系统变化对非点源污染的影响。

表 3-2　2012—2014 年花园洞小流域 ABM-IECM 耦合模型验证结果

项目	2012 年			2013 年			2013 年		
	模拟值	观察值	相对误差	模拟值	观察值	相对误差	模拟值	观察值	相对误差
常住人口数/个	649	625	－3.6%	625	584	－6.98%	613	578	－5.93%
生猪数量/头	1 336	1 267	－5.5%	1 511	1 412	－7.1%	1 667	1 523	－9.5%
双季稻种植比例/%	43.0%	34.6%	－19.4%	11.4%	9.8%	－13.7%	13.3%	12.7%	－4.6%
总氮负荷/kg	6 260.3	5 612.0	－11.6%	5 998.8	4 675.0	－28.3%	6 063.9	5 186.0	－16.9%

3.3 ABM 与 IECM 耦合模型的模拟结果分析

3.3.1 农户类型的变化

根据 ABM-IECM 耦合模型的模拟结果，花园洞小流域内农户类型变化结果如表 3-3 所示。总体而言，2000—2014 年花园洞小流域的农户类型发生较大的变化。2000—2006 年，生猪价格的逐年上升(图 3-9a)，使得单位劳动时间内养殖业的收入比种植业和非农就业高，导致专业养殖型农户大量出现。而 2006 年以后，由于劳动力价格快速上升(图 3-9b)，非农就业成为家庭的主要收入来源，使得许多休闲型农户选择离开农村到城市生活，成为了退耕型农户。这导致退耕型农户从 2007 年的 25 户迅速增长到 2014 年的 123 户。与此同时，随着养殖专业型农户数量的减少，一些传统型或休闲农户选择租入土地并扩大其经营规模，结果是兼业型和以农为主型农户的数量逐渐增多，分别从 2007 年的 17 户和 0 户增加到了 2014 年 43 户和 4 户。

表 3-3　2000—2014 年花园洞小流域的农户类型变化表

年份	传统型		休闲型		兼业型		以农为主型		养殖专业型		退耕型	
	Mean	Std.	Mean	Std.	Mean	Std.	Mean	Std.	Mean	Std.	Mean	Std.
2000	51	2	226	2	4	1	0	0	0	0	4	2
2001	49	2	225	4	6	2	0	0	0	0	6	2
2002	48	4	225	3	6	2	0	0	0	0	7	2
2003	40	2	215	3	14	3	0	0	3	1	14	2
2004	58	4	176	5	16	3	0	0	20	4	17	2

续表 3-2

年份	传统型		休闲型		兼业型		以农为主型		养殖专业型		退耕型	
	Mean	Std.	Mean	Std.	Mean	Std.	Mean	Std.	Mean	Std.	Mean	Std.
2005	66	8	164	6	16	3	0	0	21	4	20	3
2006	37	4	190	4	17	3	0	0	21	4	21	2
2007	34	2	205	6	17	3	0	0	5	2	25	4
2008	35	2	198	4	18	3	0	0	5	2	30	3
2009	37	3	171	6	27	4	0	0	5	2	46	4
2010	37	3	140	7	36	4	0	1	5	2	68	6
2011	36	3	113	9	43	6	1	1	5	2	89	8
2012	35	2	88	10	44	4	3	1	5	2	110	8
2013	34	4	82	9	43	4	3	1	6	3	117	9
2014	32	4	78	10	43	4	4	1	7	4	123	8

注：Mean 平均值；Std. 标准差。

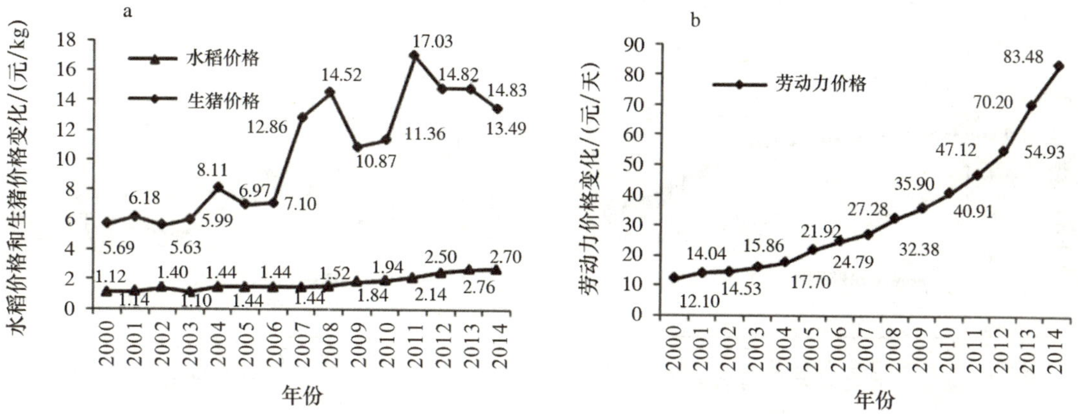

图 3-9　2000—2014 年水稻价格、生猪价格以及劳动力价格变化

3.3.2 作物种植制度、常住人口以及生猪数量的变化

花园洞小流域作物种植制度、常住人口以及生猪数量的变化如图 3-10 所示。2000—2014 年该流域内双季稻种植比例呈波动减少的变化趋势(图 3-10a)。从 2000—2001 年，双季稻种植的比例由 71.6%下降到 36.3%；之后，随着水稻价格由 2001 年的 1.14 元/kg 增长到 2002 年的 1.40 元/kg(图 3-9)，双季稻种植比例增加到了 2003 年的 83.8%；而 2003—2008 年，由于非农就业的收入迅速上升，在花园洞小流域内许多的农户选择种植单季稻，以节省劳动力从事非农就业，导致双季稻的种植比例又快速下降；在 2008—2010 年间，因水稻价格的增长，双季稻的种植比例又逐渐开始增加，从 28.3% 增加到 49.6%；然而，在 2010 年之后，因非农收入的快速增加，双季稻种植比例又开始下降，从 2010 年的 49.6%又减少到了 2013 年 11.4%。

依据 ABM-IECM 耦合模型模拟结果，总体而言，花园洞小流域内生猪数量呈现先增加后减少，再增加的变化趋势，如图 3-10b 所示。2000—2005 年，生猪数量从 496 头快速增加到 3 439 头；之后，生猪数量又迅速减少到 2008 年的 458 头；然而，在 2008—2014 年间，该流域内的生猪数量又开始缓慢上升，至 2014 年恢复到了 1 667 头。

由于农户生计策略的变化，某些农户不再从事农业生产活动，并且几乎所有的家庭收入均来自非农务工。在该耦合模型中，这些农户被假定不再是农村的常住人口，使得花园洞小流域内农村常住人口逐年减少。从 2000 年至 2014 年，该小流域内的常住人口从 1 009 人减少到 613 人(图 3-10c)；特别是在 2008—2014 年间，由于农地流转的加快，该小流域内常住人口快速减少，年均降幅达 5.8%。

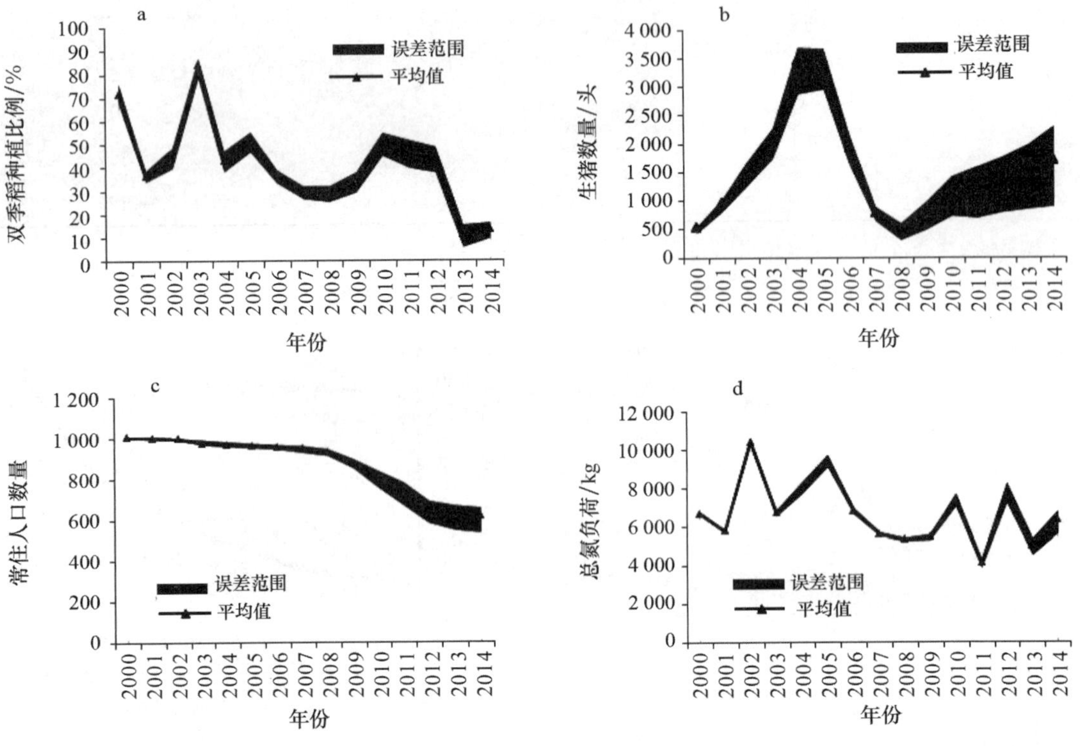

图 3-10　2000—2014 年双季稻种植比例、常住人口、猪数量和总氮输出量变化

3.3.3　总氮输出的变化

结合社会经济因子分析(图 3-9)，2000—2014 年间花园洞小流域内总氮输出负荷变化如图 3-10d 所示。总体而言，输入到河流中的总氮负荷呈现先增加后减少的趋势。由于 2000—2004 年生猪价格的上升，与种植业和非农务工的收入相比，每个工作日农户可从养殖业获得更多的收入，使得在此期间生猪的数量快速上升，导致该小流域内总氮输出量从 2000 年的 6 841.0 kg 增加到了 2004 年的 8 446.3 kg。2004—2006 年，在生猪价格减少了 12%的同时，劳动力的价格也由 17.7 元/d 增加到 24.9 元/d。由于农户生计决策对价格变化的反应有一定滞后，这使得 2005—2008 年双季稻种植比例和生猪数量减少，导致了花园洞小流域在此期间总氮输出负荷的减少。之后，随着生猪价从 2006 年的 7.10 元/kg 迅速增加到 2008 年的 14.52 元/kg，使得总氮输出也从 2008 年的 6 243.1 kg 增加到 2010 年的 6 534.4 kg。然而，在

2010—2014 年间，许多农户转为了退耕型，不再从事农业活动，再加上随着 2008 年以后因劳动力价格的快速增长，小流域内单季稻种植比例迅速增加，导致花园洞小流域总氮输出量从 2010 年的 6 534.4 kg 减少到 2014 年的 6 063.9 kg。

因农户生计转型导致的农业土地利用系统变化，使得 2000—2014 年间花园洞小流域内不同来源的总氮输出的比例也发生了变化(图 3-11)。在 2000 年，农村生活和水田是该流域总氮输出的主要来源，它们分别占总氮输出的 30%和 24%。在 2005 年，家畜养殖成为了花园洞小流域总氮输出的主要因素。之后，随着生猪数量的减少，养殖业输出的氮素量占总氮输出量的比例由 26%减少到了 7%。结果导致，在 2010 年农村生活再一次成为该流域总氮输出的主要原因。然而，在 2014 年，由于双季稻种植面积和常住人口的减少，降水已经成为花园洞小流域总氮输出的主要途径。

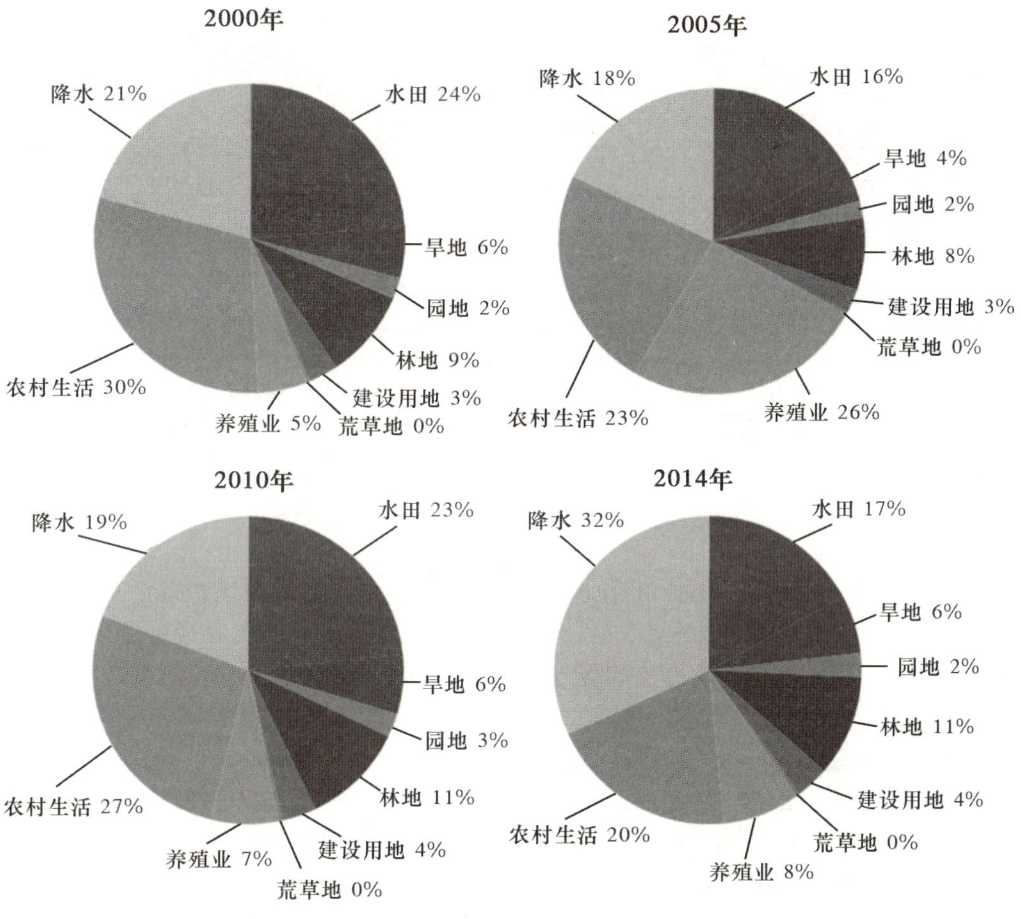

图 3-11　2000—2014 年不同来源总氮输出量的比值

2000—2014 年花园洞小流域每个斑块的总氮输出量的变化如图 3-12 所示(彩图 3-12)。总体而言，由于双季稻种植面积和化肥投入量的减少，单位面积水田的总氮输出量呈减少趋势。如图 3-12 所示，花园洞小流域中游地区(第三和第四小组)单位面积氮输出相对上游地区(第五和第六小组)和下游地区(第一和第二小组)较高。这主要有两个原因：一方面，与中游地区的平均坡度高于下游有关；另一方面，与上游地区相比，中游地区的耕地地力等级较高，其被农户种植双季稻的概率较上游地区更大。

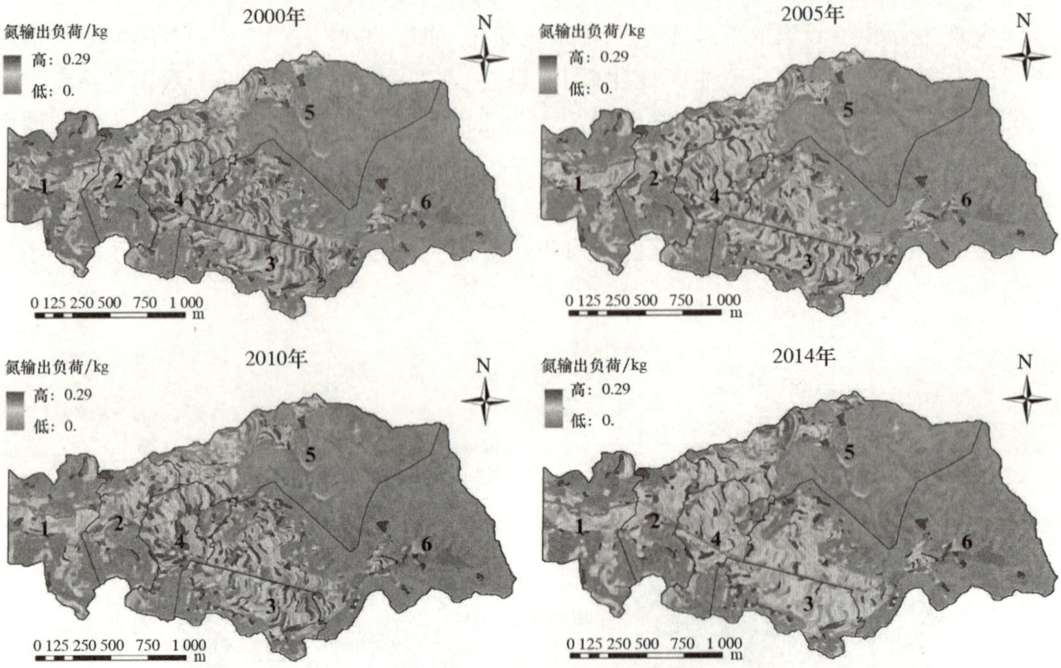

图 3-12　2000—2014 年小流域单位面积总氮输出量变化

3.4　讨论与总结

3.4.1　讨论

本研究提出了一个基于 ABM 和 IECM 的耦合模型，并以洞庭湖区花园洞小流域为案例研究区，模拟了因农户生计转型导致的农业土地利用系统变化对非点源污染的影响。ABM-IECM 耦合模型不仅可以模拟农户生计转型的动态过程以及应用半分布模型 IECM 估算非点源污染，而且还能研究社会—经济因子与非点源污染的关系。至今，已有许多的基于多智能体或非智能体的耦合模型，如 CLUES-SWAT(Liu et al.，2014；Zhang，2013)、CLUES- L-THIA (Zare et al.，2016)、CA-SWAT(Deng et al.，2015)、ABM-MODFLOW(Reeves and Zellner，2010)以及 ABM-SWAT(Daloglu，2014；Daloglu，2014)等，被用来研究社会经济因子与水质之间的关系。与这些研究相比，ABM-IECM 耦合模型主要具有以下特点：

首先，由于应用 ABM 模型，而不是 CLUES 或 CA 模型，来模拟农业土地利用系统的变化，赋予了该耦合模型从农户生计转型角度，研究社会经济因子与水质动态关系的能力。与 CLUES 和 CA 模型相比，ABM 模型不仅可以与空间环境的异质性进行结合，更真实地表达人类的行为(Filatova，et al.，2013)，而且还能详细研究社会经济因子(如水稻价格、生猪价格、劳动力价格)对农户生计转型的影响。例如，ABM-IECM 耦合模型模拟了在 2000—2014 年间花园洞小流域内，因水稻、生猪以及劳动力价格变化引起的农户生计转型对流域内非点源污染的影响，其优点是可方便识别影响水质污染的关键因子，为未来通过调控农户的行为来降低环境风险提供科学支撑。另外，在 ABM 模型的构建过程中，还应用线性规划模型，而不是由 Valbuena 提出的概率决策方法(Valbuena, et al.,2010;Valbuena,2008;Valbuena,2009)来模拟农户的决策过程。与概率方法相比，线性规划模型具有相对客观，易于表达等优点(Schreinemachers and Berger,2011)，使得该耦合模型的模拟结果更具可靠性。

其次，与其他研究土地利用变化对水质影响的模型相比(Reeves and Zellner,2010;Vatn, et al.,2006;Daloglu,2014)，该耦合模型应用 IECM 模型取代了基于物理过程的、时间连续的分布式水文模型，如 SWAT 和 MODFLOW 等(Liu,2014;Arnold, et al.,1993)。由于 IECM 模型是一个半分布水文模型，它的研究单元是田块(Ding,2010)，而不是具有相同土地覆被、坡度以及土壤所组成的水文响应单元(Arnold,1993)，使得 IECM 模型可以描述不同空间尺度上土地利用的异质性。这个特征赋予了该耦合模型可以模拟不同地形分布、不同农户经营方式对流域内水质影响的能力。例如，随着农户生计策略的变化，在花园洞小流域内作物种植制度、土地利用强度、常住人口以及生猪数量等因素的变化都将输入到 IECM 模型中，从而能够估算这些变化对该流域水质的影响。此外，与其他水文模型相比，IECM 模型因具有相对容易构建，所需参数少的等优点(任玮,2015;Ding,2010)，使得该耦合模型非常适用于土地破碎化程度较高、农户生计策略类型多样以及数据缺乏的发展中国家或地区。

最后，随着社会经济的发展，水质不仅与流域内的作物种植制度变化的相关，还与人口迁徙和养殖业发展有关(Liu, et al.,2015)。已有研究表明，作为农业活动的重要组成部分，养殖业排放的氮、磷等营养物质已成为中国河流和湖泊水质恶化的重要原因之一(Sun,2012;Ding,2010)。然而，至今很少有学者研究养殖业的发展和人口的流动对水质变化的影响。因此，ABM-IECM 耦合模型的另一个优点是可以模拟人口流动和养殖发展对花园洞小流域水质的影响。例如，ABM-IECM 耦合模型模拟结果表明，花园洞小流域的人口从 2000 年的 1 009 人减少到 2014 年 613 人；与此同时，生猪数量也经历了先增加后减少再增加的过程，这些因素的变化使得输入到河流中的总氮也经历了先增加后减少的变化趋势。显然，该耦合模型可以更加全面地描述农户生计策略转型对非点源污染的影响，从而有助于提高模型模拟的准确度。

尽管 ABM-IECM 耦合模型具有有上述优点，但是该耦合模型也存在一定的不足。首先，由于人类决策过程和自然环境的复杂性(刘莹，黄季焜,2010;Valbuena,2009)，在模拟农业土地利用系统变化对水环境的影响时，需要许多类型的数据输入到该耦合模型中。然而，目前或多或少会存在数据缺失的问题。例如，在 2000—2012 年间，由于缺少花园洞小流域的水质监测数据，该耦合模型不得不忽略降雨在时空上分布的不均匀性。另外，由于缺少 2012 年之前的水质监测数据，本研究仅用了 3 年(2012—2014 年)的历史数据来验证农业土地利用系统变化对水质的影响。这在一定程度上，影响了该耦合模型的验证精度。在将来，需应用更多的时空数据来验证该耦合模型，从而进一步优化本研究的结果。

ABM-IECM 耦合模型的另一个不足是对复杂的现实社会进行了简化处理。例如，根据先前的研究，不同生计类型农户的决策目标存在一定的差异(刘莹，黄季焜,2010)。既有农户以利润最大化或风险最小化为目标，也有农户以劳动力投入最小化为准则。但是，在该耦合模型的构建过程中，农户的决策均以利润最大化为前提，忽略了其他因素。另外，根据当地的实际情况，ABM-IECM 耦合模型还假定除了水田之外的其他土地利用类型并不存在土地经营权流转的可能性，并且其他土地利用类型的氮素输出系数是常数，不随着农户生计策略变化而变化。在一定程度上，这些因素影响了该耦合模型模拟农业土地利用系统变化对水污染影响结果的准确度。因此，未来有必要更加全面详细地研究影响农户决策过程的相关因素，模拟流域内各种土地利用变化过程，评估各种土地利用过程变化对水质的影响。

3.4.2 总结

本章选择洞庭湖区的桃江县花园洞小流域为案例研究区，在流域基本特征分析的基础上，通过构建 ABM 与 IECM 的耦合模型，研究了 2000—2014 年间因农户生计策略转型导致的农业土地利用系统变化对流域内非点源污染的影响，主要结论如下：

(1)随着水稻、生猪以及劳动力等价格的变化，流域内农户生计策略发生了分化，导致该小流域内作物种植制度、土地利用强度、常住人口以及生猪数量均发生了变化。

(2)由于上述因素的变化，2000—2014 年间，在该小流域输入到河流中的总氮量由 2000 年的 6 841.0 kg 增加到 2004 年的 8 446.3 kg，之后又逐渐减少到 2014 年的 6 063.9 kg。

(3)从 2000—2014 年间，农村生活、家畜养殖、水田以及降雨输入方式交替成为该小流域内主要污染源。

(4)小流域的中游地区是关键污染区。

(5)ABM-IECM 耦合模型具有模拟精度较好，可操作性强的优点，将来可作为洞庭湖地区小流域范围内研究农业土地利用系统变化对水质影响的有效工具。尽管该耦合模型还存在一定的局限性，但是通过 ABM-IECM 耦合模型不仅可以模拟农户生计转型的动态过程，分析其对流域农业土地利用系统变化的影响，以及估算非点源污染状况，而且还能研究社会-经济因子与非点源污染的关系，识别关键污染区，为将来通过调控农户行为降低流域内的农业环境风险提供科学支持。

第 4 章 乡镇尺度的农业土地利用系统模拟研究

由于小流域尺度研究的范围一般是由流域地面分水线和出口断面所组成的一个相对封闭小区域，其研究边界往往不与行政区划重叠，并且研究对象包含了种植业、养殖业以及非农活动等多个部门，使得其研究结果很难为以行政区划为基本单元的政府决策行为提供直接依据。针对此问题，本章将以农业土地利用系统中最基础的种植业为研究对象，通过构建 ABM-SFA 耦合模型，并以大栗港镇为案例研究区，重点模拟镇域尺度农业土地利用系统变化（包括农业种植制度变化、农业土地利用方式、农业土地投入强度等）对粮食生产与环境效应的影响，从而为政府制定相关政策提供科学依据。

4.1 研究区概况及数据来源

本章选取洞庭湖区桃江县大栗港镇作为案例区（图 4-1）。该镇下辖 23 个行政村，总面积 14 100 hm^2，是桃江县人口较多、面积较大的乡镇之一。大栗港镇属典型南方丘陵地区，山多地少，耕地仅有 3 681 hm^2，而其中水田面积 3 128.5 hm^2，占耕地总面积的 85.8%。该镇在 2000 年总人口数为 68 576 人，户均人口 3.7 个，户均耕地面积 0.166 7 hm^2。大栗港镇属于亚热带大陆性季风湿润气候，光照丰富，寒短暑长，热足雨多，属于双季稻种植区。随着社会经济的发展，非农就业机会成本增加，目前大栗港镇大量的水田由双季稻改种单季稻，已成为威胁当地粮食安全主要因素之一。为解决“双改单”导致的粮食减产问题，当地政府在给予农户种植补贴（如直接补贴、种双补贴、良种补贴、农机具购置补贴和农资综合补贴政策）的同时，又积极推动农地流转。而随着大栗港镇农地流转的推进，其农业土地利用系统的结构和布局也随之改变。

本研究数据来源：①农户调研数据，2011—2014 年采用随机农户访谈的形式，按农户类型特点在桃江县 15 个乡镇共计调研 399 份，主要包括：农户的种植意愿、化肥和农药投入量、土地租金以及种植成本等，详细介绍见第 2 章；②土地利用现状数据和耕地地力评价数据（该数据主要依据耕地地力评价方法计算而来，具体方法见第 2 章）。根据研究需要，本章仅选取水田作为研究对象，如图 4-1 所示（彩图 4-1）；③年鉴统计数据，来源于 1996—2013 年的《桃江县统计年鉴》，内容包括劳均非农收入、水稻总产、水稻播种面积等相关数据；④文献资料，农地流转率、农业补贴等来源于桃江县内部统计资料，而 SFA 模型中氮的相关参数选取主要由相关文献资料获得。

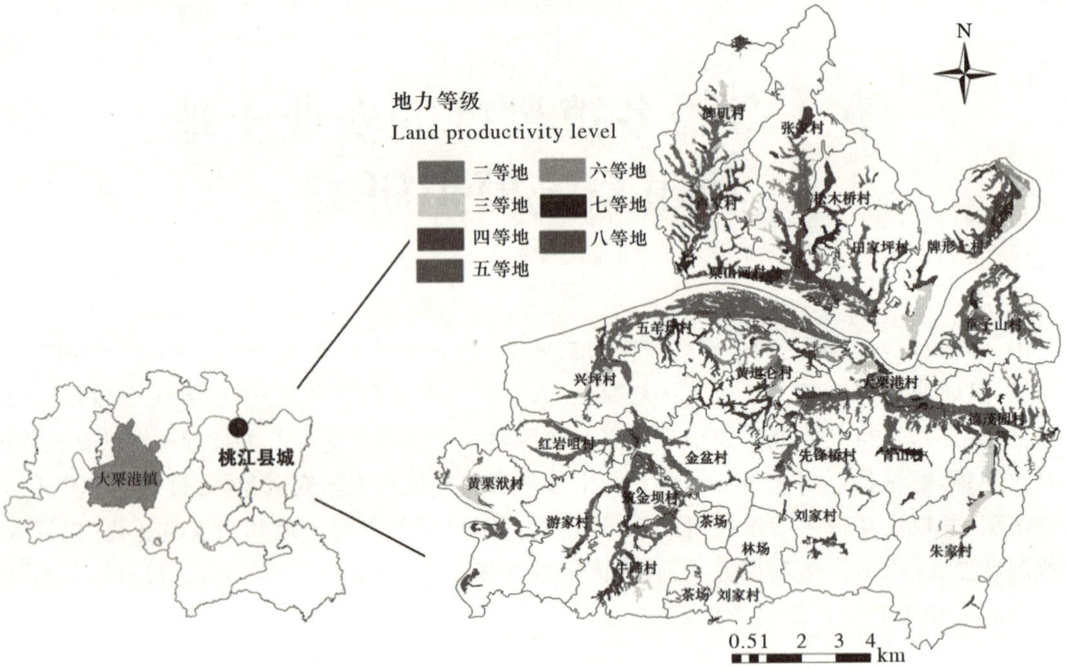

图 4-1　大栗港镇区位图与地力等级图

4.2　ABM 与 SFA 耦合模型的框架

为模拟农地流转导致的农业土地利用系统变化对区域粮食产量及氮素环境的影响，本研究构建了 ABM 与 SFA 模型的耦合框架，如图 4-2 所示。根据第 2 章农户决策行为影响因素分析的结果，农地流转与农户家庭劳动力个数、户主年龄、耕地面积及非农收入有关（Yu，et al.，2013；李中，2013）。鉴于此，本研究假定农地流转主要与农户自身的能力和意愿有关。能力是指农户的属性因子，如家庭劳动力个数、户主年龄、土地大小、土壤质量等因子。能力决定了农户在一定时期内对某一决策过程中所拥有的选择。而意愿是指农户的价值观和意向，它决定了农户对某个决策行为的偏好。在本研究中，农户意愿用家庭主要收入来源表示。而区域因子主要通过改变农户能力或意愿，从而影响农地流转，它们主要由粮食价格、非农收入、补贴水平等因子组成。

依据上述假设，农户首先通过判断自家收入的主要来源，进而做出相应的决策——“扩张、保持稳定、缩小还是停止”。其次，农户的这些决策行为，促使农地流转，农户类型也随之分化，进而影响区域作物种植制度和种植方式的变化。然后，作物种植类型作为 SFA 模型的重要输入因子，决定了 SFA 模型研究的对象；不同农户类型具有的不同农事活动特征，如化肥和农药投入量，又可作为 SFA 模型的生产输入参数。在土地自然属性基础上，SFA 模型依据作物类型及不同农户类型的农事活动过程即可估算产品输出量（如粮食和秸秆产量）和环境输出量（如氨挥发量、氮反硝化量、氮淋失量等）。再之后，产品输出量和环境输出量反馈到区域，影响粮食价格、补贴政策、土地租金以及生产成本等区域因子。最后，区域因子又会通过改变农户的非农收入和农业净收入之比，从而影响农户的决策行为。

为了实现上述过程,模型主要输入因子有:户均耕地面积、农户户主年龄、户均劳动力个数、耕地地力等级、氮肥投入量,以及地租、粮食价格、农业税率、农业补贴等外部因子。在具体模型构建过程中每个 agent 代表一个农户,每个斑块代表一个农户家庭所拥有的耕地面积(0.166 7 hm^2),每个农户户主年龄在 30～65 岁之间随机确定。每个农户家庭劳动力个数运用蒙特卡洛方法随机生成。其中,耕地地力等级和氮肥投入量被作为计算粮食产量的基本因子。粮食价格、土地租金、农业税率、农业补贴主要被用来计算农业净收入,而农户非农收入主要用农户家庭劳动力个数及劳均非农收入的乘积表示。该耦合模型主要应用 NetLogo 5.1 版本进行编程。

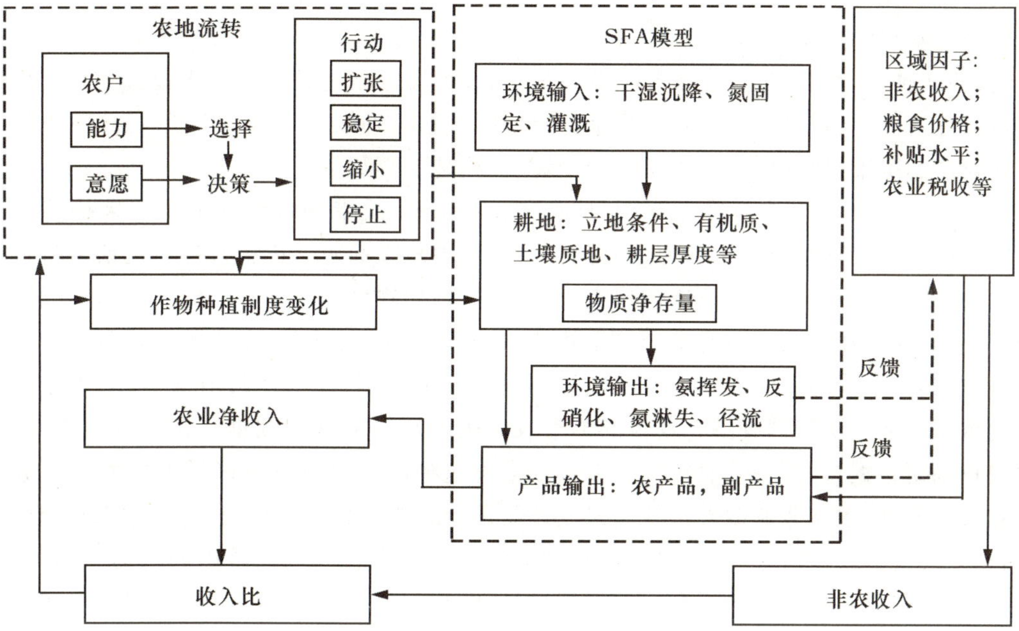

图 4-2　ABM 与 SFA 模型的耦合框架

4.3　ABM 与 SFA 耦合模型的构建

4.3.1　ABM 模型的构建

在借鉴 Valbuena 建模的基础上(Valbuena,2010;Valbuena,2008;Valbuena,2009),本研究构建了一个 ABM 模型。它用来模拟农地流转所导致的农业土地利用系统变化。该耦合模型运行主要分 2 个阶段:1997—1999 年是模型的初始化阶段;而 2000—2014 年是模型模拟阶段。ABM 模型模拟从 2000 年开始主要有两个原因:一方面,根据调研发现,在 1999 年大栗港镇的农地承包经营权进行了一次大范围的调整;另一方面,因为在 2000 年以前该镇大部分农户均是传统型或休闲型,其他农户类型较少。在模型初始化过程中,根据农户调研结果和统计年鉴资料,农户户主年龄在 30～65 岁间随机确定;而家庭人口在以 3.7 为平均值和 1 为方差的正态分布中随机确定;每个农户的经营规模为 0.166 7 hm^2。而 ABM 模型的具体构建过程分 3 个步骤：

（1）农户类型及其特征　为简化模型模拟，依据农户调研结果，首先对农户进行分类，以实现农户的个体决策到集体决策的转变。农户类型的具体分类方法及其特征分析见第 2 章。由于区域尺度农业土地利用系统的模拟主要关注于种植业，并不考虑养殖专业型农户和退耕型农户的影响，因此本研究主要把农户分为了 6 类，即传统型、休闲型、兼业型、以农为主型、专业型以及大规模型农户。不同类型的农户对应不同决策规则，其决策结果也不尽相同。

（2）农户决策过程　在区域尺度，农业土地利用系统的研究目标主要是通过模拟农业土地利用系统变化，研究作物种植的粮食产出和环境效应，并不考虑农户养殖对农业土地利用系统的影响。而线性规划模型是指在一组生产限制条件下，以农户家庭效益最大化为目标，研究如何合理分配农户的劳动力、资金以及耕地等资源的一种方法，它包括了农户家庭从事的所有农事活动，例如种植业、养殖业、非农务工等。显然，线性规划模型并不适用于模拟乡镇尺度的农户决策过程。因此，在参考已有研究的基础上，基于农户调研结果，本研究运用概率决策方法来描述农户的决策过程（Valbuena，2008），其具体构建步骤如下：

首先，在 ABM 模型模拟过程中，主要通过农户选择、决策和行动 3 个步骤来描述农户具体的决策过程。对于每个决策行为，均用 0～1 表示农户在面对该决策时拥有的所有选择的范围。例如，某个农户在进行农地流转的决策行为时，该农户面临的选择有转入、保持或转出（图 4-3A）。农户决策中每一个选择的范围取决于农户的类型，换而言之，当某一类型农户被确定时，该农户类型拥有的不同选择（如扩张、缩小、稳定）的范围，即选择阈值，也随之确定。阈值选取的依据主要来源于调查问卷获得的关于农户生产决策的详细数据。在本研究中，主要是依据农户调研数据，计算一个农户类型中采取某种选择的农户数量占该类型中农户总数的比例来获得。例如，根据兼业型农户的调研统计结果，在 2011—2014 年间，15％的农户有转出土地的行为，25％的农户有转入土地的行为，剩余的农户既无转入也无转出的行为。因此，本研究假定在模型运转过程中，兼业型农户选择扩张、缩小和保持稳定等行为的阈值分别是 0.25、0.15 和 0.6。依据上述方法，不同类型农户的各个决策行为阈值如表 4-1 所示。

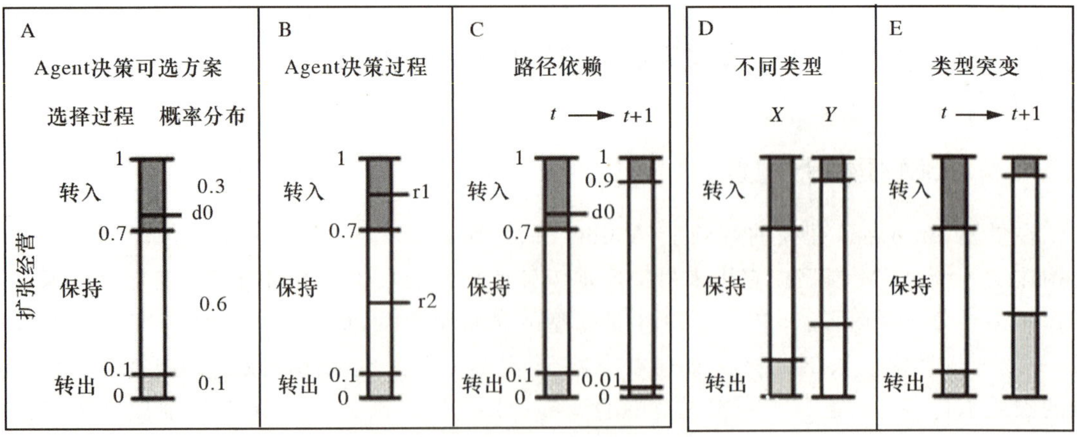

图 4-3　基于概率方法的 Agent 决策规则（改自余强毅，2013）

表 4-1　不同类型农户的各个决策行为阈值　　%

农户类型	扩张	保持稳定	缩小	停止
传统型农户	16	72	12	21
休闲型农户	1	58	41	20
兼业型农户	25	60	15	27
以农为主型农户	58	23	19	32
专业型农户	47	36	17	46
大规模型农户	29	51	20	63

其次，在农户每次选择过程中，ABM 模型均生成一个 0～1 之间的随机数，如图 4-3A 所示中的 d0。生成随机数的大小决定着农户不同的决策方式。例如，当产生的随机数为 r1，则该农户将转入土地；假如随机数为 r2 时，则农户将保持其种植规模不变(图 4-3B)。

最后，基于路径依赖假设(图 4-3C)，依据农户意愿对农户决策概率进行修正(余强毅，2013)。如果某一个农户前 3 年家庭非农收入是农业净收入的十倍，则下一年度该农户很可能缩小自身规模，或者完全停止农业活动；如前 3 年农业收入大于等于非农收入，则该农户很可能租入土地，从而进一步扩大自己的耕作规模；而如果前 3 年农业收入与非农收入之比在上述两者之间，则该农户的决策概率不变。此外，当户主年龄超过 65 岁，他们将逐步停止农业活动，并把耕地交由其家庭内部成员继承或转让给他人。

在模型初始阶段，农户类型全部被假定为传统型，但是因农户上述决策结果，农户开始分化，农户的分化过程如图 4-4 所示。若农户家庭种植规模小于 0.667 hm^2，并且家庭收入主要来源于非农就业，则该农户转为休闲型；若农户把家庭承包的耕地全部流转给其他农户，并收取一定的租金，农户自身完全退出农业种植，则该农户转为退耕型，此类型就不再具体研究。而随着传统型农户租入他人土地的增加，其经营规模不断扩大，此类农户逐渐成为兼业型农户、以农为主农户、专业型农户甚至大农户。与传统型农户一样，这些农户也存在与非农就业机会成本进行比较的可能，如非农就业的效益较高，这些农户也可能会逐步缩小自身规模，转化为传统型或休闲型，甚至完全停止农业活动。当农户类型发生了改变，相应地其选择行为的阈值也随之变化(图 4-3C 和图 4-3D)。

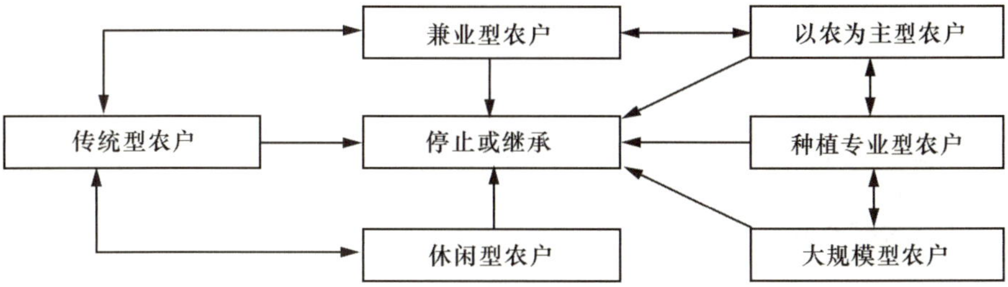

图 4-4　农户分化过程图

(3)种植制度的确定　本研究按照以下步骤确定每个斑块的种植制度：

首先，通过调研统计分析，依据耕地地力等级，设置每个斑块种植双季稻的概率。

其次，通过不同农户类型的粮食产量回归模型分别模拟每个斑块双季稻和单季稻的产量，并在不同农户类型的物质投入、土地租金、粮食价格、农业税以及农业补贴基础上，计算出当年种植双季稻或单季稻的净收入，进而计算出当年农户家庭的农业净收入。

再次，依据前3年农户家庭的农业净收入与非农收入之比，设置农户种植双季稻的概率。

最后，根据农户种植双季稻概率与斑块种植双季稻概率的乘积，确定该斑块最终种植双季稻的概率。

4.3.2 SFA模型的构建

氮素作为粮食生产必需元素之一，在保障粮食产量的同时，其不合理的施用，可能会导致水质恶化、土壤板结以及气候变化等环境问题。因此，依据在第2章所构建的基于耕作单元尺度的SFA模型，并以氮素为例，研究农地流转过程导致的区域农业土地利用系统变化对氮素环境效应的影响具有重要理论和现实意义。

依据SFA模型框架，参考Farm-N的计算方法(Hutchings，2010)，本研究确定了SFA模型中氮素的计算方法，其具体的计算方法和取值依据见表4-2。为了保证SFA模型模拟的准确性，本研究相关参数尽量选取与研究区相似地区的研究结果，如C_1与C_7的取值，主要依据鲁如坤在江西鹰潭的实测数据(鲁如坤，等，1996a)；P_i、A_3、B_3、A_4和B_4等参数的取值来源于湖南省的相关研究。而C_8参数的取值依据主要是根据调研结果，目前大栗港镇水稻秸秆的还田率在71%左右，而29%被农户转作他用，故秸秆带走率为29%。C_9值是依据桃江农业局提供的数据——每生产100 kg的水稻经济产量所需2.0 kg的氮，再根据鲁如坤在中提供的计算方法(鲁如坤等，1996b)，推算出来。由于通过农药方式输入的氮素量极少，可忽略不计(王激清，2007)。

表4-2 农业土地利用系统中氮素物质流分析核算方法及参数取值

项目	计算公式	参数含义及取值	依据
生产输入	种子$(I_1)=S\times C_1$ 化肥$(I_2)=\sum(F_i\times N_i)$ 有机肥(I_3) $=\sum(G_i\times P_i\times K_i)$	S是单位耕地面积种子投入量；C_1是水稻作物单位种子的含氮量，$C_1=2.25\ \mathrm{kg/hm^2}$；$F_i$是指单位耕地面积某种化肥用量；$N_i$是指第$i$种化肥的含氮量；$G_i$单位耕地面积$i$种有机肥的施用量；$K_i(i=1,2,3,\cdots)$：是指$i$种有机肥的含氮量；$P_i(i=1,2,3,\cdots)$：是指排放系数；	C_1依据鲁如坤等的研究(鲁如坤，1996a)；S来自于桃江土肥站；F_i来源于农户调研；N_i来源桃江土肥站；G_i来源于农户调研；K_i来源于《中国有机养分志》；P_i来源于武深树等的研究(武深树，等，2009)
环境输入	灌溉$(I_4)=C_3$ 固氮$(I_5)=C_4$ 干湿沉降$I_6=C_5\times J\times 2$	C_3是水稻作物单位播种面积随灌溉水带入氮素的量，$C_3=16.4\ \mathrm{kg/hm^2}$；$C_4$是水稻单位耕地面积固氮率，$C_4=15\ \mathrm{kg/hm^2}$；$C_5$是降雨含氮量$C_5=0.063x-123.683$；其中$x$是年份；$J$是年降雨量，来源于桃江统计年鉴；2是指总沉降量是湿沉降量的2倍(Liu，et al.，2008)；	C_3取全国平均值(魏静，等，2009)；C_4取长江流域的平均值Bao，et al.，2006)；C_5来源于刘学军(Liu，et al.，2013)；

续表 4-2

项目	计算公式	参数含义及取值	依据
生产输出	秸秆(O_1) $= Yield \times C_6 \times C_7 \times C_8$ 籽实(O_2) $= Yield \times C_9$	$Yield$ 指水稻作物粮食产量，依据不同农户类型的粮食产量回归模拟方法获得；C_6 是水稻的谷草比，$C_6 = 1:0.9$；C_7 分别是水稻的秸秆含氮量，$C_7 = 0.55\%$；C_8 是秸秆带走率，$C_8 = 0.29$；水稻籽实含氮量，$C_9 = 1.48\%$；	C_6 来源于《中国有机肥料养分志》；C_7 依据鲁如坤等的研究（鲁如坤，1996b）；C_8、C_9 依据桃江县测土配方施肥数据
环境输出	地表径流 (O_3) $= A_3X + B_3$ 地下淋溶 (O_4) $= A_4 \times X + B_4$ 氨挥发(O_5) $= A_5 e^{B5X}$ 反硝化(O_6) $= (A_6 + B_6X) \times$ N_2/N_2O-ratio	X 是总氮肥（包括有机肥）投入量：$A_3 = 0.0423$；$B_3 = 2.6952$；$A_4 = 0.0323$；$B_4 = 14.535$；$A_5 = 23.1425$；$B_5 = 0.006$；$A_6 = 0.79$；$B_6 = 0.0073$；N_2/N_2O- ratio $= 8$；	A_3、B_3、A_4、B_4 来源于李高明（李高明，2009）；A_5、B_5 来源于朱坚（朱坚，等，2013）；A_6，B_6 来源于刘晓雨（刘晓雨，2011）
物质净存量	物质净存量＝生产输入＋环境输入－生产输出－环境输出		

4.3.3　ABM-SFA 耦合模型的验证

因人类决策行为的复杂性和不确定性，ABM 模型模拟结果的验证一直是一个难点（Messina and Evans，2008）。与土地利用类型变化模拟相比，农户决策行为导致的作物种植制度和土地利用方式的变化更不明显，导致模拟结果因缺少数据的支持，更难直接验证。故本研究选取双季稻种植比例和产量的模拟值与实际值的相对误差以及农地流转率三个指标间接地验证 ABM 模型的可靠性。而 SFA 模型的验证，主要是通过与其他文献模拟的结果进行对比分析，评价其结果的可靠性。在 2000—2013 年间，除了 2002 年和 2003 年因水灾导致大栗港镇双季稻播种面积大量减少并使水稻严重减产外，其余 12 年双季稻种植比例和水稻产量的模拟值与观察值的相对误差均在±20%以内，如图 4-5 所示。另据桃江内部统计资料数据分析，在 2009 年、2012 年和 2014 年桃江县农地流转率分别为 31.4%、46.3%和 48.6%，而相对应的农地流转率模拟值为 27.4%，43.3%和 51.8%，如图 4-6a 所示。表明 ABM 模型模拟结果具有良好的可靠性。根据模型结果计算，SFA 模型模拟氮盈余、氨挥发、反硝化和淋失径流分别占总氮素输出的 18.5%、22.6%、5.8%和 10.4%，与 DNDC 模型模拟全国尺度的农田土壤氮素的输出状况（分别是 19.3%、28.4%、6.6%和 12.4%）相近（邱建军，等，2008），表明 SFA 模型模拟的结果可信。

另外，本研究还应用专家经验法，通过与当地农业官员和农技人员进行访谈来验证该耦合模型（Valbuena，2010）。当地农业官员和农技人员表示，该耦合模型模拟的不同农户类型耕作面积变化与大栗港镇历史情况基本一致，如图 4-6b 所示。2003 年之前，耕地主要由传统型和休闲型农户所控制；2003—2008 年间，因湖南省取消农业税并给予种粮补贴，传统型和兼业型农户所耕作的土地面积有所增加；2008—2013 年，随着社会经济的发展，兼业型、以农为主型、专业型以及大规模型农户相继出现。但是，他们也认为，ABM 模型在模拟专业型和大规

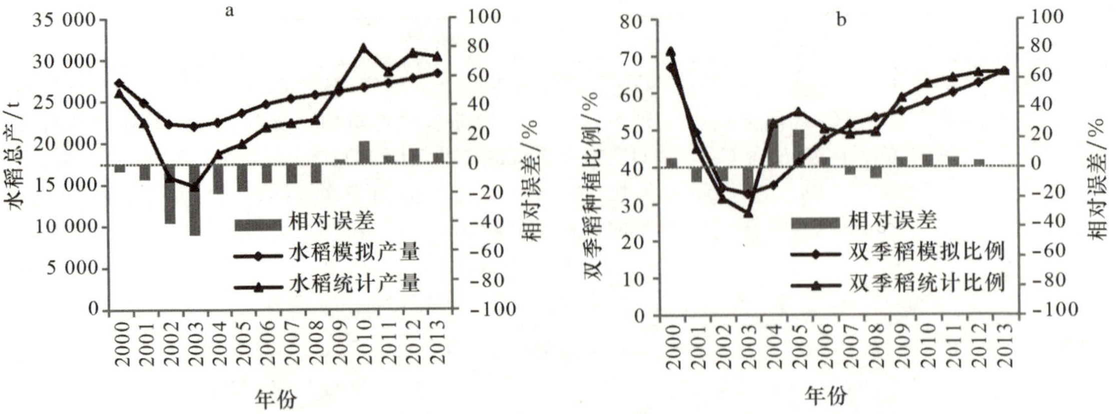

图 4-5　2000—2013 年大栗港镇双季稻种植比例以及水稻产量变化

模型农户所拥有的耕地面积上，与现实存在一定差距。例如，在 2013 年大栗港镇已有少量的大规模型农户，然而 ABM 模型模拟结果还是为 0。经过调研分析，大栗港镇大规模型农户出现时间较早，主要与当地政府提供的农业补贴有关。因此，综上所述，ABM-SFA 耦合模型的模拟结果在可接受的范围内，可以用来研究区域内的农业土地利用系统变化对粮食产量与环境效应的影响。

4.4　模拟结果分析

4.4.1　作物种植制度及粮食产量变化

根据 ABM-SFA 耦合模型的模拟结果，在 2000—2014 年间，随着农地的流转，作物种植制度和粮食产量均发生了显著变化，如图 4-5、图 4-6 所示。从图 4-6a 可知，2001 年以后，大栗港镇农地流转率呈现迅速上升趋势，在 2001 年其农地流转率的模拟值接近为 0，而在 2014 年已增长到了 51.8%。随着农地的流转，大栗港镇双季稻种植比例随之变化(图 4-6b)。在 2000—2003 年间，双季稻种植比例呈下降趋势，在 2000 年种植双季稻的比例有 67.1%，然而在 2003 年种植双季稻比例仅为 32.8%，比 2000 年减少了一半以上。这主要是因为农户人均非农收入快速增长和农地流转不成规模等的原因，使得此阶段种粮比较效益降低，农户为节约劳动力以从事非农活动，导致大量耕地由双季稻改种单季稻。2003—2013 年，因政府取消农业税，并对农户给予种粮补贴以及农地流转率的增加，双季稻种植比例又开始逐年回升。在 2014 年双季稻占水稻总播种面积的 67.4%，是 2003 年双季稻种植面积的 2.1 倍。随着双季稻种植比例变化，从 2000—2013 年大栗港镇水稻总产也经历了先减少后增加的变化过程(图 4-5a)。在 2003 年以前，因大量传统型农户转为种植双季稻意愿较低的休闲型，导致大栗港镇水稻总产明显下降。从 2000 年的 27 355.9 t 下降到 2003 年的 22 056.9 t，降幅达 19.4%。而 2003 年以后，因双季稻种植比例逐年回升，大栗港镇的水稻总产也随之增加，至 2013 年其粮食总产已达 28 273.1 t，比 2003 年增长了 28.2%。

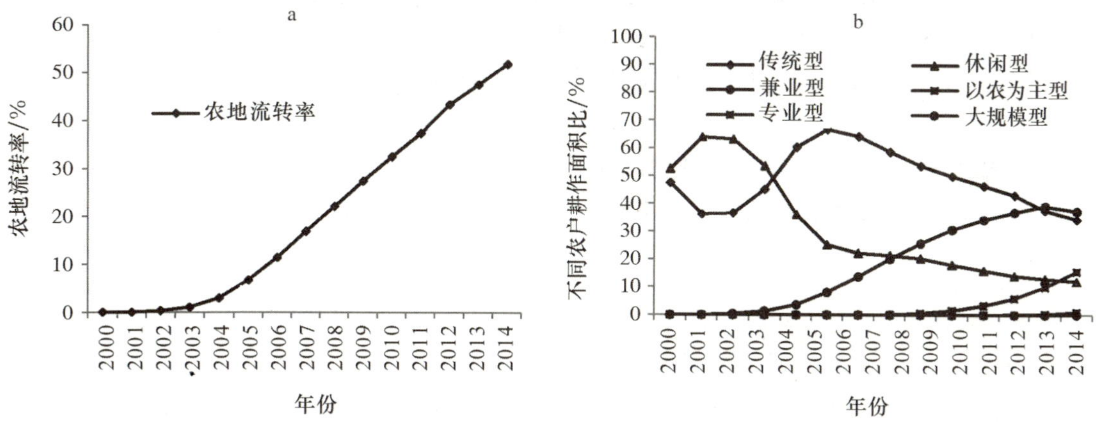

图 4-6　2000—2014 年大栗港镇不同农户耕作面积以及农地流转率变化

4.4.2　氮素环境输出变化

2000—2014 年，大栗港镇通过氨挥发、反硝化、径流和淋失方式输出氮素总量的变化趋势一致，都是先减少后增加，如图 4-7a、图 4-7b 所示。2000—2003 年大量耕地由双季稻改种单季稻，使得大栗港镇年均总施氮量减少明显，导致通过氨挥发、反硝化、径流与淋失方式输入到环境中的氮素量也随之减少，分别从 313.3、79.8、47.8 和 103.0 t 减少到 250.9、63.8、38.3 和 82.1 t，表明此阶段大栗港镇农田环境质量有所好转，但氮输出量的减少是以粮食减产为代价。从 2003—2014 年，由于农地的流转，农业税的取消以及粮食补贴政策的刺激，农户为追求经济效益最大化，其种植双季稻的意愿逐步回升，导致通过环境输出的氮素量逐年增加，至 2014 年通过氨挥发、反硝化、径流与淋失方式输入到环境中的氮素量分别增加到 315.2、80.2、48.0 和 103.6 t。另外，与反硝化、地表径流和地下淋溶等环境输出方式相比，通过氨挥发输入到环境中的氮素量占比最大，平均每年占氮素环境总输出的 57.6%，说明氨挥发是此区域氮素损失最主要的途径。从图 4-7 还可知，通过淋失损失的氮是径流损失的两倍左右，表明氮淋失是南方水稻田氮素进入水体中最主要途径。

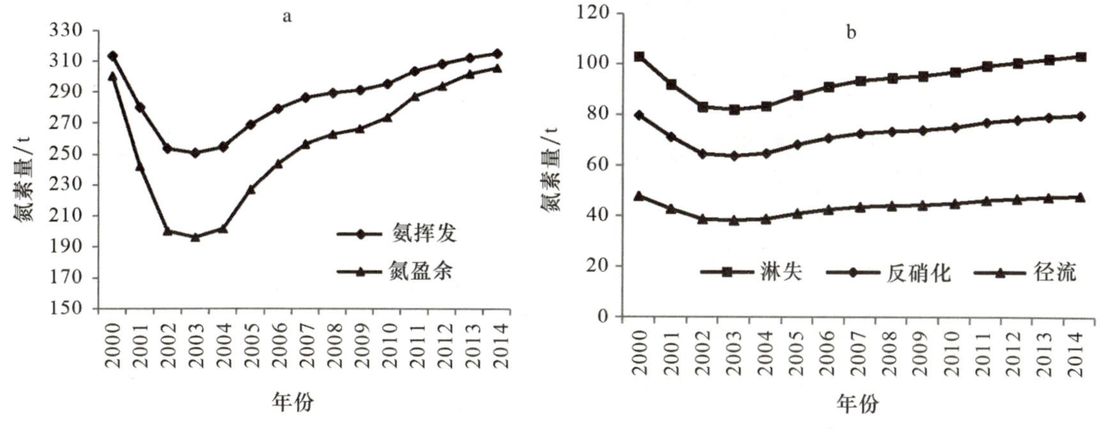

图 4-7　2000—2014 年大栗港镇氮素环境输出与氮盈余变化

图 4-8(彩图 4-8)以氮淋失为例，从空间上分析氮损失量，识别大栗港镇污染分布区。结合耕地地力等级分析，在 2000 年地力等级较好的区域其氮素淋失量较大，如红岩咀村、兴坪村。而在 2004 年，因种植水稻效益较低，降低了农户种植双季稻的意愿，导致在耕地地力较好区域氮的淋失量减少明显。从 2004—2014 年，种植双季稻的面积逐年增加，使得氮素通过淋失的方式输入到水体中的总量逐步回升。与 2004 年相比，2014 年在耕地地力等级较低的区域，如卢家村、栗山河村、松木桥村等，其氮素淋失量增加不明显，但是在耕地地力较高的区域，

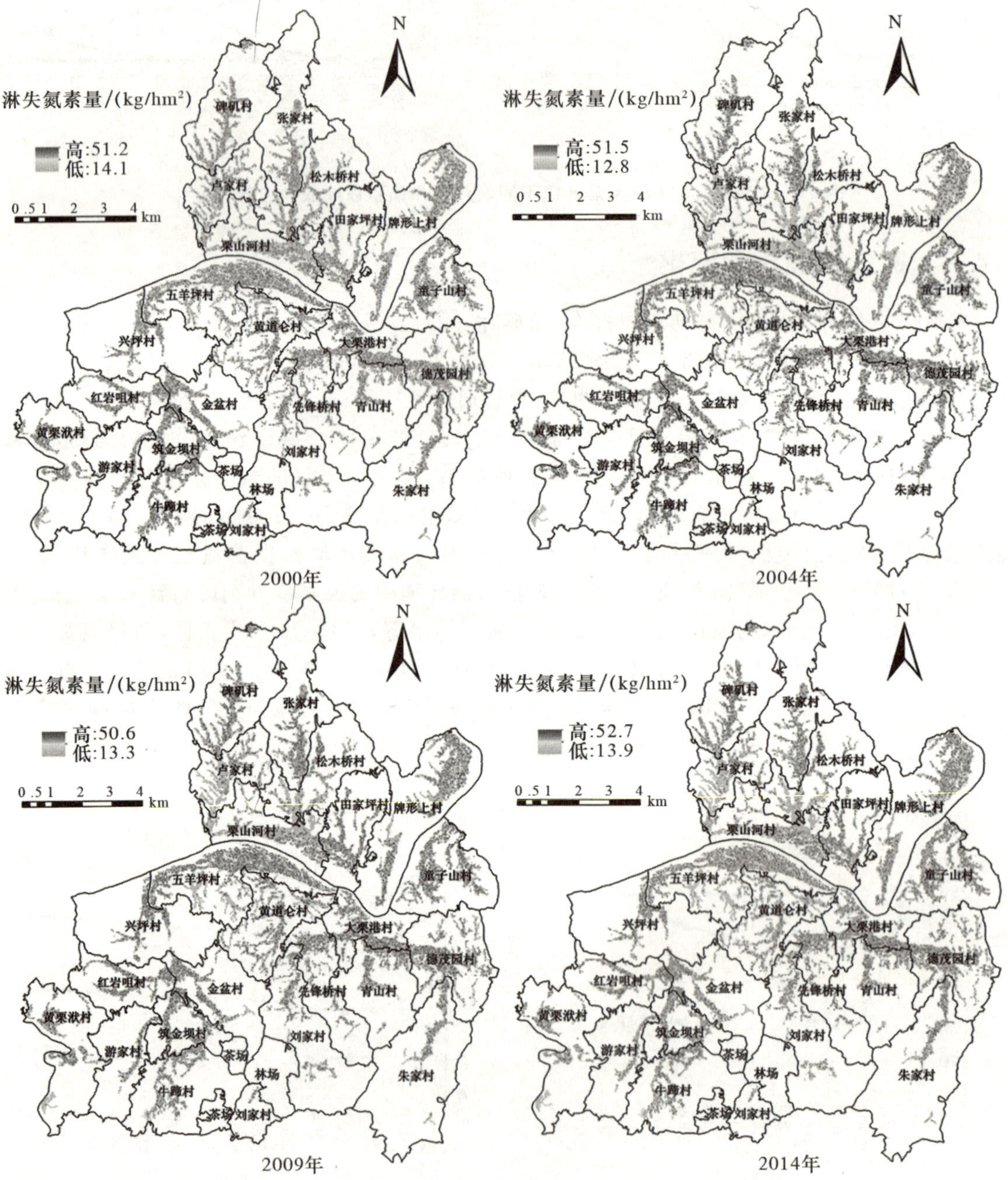

图 4-8　2000—2014 年大栗港镇氮素淋失量的空间分布图

其氮素淋失量却显著增加，主要原因是随着农地流转以及农业补贴的增加，地力等级较高的区域迅速恢复种植双季稻，使得其单位面积的氮素投入量增多。

4.4.3 氮盈余变化

大栗港镇氮盈余总量也随作物种植制度的变化而变化。如图 4-7a 所示，在 2000—2003 年间，大栗港镇水稻田的氮素盈余总量显著减少，在 2000 年其总氮盈余量为 300.4 t，但是在 2003 年该值仅有 196.2 t，降幅达 34.6%，原因是随着非农收入的增加，许多传统型农户转为氮肥投入量较少的休闲型农户。2003 年以后，因农业税的减免、农业补贴政策的实施以及农地流转率的提升，农户种植双季稻意愿又逐年递增，导致氮盈余量逐年增加，至 2014 年，其氮素盈余量增长到 305.7 t，是 2003 年的 1.6 倍。而氮素养分负荷的过量盈余，容易导致土壤酸化、板结，影响水体质量，严重威胁环境健康。

图 4-9（彩图 4-9）为 2000—2014 年大栗港镇各行政村水稻种植氮盈余量的空间分布情况。由图可知，2000—2004 年，整体上大栗港镇各村水稻种植平均氮盈余量呈下降趋势，特别是张家村、碑矶村、松木桥村、青山村、黄栗湫村、朱家村以及游家村等，减少幅度每年在 5.0 kg/hm² 以上，而五羊坪村、兴坪村、筑金坝村等村的氮盈余量减少不明显。表明在此阶段主要是耕地地力等级较好的村，出现大面积的双季稻改种单季稻。从 2004—2014 年，整体上大栗港镇各村平均氮素盈余量呈增加趋势，但是近十年年均增长幅度在 2.5 kg/hm² 左右，低于先前的减少幅度，表明农地流转在一定程度上可减轻对环境的压力。然而，先前氮盈余量相对较高的村庄，如卢家村、栗山河村、松木桥村，反而其增长速度最慢，其年均增长幅度在 1.5 kg/hm² 以下，导致在 2014 年卢家村、栗山河村、松木桥村等村的氮盈余量在全镇排名靠后。表明在此阶段耕地地力等级较好的区域，又开始大面积恢复种植双季稻。

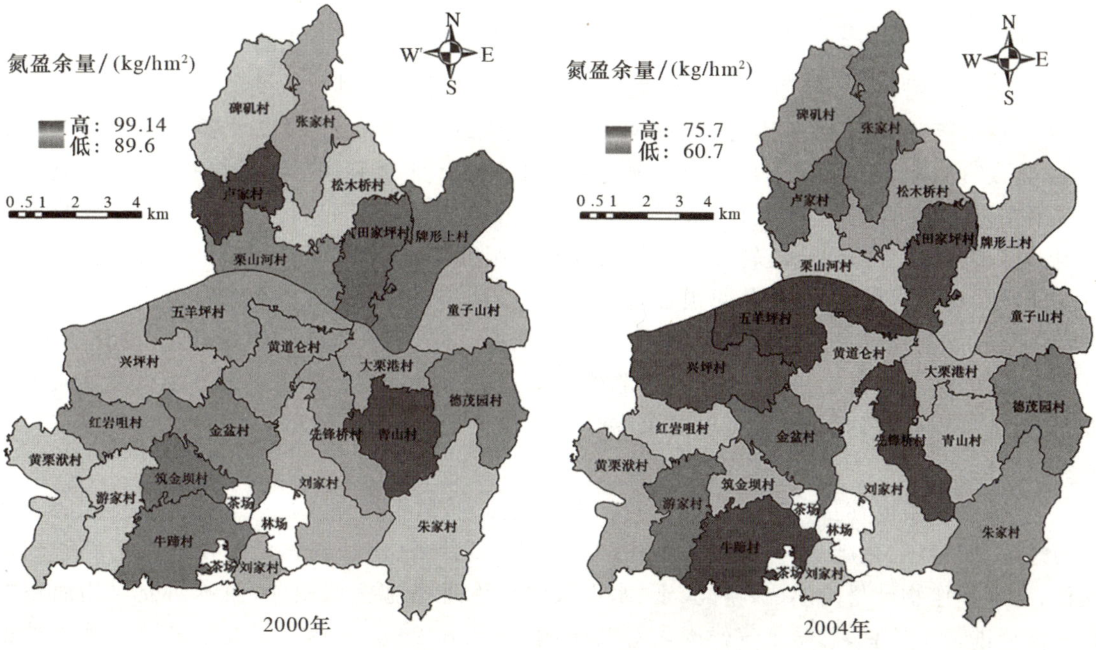

图 4-9　2000—2014 年大栗港镇水稻种植氮盈余量的空间分布图

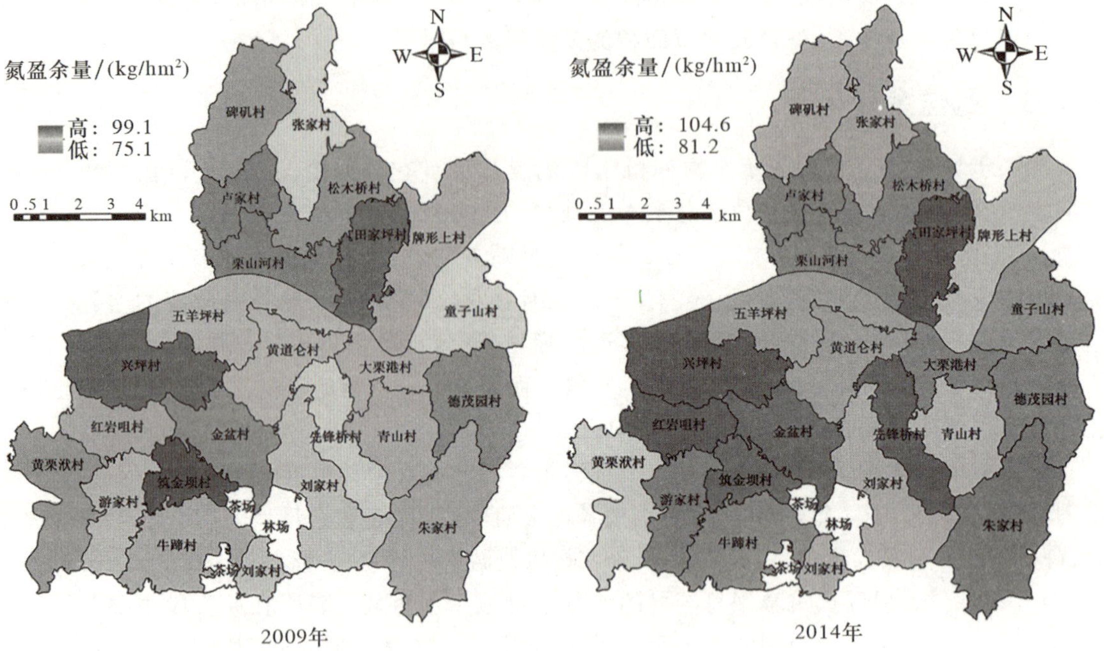

续图 4-9

4.5 讨论与总结

4.5.1 讨论

应用 ABM 模型模拟农地流转以及由此导致的作物种植制度变化的相关研究已有不少尝试，如余强毅应用 ABM 模型模拟了黑龙江省宾县农地流转及其作物种植制度的变化（余强毅，2013）；常笑、陈海等也分别基于 ABM 原理，构建从地块到村庄的多尺度土地利用变化模型（常笑，2013；陈海，等，2010）。但是，现有研究多关注于土地利用变化的模拟，缺少研究因土地利用变化所导致的社会—经济—环境的综合效应分析。本研究通过 ABM 与 SFA 的耦合模型，可系统性地分析农地流转—农户行为和种植制度变化—产品输出与环境输出的关系，有助于理解农地流转机制，分析其对粮食生产与环境的影响，为决策者权衡粮食生产与环境风险两者之间的关系，制定合理的调控政策提供参考依据。此外，该耦合模型具有一个相对灵活的通用框架，能将一般概念和方法，如农户的能力和意愿、农户类型、概率决策方法以及物质流分析方法，进行耦合，因此在将来可以对该耦合模型进行稍加改进，就可以很方便地应用在其他案例研究区。

但是，该模型也存在一定的不足：①在 SFA 模拟中，假定同一农户类型间具有相同的农事活动过程，如种子、化肥、农药等投入量相同，并且农户种子、化肥和农药的投入量不随时间而变化；②由于作物产量的形成，与光、土、水以及农户管理措施密切相关，而本研究仅用简略的数学模型进行了估算，忽略了气候因素对其影响，导致在 2002—2003 年大栗港镇双季稻种植比例和水稻产量的模拟值与实际值相差较大，在将来可应用作物生长模型（如 EPIC，DSSAT

和 APSIM 等）模拟作物产量的形成，从而可估算气候变化对农户行为和环境输出的影响；③在模拟农户决策过程时，农户均被假定为“理性经济人”，农户决策的主要依据是家庭利益最大化，忽略了风险最小化和劳动投入最低化等其他因素的影响；④在应用 SFA 模型模拟通过氨挥发、反硝化、淋失、径流等途径损失的氮素时，由于缺少足够的数据支持，只能应用其他区域已有的相关系数，导致结果存在一定的误差。因此，未来需加强上述方面的研究，提高耦合模型模拟结果的准确度，扩展其在农业土地系统模拟研究中的应用。

4.5.2　总结

本研究通过构建 ABM 与 SFA 耦合模型，模拟了因农地流转导致的农业土地利用系统变化对水稻种植与氮素环境效应的影响，并以桃江县大栗港镇为案例，对该耦合模型进行了实证研究。主要结论如下：

（1）随着农地流转率的逐年提升，耕地逐渐向规模种植农户转移，双季稻的种植比例由 2003 年的 32.8%增长到 2014 年的 67.4%，与此同时，其水稻产量也由 2003 年的 22 056.9 t 增加到 2014 年的 28 672.5 t。

（2）因农地流转引致作物种植制度、土地利用强度和土地利用方式的变化，导致通过挥发、反硝化、径流以及淋失方式输入到环境中的氮素量均呈现先减少后增加的变化趋势，分别从 2000 年的 313.3 t、79.8 t、47.8 t 和 103.0 t 减少到 2003 年的 250.9 t、63.8 t、38.3 t 和 82.1 t，再增加到 2014 年的 315.2 t、80.2 t、48.0 t 和 103.6 t。在大栗港镇，氨挥发是氮素损失的主要途径，其次是淋失途径，次之是反硝化途径，最少的方式是径流。

（3）随着农地的流转，农村土地规模化经营面积的扩大，其氮素盈余量增长幅度低于先前的减少幅度，表明农地流转在一定程度上可降低氮素环境风险。研究表明，ABM 与 SFA 的耦合模型在模拟农户决策行为，权衡粮食安全与环境风险两者之间的关系，为将来制定合理的调控政策提供依据等方面具有重要作用。

第5章 基于不同政策情景的农业土地利用系统调控研究

在第4章已对ABM-SFA耦合模型进行了相关验证，并表明该耦合模型可以被用来研究区域尺度农业土地利用系统变化对粮食产量与环境效应的影响。因此，本章将直接应用上一章中所构建的ABM与SFA的耦合模型，在乡镇尺度上模拟2015—2029年间不同政策情景下农业土地利用系统变化对粮食生产与环境效应的影响，分析不同政策对农业土地利用系统调控作用，以探索建立一个补贴效率较好、区域粮食总产较高，环境友好的农业补贴政策。

5.1 不同情景设置

依据上一章ABM-SFA耦合模型的概念框架，未来情景设置的原理为：当政府改变农业种植补贴方式时，农户家庭的农业收入将会发生变化，从而会影响农户家庭主要收入来源（该指标用农业收入与非农收入之比表示）；而随着农户家庭主要收入来源的变化，农户意愿也将发生变化，从而影响农户的决策行为，进而会改变整个区域的种植制度、土地利用方式和土地利用强度等。通过农户调研发现，在2014年大栗港镇的农户主要收到两种农业补贴：一是“农业综合补贴”(NZ)，包括良种补贴、农资综合补贴等，补贴对象主要是拥有土地承包经营权的农户；二是“种粮直补”，补贴对象主要是种植双季稻的农户，即又可称为“种双补贴”(ZS)。近几年，大栗港镇政府考虑再增加一个新的补贴，即“面积补贴”(MJ，补贴对象主要是经营规模大于2 hm^2的农户，以提高该区域的农地流转率，加快实现农业规模化经营目标。因此，综合当地的实际情况及参考过去十年补贴增长的速率，本研究设置了四种补贴政策情景，分别是快速增长情景(SI)、不再增长情景(NI)、调整方式情景(AM)和趋势情景(TD)，以探索建立一个补贴效率较好、区域粮食总产较高，环境友好的补贴政策。

(1)SI情景是假定在2015—2029年间“农业综合补贴”和“种双补贴”以两倍于2014年前的平均速率增长（即每年分别以150元/hm^2和300元/hm^2速率增长），以提高农民种植双季稻的意愿，增加该区域的粮食总产；另外，还假定在此期间政府不提供“面积补贴”。

(2)AM情景是假定在2014年以后把“种双补贴”改为“面积补贴”，以提高大栗港镇的农地流转率，支持该镇的规模化经营；另外，还假定“农业综合补贴”不再增长。

(3)TD情景是假定2014年以后“农业综合补贴”和“种双补贴”保持原来速率增长（即每年分别增长75元/hm^2和150元/hm^2），并且同样不再给予农户面积补贴。

(4)与其他情景相比，NI情景主要是假定“农业综合补贴”和“种双补贴”一直保持在2014年的水平，并且不再增加，即每年“农业综合补贴”和“种双补贴”的金额均是1 725元/hm^2和1 950元/hm^2。

4个不同政策情景具体的农业补贴水平和方式见表5-1。

表 5-1　2014—2029 年不同政策情景下大栗港镇的农业补贴方式和水平　　元

年份	SI			NI			AM			TD		
	NZ	ZS	MJ	NZ	ZS	MJ	NZ	ZS	MJ	NZ	ZS	MJ
2014	1 725	1 950	0	1 725	1 950	0	1 725	1 950	0	1 725	1 950	0
2015	1 875	2 250	0	1 725	1 950	0	1 800	0	2 100	1 800	2 100	0
2016	2 025	2 550	0	1 725	1 950	0	1 875	0	2 250	1 875	2 250	0
2017	2 175	2 850	0	1 725	1 950	0	1 950	0	2 400	1 950	2 400	0
2018	2 325	3 150	0	1 725	1 950	0	2 025	0	2 550	2 025	2 550	0
2019	2 475	3 450	0	1 725	1 950	0	2 100	0	2 700	2 100	2 700	0
2020	2 625	3 750	0	1 725	1 950	0	2 175	0	2 850	2 175	2 850	0
2021	2 775	4 050	0	1 725	1 950	0	2 250	0	3 000	2 250	3 000	0
2022	2 925	4 350	0	1 725	1 950	0	2 325	0	3 150	2 325	3 150	0
2023	3 075	4 650	0	1 725	1 950	0	2 400	0	3 300	2 400	3 300	0
2024	3 225	4 950	0	1 725	1 950	0	2 475	0	3 450	2 475	3 450	0
2025	3 375	5 250	0	1 725	1 950	0	2 550	0	3 600	2 550	3 600	0
2026	3 525	5 550	0	1 725	1 950	0	2 625	0	3 750	2 625	3 750	0
2027	3 675	5 850	0	1 725	1 950	0	2 700	0	3 900	2 700	3 900	0
2028	3 825	6 150	0	1 725	1 950	0	2 775	0	4 050	2 775	4 050	0
2029	3 975	6 450	0	1 725	1 950	0	2 850	0	4 200	2 850	4 200	0

5.2　不同政策情景模拟结果

ABM-SFA 耦合模型的模拟主要分为 3 个阶段：1997—1999 年为模型初始化阶段；2000—2014 年为模型准备阶段；2015—2029 年为模型运转阶段。为了消除因不同随机种子导致的不确定性，本研究把每四个不同政策情景应用同一个随机种子作为一组，并对不同政策情景下农业土地利用系统变化进行了 20 组不同随机种子数的模拟。另外，在不同政策情景中，本研究均假定大栗港镇一直保持可持续发展状态，换言之，在此期间水稻价格和非农收入增长速率等同于 2000—2014 年间的平均增长速率（即每年分别以 0.1 元/kg 和每人 10%速率增长）。

5.2.1　农户类型分析

根据 ABM-SFA 耦合模型的模拟结果，2014—2029 年间大栗港镇不同政策情景下不同农户类型的家庭数量和耕地面积存在一定的差异，如表 5-2 所示。在 4 种情景中，2029 年大栗港镇预计拥有以农为主型、专业型以及大规模型的农户总数及其耕地总面积最大的是 AM 情景，其次是 NI 情景，再其次是 SI 情景，最少的是 TD 情景。在 AM 情景，以农为主型、专业型和大规模型的农户总数和耕地总面积分别是 566 个和 2 456.67 hm^2，分别占大栗港镇农户总数和耕地总面积的 22.94%和 77.08%。这表明“面积补贴”有助于促进农地流转和加速农地规模经营。而在 NI 情景中，2029 年以农为主型、专业型以及大规模型的农户总数和耕地总面积分别是 565 个和 2 393 hm^2，分别占大栗港镇农户总数和耕地总面积的 22.08%和75.08%，其值均高于 SI 和 TD 情景。这主要是因为缺少足够的农业补贴，2015 年以后小规模农户更倾向于选择缩小经营规模或停止耕作；而经营规模大于 2 hm^2 的农户却倾向于不断地扩大耕作面积，以增加其农业收入。这也说明 NI 情景在一定程度上有利于促进以农为主型、专业型和大规模型农户的出现。另外，与 NI 和 AM 情景相比，2029 年在 SI 和 TD 情景中大规模型农户的数量分别仅有 99 户和 82 户，均低于 NI 情景和 AM 情景中大规模型农户的数量。这主要是因为在 TD 和 SI 情景中农业补贴的快速增长，农户的农业收入和从事农业种植的意愿都随之增加，加剧了不同农户类型间对耕地的竞争，延缓了大规模型农户的出现。

表 5-2　2014—2029 年不同政策情景下不同类型农户的数量及其耕地面积

农户类型	2014 年		2029 年							
			SI		NI		AM		TD	
	数量/户	面积/hm^2	数量/户	面积/hm^2	数量/户	面积/hm^2	数量/户	面积/hm^2	数量/户	面积/hm^2
传统型	2 925	932.50	264	98.33	165	63.50	119	46.83	227	88.33
休闲型	3 707	612.67	1 286	239.17	1 349	260.17	1 346	259.67	1 317	253.83
兼业型	1 215	1 186.00	473	463.83	480	470.50	436	424.00	497	488.17
以农为主型	202	429.67	187	435.83	194	468.50	157	369.67	164	396.67
专业型	8	26.33	286	1 217.33	266	1 111.00	300	1 253.00	298	1 308.33
大规模型	0	0.00	99	732.67	105	813.50	109	834.00	82	651.83
合计	8 057	3 187.17	2 595	3 187.17	2 559	3 187.17	2 468	3 187.17	2 585	3 187.17

5.2.2　种植制度变化

2014—2029 年不同政策情景下大栗港镇水稻种植制度的变化如图 5-1 所示。在 SI 和 TD 情景，随着“农业综合补贴”和“种双补贴”的逐年增长，大栗港镇双季稻种植比例呈现增加趋势，分别由 2014 年的 67.4%增加到 2029 年的 86.4%和 82.0%。而在 NI 和 AM 情景，

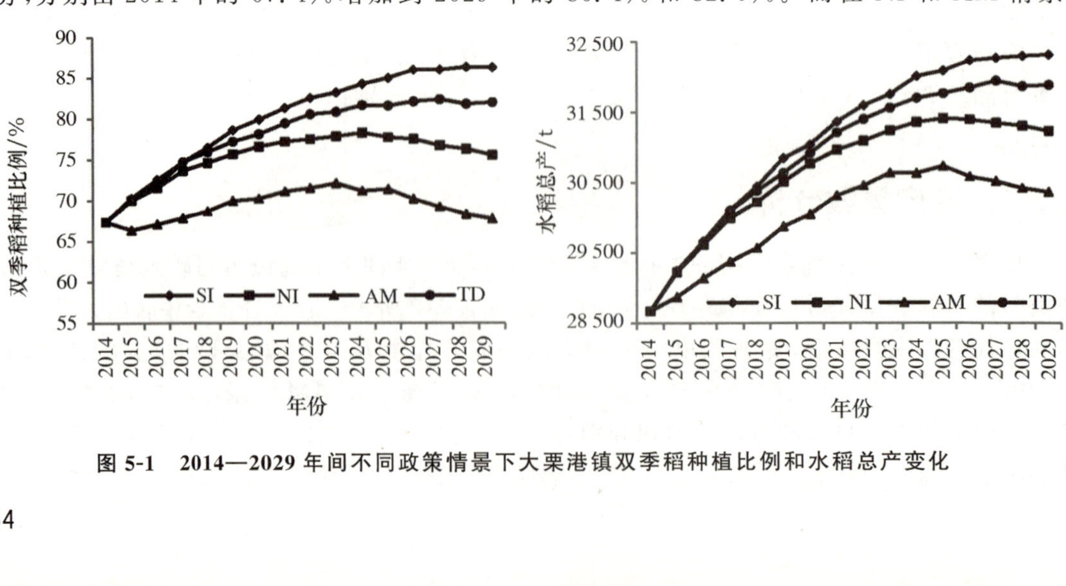

图 5-1　2014—2029 年间不同政策情景下大栗港镇双季稻种植比例和水稻总产变化

2014—2029 年间大栗港镇双季稻种植比例的变化呈现先增加后减少的变化趋势，分别在 2024 年(78.3%)和 2023 年(72.1%)达到顶峰。

在不同政策情景下，大栗港镇水稻种植的空间布局变化如图 5-2、图 5-3(彩图 5-2、彩图 5-3)所示。总体而言，水稻种植制度的变化与耕地地力等级密切相关(图 4-1)。在 SI 情景，随着农业补贴水平的快速增加，耕地地力等级较高的耕地将极有可能全部种植双季稻；至 2029 年，单季稻种植区主要位于大栗港镇耕地地力等级较低的区域。而在 AM 情景，由于改“种双补贴”为“面积补贴”，在 2029 年耕地地力等级较低的地区几乎全部种植了单季稻。另外，从空间上分析，虽然 SI 情景中农业补贴的总额两倍于 TD 情景，但是在 SI 情景的单季稻种植区域和面积与 TD 情景差别并不明显。可见，未来在制定农业补贴标准时，建议政府依据耕地地力等级的差别给予不同的农业补贴金额，从而提高农业补贴的效率。

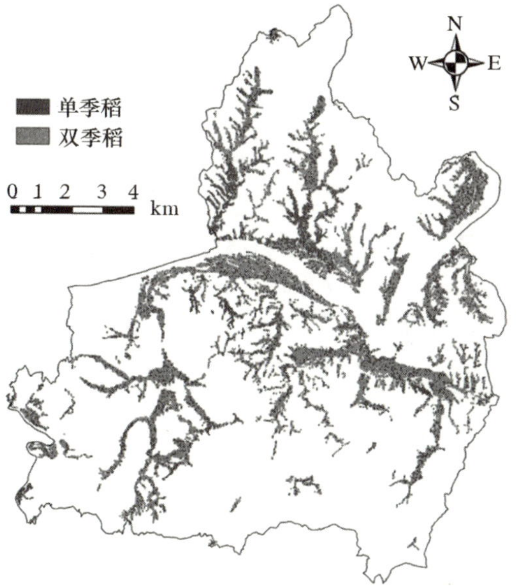

图 5-2　2014 年大栗港镇水稻种植制度的空间变化图

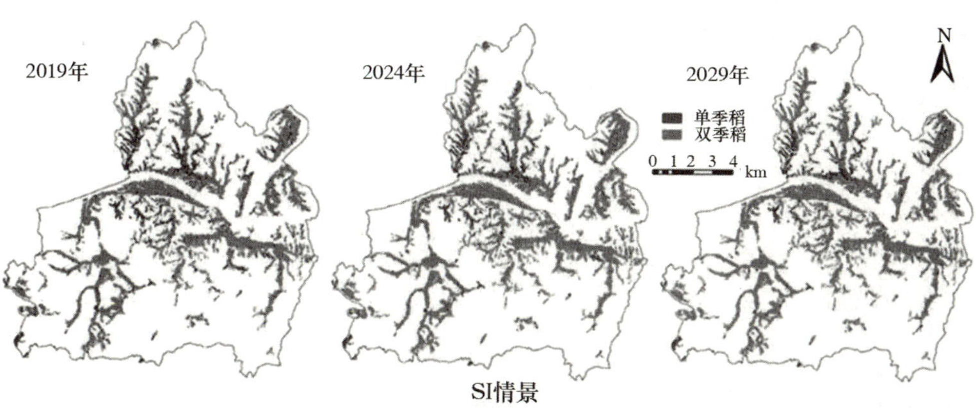

图 5-3　2019—2029 年不同政策情景下大栗港镇水稻种植制度的空间变化图

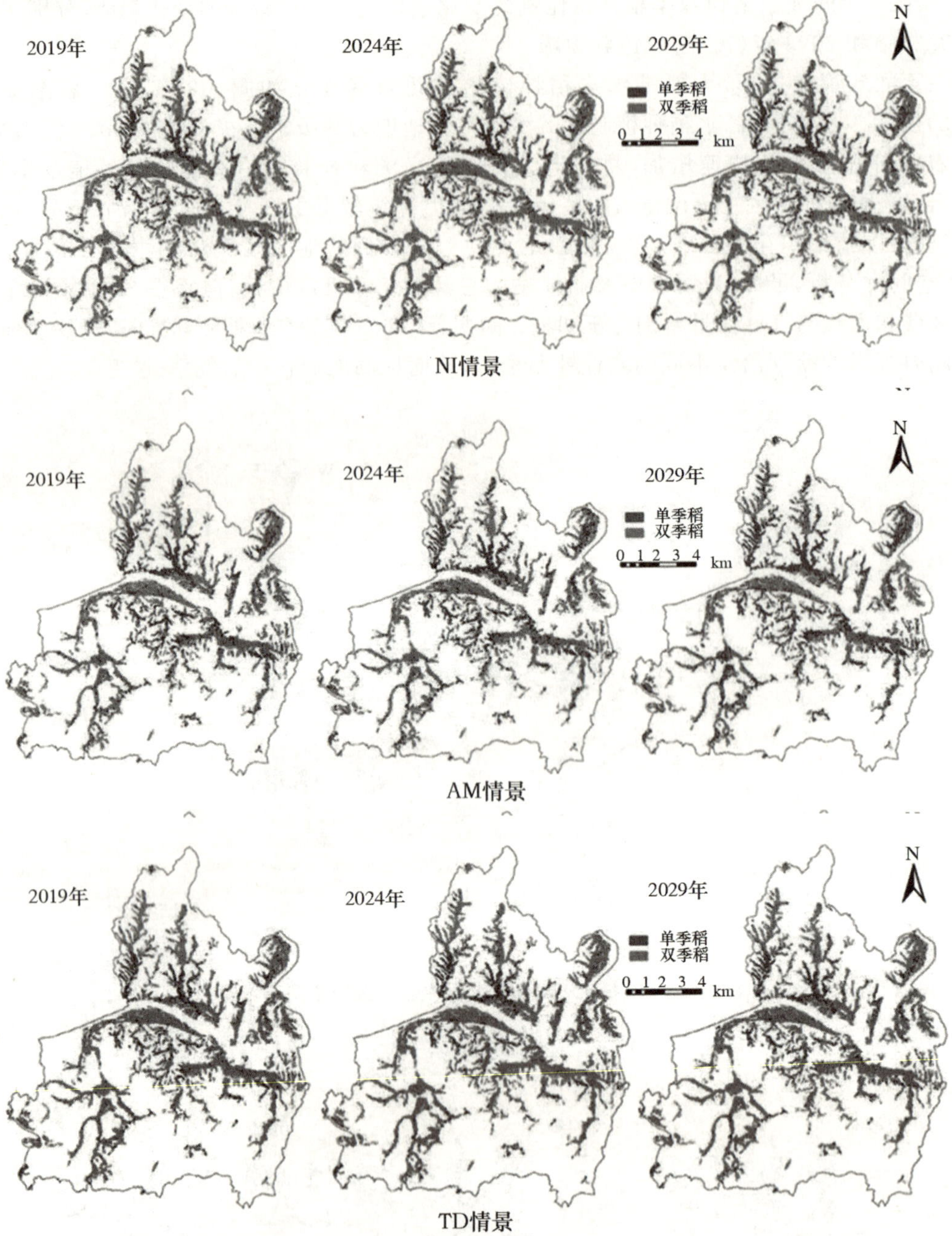

续图 5-3

5.2.3 水稻总产变化

在 2014—2029 年间，不同政策情景下大栗港镇水稻总产变化如图 5-1 所示。在 4 种政策情景中，SI 情景的粮食产量一直高于其他 3 个政策情景。2014—2029 年间，在 SI 情景，随着农业补贴的增加，大栗港镇水稻总产将由 2014 年的 28 672 t 逐年增加到了 2029 年的32 318 t，增长了 12.7%。与 SI 情景一样，TD 情景的水稻总产也保持着持续增长的趋势。尽管在 2018 年之前，TD 和 SI 情景水稻总产差别不大，但是 2018 年以后两个情景在水稻总产之间的差距逐渐扩大。到 2029 年，TD 情景的水稻总产预计达 31 884 t，比 SI 情景少 434 t。而在 NI 和 AM 情景中，大栗港镇的水稻总产变化均呈现先增加后减少的趋势，且均在 2025 年达到最高值，其最大值分别是 31 407 t 和 30 210 t。这表明 NI 和 AM 两个情景已经达到该镇水稻生产的最大潜能，未来水稻总产进一步提升的空间非常有限。图 5-1 还显示，与 TD 情景相比，AM 情景的粮食产量显著少于 TD 情景，表明“面积补贴”无益于提高大栗港镇的水稻总产，相反，它还会导致该镇粮食总产的减少。导致该现象发生的主要原因是一旦“种双补贴”被“面积补贴”所代替之后，单位面积耕地种植单季稻的净收入将接近或高于种植双季稻的净收入，使得大量农田由种双季稻改为种单季稻，导致区域粮食总产的减少。另外，研究还发现，在 SI 和 TD 情景，每年大栗港镇水稻总产的增长速率是逐年下降的，这主要因为大量的耕地被逐渐流转到大规模型农户手中。而根据调查，大规模型农户单位面积的水稻产量比以农为主和专业型的农户要低，这也间接证明需要对大规模型农户的数量进行控制，以提高土地的产出效率。

从政府角度分析，不同政策情景下农业补贴的效率如图 5-4 所示。总体来看，在四种补贴情景中，SI 情景的补贴效率最低，而 NI 情景的补贴效率最高。在 AM 情景，因为“面积补贴”仅提供给经营规模大于 2 hm^2 的农户，使得大栗港镇补贴总额起初有所减少，所以在 2014—2015 年间农业补贴的效率是增加的。然而，随着“面积补贴”的快速增长和水稻总产的减少，其补贴的效率也从 2015 年 4.17 kg/元减少到 2029 年的 1.59 kg/元。

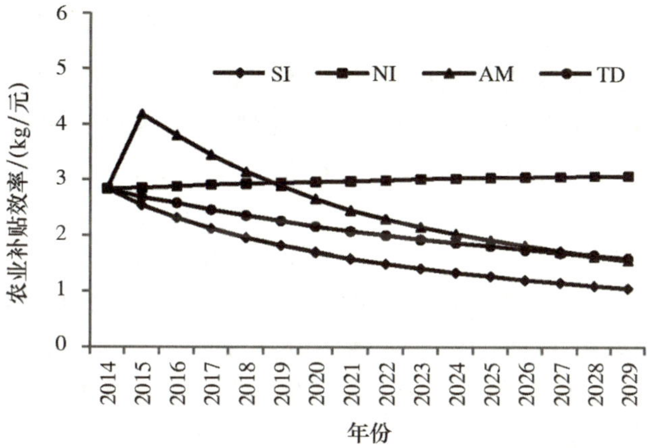

图 5-4　2014—2029 年大栗港镇不同政策情景下农业补贴效率

5.2.4　化肥和农药的投入变化

在不同政策情景下，大栗港镇化肥和农药投入量的变化如图 5-5 所示。在 AM 情景下，由于双季稻种植比例的减少以及大量的耕地流转到化肥投入较少的专业型和大规模型农户的手中，大栗港镇单位耕地面积化肥投入量显著减少，从 2015 年的 767.2 kg/hm^2 减少到 2029 年的 656.6 kg/hm^2，减少了 14.4%。而在 SI 和 TD 政策情景，随着“农业综合补贴”和“种双补贴”的增长，大量的农户将会选择种植双季稻，这使得在 2014—2017 年间，单位耕地面积的农业化肥投入将缓慢增加。例如，在 SI 情景单位耕地面积的化肥投入将会从 2014 年的 767.2 kg/hm^2 缓慢增加到 2017 年的 774.2 kg/hm^2。2017 年以后，因大量的耕地逐渐转移到以农为主型、专业型以及大农户型农户手中，在 SI 情景和 TD 情景单位耕地面积化肥投入又将会逐渐减少。另外，在所有政策情景中，2014—2029 年大栗港镇单位面积的农药投入量均呈现下降趋势，这主要是因为随着农地流转，耕地将逐渐由农药投入量较多的传统型农户转移到农药投入量相对较少的以农为主型、专业型以及大农户型等农户手中。但是，因为双季稻种植比例比其他情景要高，所以在 SI 情景中其单位耕地面积的农药投入量要高于其他 3 个情景。

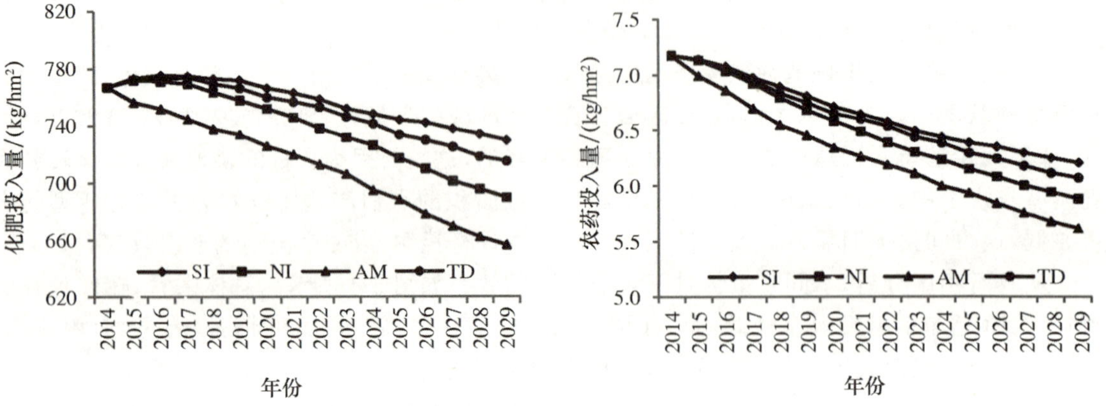

图 5-5　2014—2029 年间不同政策情景下大栗港镇化肥和农药投入变化

5.2.5　氮素环境变化

以对环境影响较大的氮淋失和氮盈余为例，模拟研究了 2014—2029 年间不同政策情景下大栗港镇氮素环境变化，结果如图 5-6 所示。在 SI 情景，其氮淋失量呈现逐年上升的变化趋势，从 2014 年的 103.6 t，分别增长到 2029 年的 113.7 t；而氮盈余量则是先从 2014 年的 305.7 t 增加到 2026 年的 349.9 t，后又逐年下降至 2029 年的 347.9 t。与 SI 情景变化趋势相似，TD 情景的氮淋失量也是从 2014 年的 103.6 t 逐年增长到 2029 年的 110.9 t；而氮盈余量则是先从 2014 年的 305.7 t 增加到 2027 年的 337.4 t，之后逐年下降至 2029 年的 334.3 t。这主要是因为在 SI 情景和 TD 情景，随着“种双补贴”的持续增长，双季稻种植面积逐年增加，从而使得化肥总投入量也持续增加，从而导致了氮淋失和氮盈余总量呈现逐年增长趋势。而

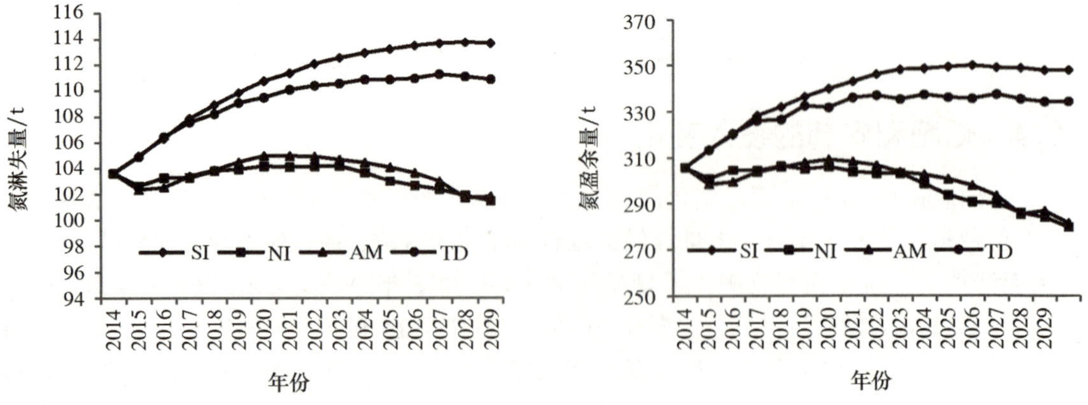

图 5-6　2014—2029 年不同政策情景下大栗港镇氮淋失量和氮盈余量变化

在 NI 和 AM 情景，因农业补贴方式发生了变化，使得农户种植双季稻的积极性降低，再加上大量的耕地流转到氮肥投入相对较少的以农为主型、专业型以及大规模型等农户手中，从而导致了氮淋失和氮盈余量总体呈现减少趋势。

从空间上分析，2014—2029 年不同政策情景下大栗港镇各行政村水稻种植氮盈余量的变化如图 5-7(彩图 5-7)和图 5-8(彩图 5-8)所示。在 SI 和 TD 情景，2014—2029 年牌形村、黄道仑村以及游家坝村平均氮盈余量增加较快，年平均增长 1.5 kg/hm^2 以上。结合该地区的地力等级分析，发现此类地区的地力等级均处于中等偏下的位置，先前主要以种植单季稻为主；但是，随着农业补贴的快速增加，促使这一地区大量的耕地由单季稻改种双季稻，再加上因自然地力等级本身相对较差使得该地区粮食产量较低等因素的影响，导致该地区氮素盈余量的快速增长。在 AM 情景，由于“面积补贴”只给予经营规模大于 2 hm^2 的农户，在一些耕地零碎而细小的偏远地区，因不适宜大规模经营，耕地仍然由氮肥投入量相对较多的传统型和兼业型农户所控制，导致该区域氮盈余量相对较高，如黄栗洑村、田家坪村等。而在 NI 情景，由于农业补贴不再增长，之前因农业补贴政策刺激而种植双季稻的区域也开始逐年改种单季稻，导致此类地区氮盈余量的减少幅度较大。该现象主要发生在大栗港村、红岩咀村以及先锋桥村等耕地地力等级较好的行政村区域内。

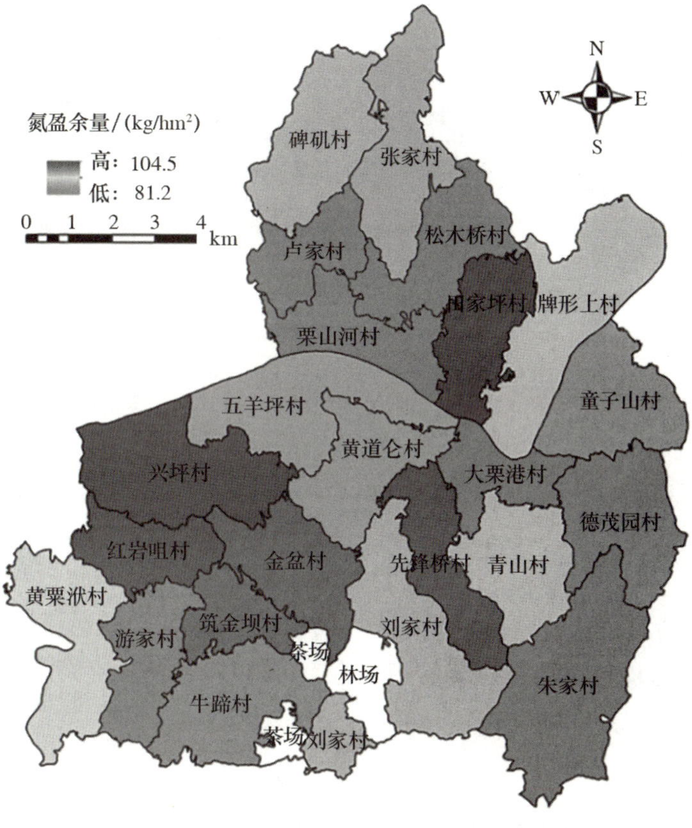

图 5-7　2014 年大栗港镇水稻种植氮盈余量的空间分布图

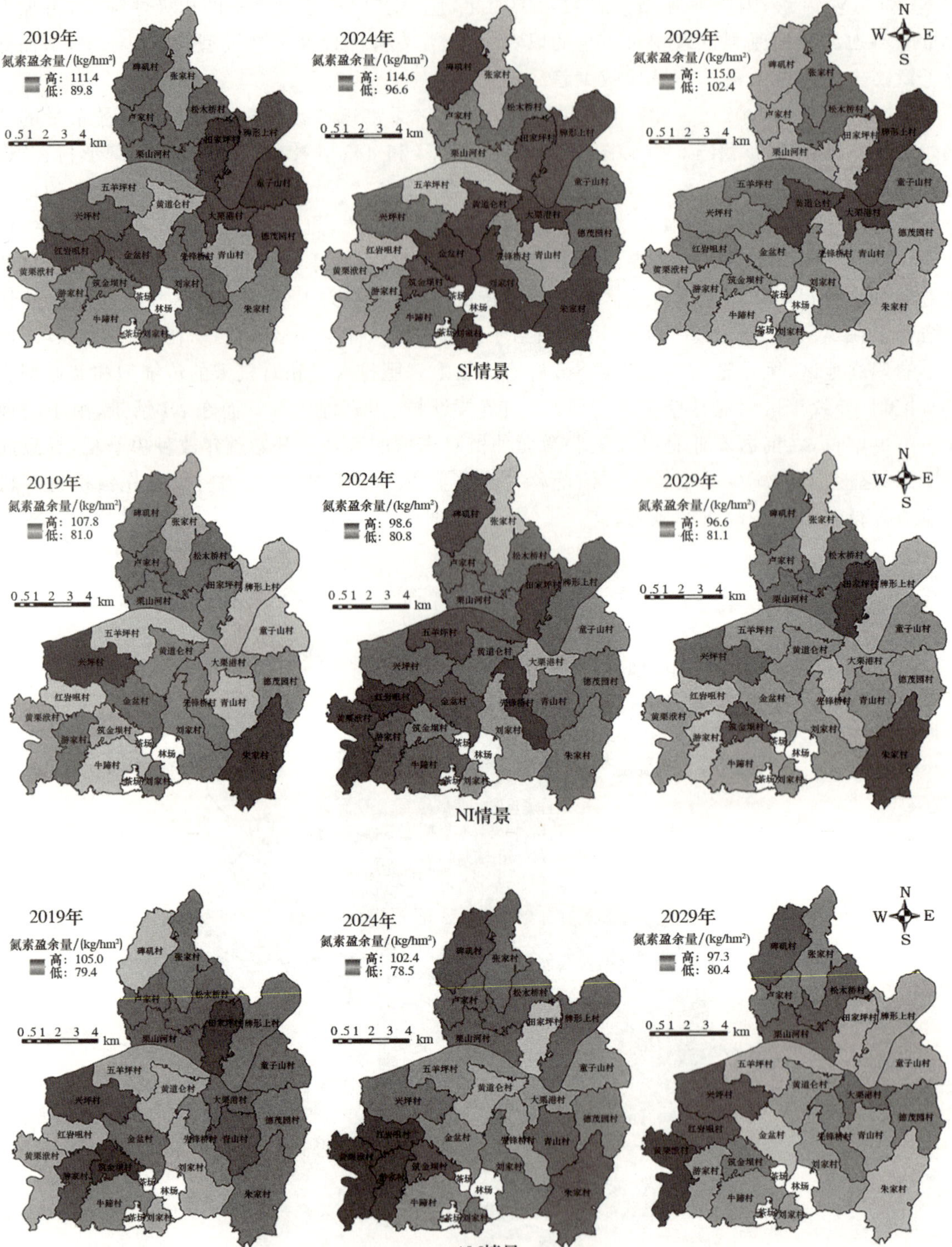

图 5-8　2019—2029 年不同政策情景下大栗港镇水稻种植氮盈余量的空间分布图

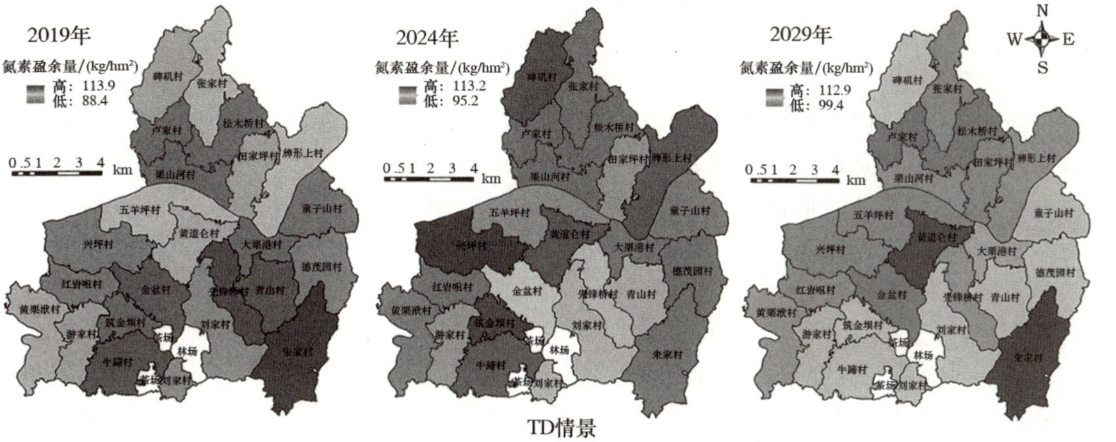

TD情景

续图 5-8

5.3　农业土地利用系统的调控政策选择

5.3.1　政策情景分析

依据 ABM-SFA 模型模拟结果，不同政策情景均具有不同的作物种植制度变化、粮食产量以及环境效应。与其他情景相比，SI 情景具有较高的粮食总产的同时，还具有相对较大的化肥和农药的投入量以及较高的氮素环境输出量，即所谓的高投入-高产出-高环境风险的土地利用情景。这主要是因为随着农业补贴的快速增加，大量的耕地将被改种双季稻，导致 SI 情景对环境产生了较大的影响。与此相反，在所有情景中，AM 情景具有最少的粮食产出、最低的化肥和农药投入水平，以及相对较小的氮淋失量和氮盈余量。这主要是因为经营规模大于 2 hm^2 的农户可以从“面积补贴”中获得足够多的家庭收入，使得这些农户种植双季稻的积极性不高。而在 NI 情景，虽然具有一个相对较高的补贴效率和较低环境输入量，但是在该情景下大栗港镇的水稻总产在 2025 年之后将会持续下降。考虑到中国人口在 2030 左右才达到峰值，为了保障粮食安全，作为粮食主产区的大栗港镇将不可能接受此情景。而与其他情景相比，TD 情景不仅具有相对较高的粮食产量和补贴效率，而且具有较低的化肥和农药投入量以及较小的环境输出量。因此，综合上述因素分析，TD 情景被认为是大栗港镇未来相对较好的政策选择。

5.3.2　政策启示

自 2002 年起，中国开始逐步取消了农业税，并给予农户种植补贴(Chen，2009)。至今，已有相关研究表明，如果考虑粮食播种面积变化和化肥使用等因素的影响，农业补贴政策对促进粮食增产的作用很有限(Heerink et al.，2006；Huang et al.，2011)。然而，本研究结果表明，在湖南省双季稻种植区，“农业综合补贴”和“粮食直补”政策不仅可以增加农户的农业收入，而且有助于保障粮食安全。如图 5-3 所示，TD 情景下的大栗港镇水稻总产一直高于 NI 情景。这也与其他学者的研究结果一致(辛翔飞，等，2016)。另外，本研究还表明，“面积补贴”对提高粮食产量的作用不大；相反，它还会降低大栗港镇的水稻总产量。这种现象主要是由于当“种双补贴”改为“面积补贴”之后，单位面积单季稻的净收入可能等于或大于双季稻的净收入，从而导致大量的农田由双季稻改种单季稻。因此，政府仅仅为了提高农地流转率，促进农业规模化经营而向农民提供“面积补贴”的政策还需谨慎研究。虽然“面积补贴”在短期有助于促进农地流转率的提高，但是可能会导致未来区域粮食总产的减少。

此外，对于农业补贴是否会引致农业物资投入量的增加，从而对环境造成不利影响，目前还有一定的争论(侯玲玲等，2012；Repetto，1987)。一些研究者认为，农业补贴降低了农民从事农地流转的意愿，从而会对环境造成负面影响（Franck，et al.，2013；Li，et al.，2013)。然而，本研究结果表明，在桃江大栗港镇，适当的农业补贴最初可能会对环境产生不利的影响——因为农业补贴会刺激农民增加农业投入，但是，农业补贴也将会加速农地流转，使得耕地由生产技术高、化肥和农药投入低的规模化的农户所种植，进而会对环境产生正面影响。

5.4 小结

本章通过应用ABM-SFA的耦合模型，综合当地的实际情况及参考过去10年补贴增长的速率，设置了快速增长情景(SI)、不再增长情景(NI)、调整方式情景(AM)和趋势情景(TD)共四种补贴政策情景，模拟了2015—2029年间不同政策情景下大栗港镇农业土地利用系统变化对粮食生产和环境效应的影响。研究结果表明：

(1)2014—2029年间大栗港镇不同政策情景下不同农户类型的家庭数量和耕地面积存在一定的差异。在所有情景中，预计在2029年大栗港镇以农为主型、专业型以及大规模型的农户总数和耕地总面积最大的是AM情景，其次是NI情景，再其次是SI情景，最少的是TD情景。这表明“面积补贴”有助于促进农地流转和加速农地规模经营。

(2)在不同政策情景下，大栗港镇农业土地利用系统具有不同的双季稻种植比例和粮食总产变化。在SI和TD情景，随着“农业综合补贴”和“种双补贴”的逐年增长，大栗港镇双季稻种植比例和总产呈现增加趋势。而在NI和AM情景，2014—2029年间大栗港镇双季稻种植比例和总产的变化呈现先增加后减少的变化趋势。另外，从空间上分析，大栗港镇水稻种植制度的变化与耕地地力等级密切相关。可见，未来在制定农业补贴标准时，建议政府依据耕地地力等级的差别给予不同的农业补贴金额，从而提高农业补贴的效率。

(3)从农业土地利用系统变化对氮淋失和氮盈余量影响的分析，不同政策情景模拟的结果也不一样。在SI情景和TD情景，其氮淋失量呈现逐年上升的变化趋势，而氮盈余量变化趋势则是先增加后减少。而在NI和AM情景，因农业补贴方式发生了变化，降低了农户种植双季稻的积极性，再加上大量的耕地流转到氮肥投入相对较少的以农为主型、专业型以及大规模型等农户手中，从而导致氮淋失和氮盈余量总体呈现减少趋势。

(4)在4种情景中，TD情景因具有相对较高的粮食产量和补贴效率、较少的化肥和农药投入量以及相对较低的氮盈余量和氮淋失量，被认为是大栗港镇最优的政策方案。另外，研究结果还表明，“农业综合补贴”和“粮食直补”政策不仅可以增加农民收入，还有助于保障粮食安全；但是，“面积补贴”无助于促进粮食增产，反而会导致大栗港镇粮食减产。

第6章　基于景观情景模拟的农业土地利用系统设计

6.1　研究区概况及数据来源

6.1.1　研究区概况

研究所选案例区为湖南省长沙市金井镇(27°55′～28°40′N,112°56′～113°30′E),位于洞庭湖粮食主产区,地处长沙市县、平江县、浏阳市、汨罗市四县(市)交界处,面积14 447 hm^2(图6-1),其地貌类型以山地、丘陵为主,海拔在66～440 m之间,总体呈现北高南低趋势。

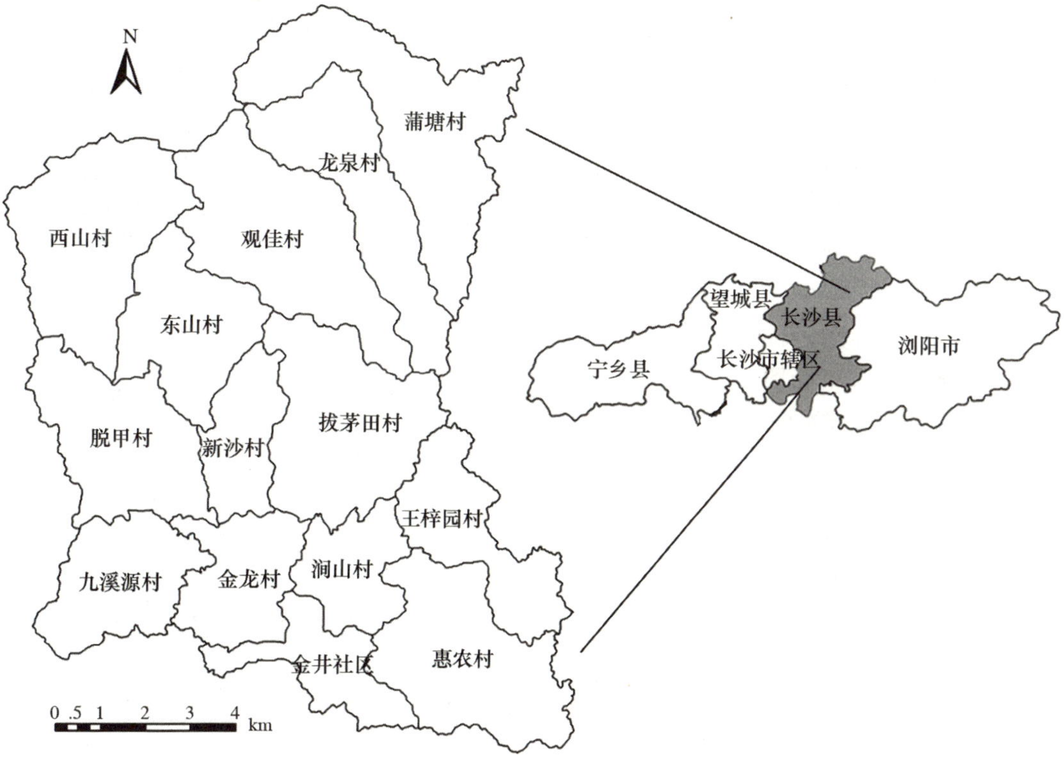

图6-1　金井镇位置与行政单元

金井镇属于亚热带季风湿润气候,年平均气温17.2℃,无霜期平均275天,年平均降水量1 360 mm;脱甲河与金井河是流域内的主要河流,属于捞刀河上游源头,最终汇入湘江;土壤类型主要为潴育型水稻土、潜育型水稻土、淹育型水稻土、典型红壤、红壤性土、酸性紫色土共计6种土壤亚类14个土种;植被属于中亚热带常绿阔叶林带,以马尾松林、杉木、油茶等人工植被为主。

金井镇是国家建设部小城镇建设试点镇,属长沙县行政管理辖区,人口为43 343人,总户数12 441户;金井镇是长沙北部的工业强镇、农业重镇和商贸中心,形成了铸造、制革、工程机械和农副产品加工的四大产业体系,形成金铸、金革、金茶、金薯、金菜、金米的“六金”品牌;2014年耕地面积为3 256 hm^2,农作物总播种面积为7 768 hm^2,其中粮食作物播种面积4 760 hm^2,粮食总产量32 127 t,肉类总产量8 859 t,农民人均纯收入约为11 088元。

金井镇属于典型的城郊农业区,农民长期采用高施肥量和高农药投入以提升农产品产量,呈现高投入、高产出、高污染的生产特点。实地调研显示旱地年均纯氮使用量约为252 kg/hm^2,水田约为285 kg/hm^2。金井镇大部分村落均不具备污水收集系统以及废弃物集中处理站,居民生活用水直接排入河流,生活固体废弃物露天堆放,进一步加重了环境污染。此外区域内多个大规模集约养殖场废弃物、粪便、废水直接排入沟渠、河流,导致流域内环境污染更加严重与复杂。以上行为共同造成了水环境质量下降,总氮浓度已高于国家Ⅴ类地表水环境质量标准。

6.1.2 数据来源

1. 基础数据

基础数据包括气候、土壤、地质、水文等,主要来源于长沙县各部门的基础统计资料以及以往相关研究的累积数据;经济与社会数据包括农业政策相关文件、规划文件、法律法规、长沙市、长沙县和金井镇社会经济统计数据等,主要来源于政府发布的年报、统计年鉴等。

2. 图件数据

遥感数据采用2009年SPOT卫星影像图,结合1955年、1990年、2005年的土地利用现状图、地形图,利用ArcGIS软件处理,完成农业景观格局图、水系图、土壤类型图、土地适宜性评价图、集水单元划分图等。

3. 水质数据

根据DEM及水系图,结合实地勘察,将案例区划分为18个集水单元,在每个集水单元的出水口设置监测点,如图6-2所示,左侧为脱甲河1~8号监测点,右侧为金井河9~18号监测点。选取硝态氮(NO_3^--N)、铵态氮(NH_4^+-N)、总氮(TN)和总磷(TP)4个污染物指标。采样时间为2009年12月至2011年11月,利用GPS固定位置,天气晴朗时每月采集水样1次,同时对水体的温度、pH和流量进行

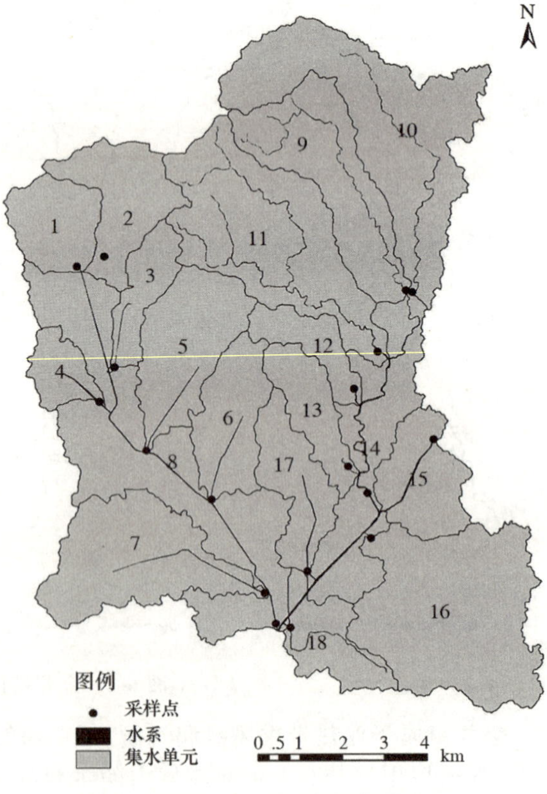

图6-2 集水单元、取样点与河流水系

监测。NO_3^--N 测定采用离子色谱法，NH_4^+-N 测定采用靛酚蓝紫外分光光度法，TN 测定采用过硫酸钾氧化-紫外分光光度法，TP 测定采用过硫酸钾消解-钼锑抗分光光度法。

4. *农户调研数据*

本研究共计进行了 4 次农户调研，其中 2009 年调研内容是了解案例区与农户行为的基本情况；2010 年与 2011 年调研内容是针对农户行为与决策；2013 年调研目的是农户对未来情景设计与生态环境保护的意愿偏好分析等。

6.2　金井小流域景观格局分析

景观格局通过景观的类型、数量和空间分布与配置表达，对于农业景观，影响其空间布局的主要自然因素是土壤与坡度，例如土壤质量越好，坡度越小，则越适于耕种，反之则多为林地景观。通过景观格局分析可以进一步研究格局与过程的相互关系，如“源、汇、流”特征。

6.2.1　金井小流域景观格局特征

依据金井镇 2010 年土地利用现状图分析（图 6-3，彩图 6-3），金井小流域景观类型主要包括林地、稻田、茶园、住宅、道路、水面（水库、池塘等）、河流沟渠，以及少量的旱地、菜地。其中林地面积比例最大，为 65.45%；其次是稻田，为 26.65%；茶园与住宅分别占 2.44%与 2.31%，详细数据见表 6-1。

图 6-3　金井镇 2010 年土地利用现状图

表 6-1　金井小流域景观类型结构

项目	林地	稻田	茶园	住宅	道路	水面	河流	合计
面积/hm^2	8 798	3 582	328	311	37	317	69	13 442
百分比/%	65.45	26.65	2.44	2.31	0.27	2.36	0.51	100.00

依据景观生态学的“源—流—汇”理论，金井小流域内的稻田、茶园、旱地、住宅等景观类型中的农药、化肥、生活污水、固体废弃物等污染物通过农业投入、地表径流、地下渗透等方式汇入地表水，造成水体污染，此类景观类型是污染物的迁出源，对于生态演变起到了推动作用，属于典型的“源”景观。林地是整个流域的主要景观类型，具有调节气候、减少水土流失、缓解地表径流、增强生物多样性等生态作用，水面(水库、池塘等)虽然所占面积比例较小，但是具有调节水文、净化水体的功能，这些景观类型是接纳迁移物质的聚集场所，在一定程度上能够阻滞或者延缓生态演变过程，属于典型的“汇”景观。河流、沟渠等景观类型将物质从“源”景观运输到不同位置，在生态过程中，既可以运输污染物，也可以阻滞、降解或者吸收污染物，属于“流”景观。

“源—流—汇”景观类型概念上是相对的，只有在具体的生态过程研究中，景观格局分析才有实际意义。农业土地利用环境风险控制研究中，尤其是农业水体污染，其根本原因是养分在时空过程上盈余不平衡造成的，除了景观类型数量外，景观空间布局也是主要的影响因素。金井小流域北部区域地势较高，优势景观类型为林地，河流也多发源于此，两侧平坦区域分布着稻田、住宅和道路，区域内有零星旱地分布，但是随着“退耕还林”政策的执行将逐渐地消失，此区域“汇”景观起到了很好的生态保护功能，并且污染源较少，生态环境质量较好，土地利用环境风险较弱。西南区域是脱甲河，分布着集中连片的稻田，高集约化农业生产方式导致了营养元素过剩，通过地表径流转移到河流水体中；周围丘陵区的适宜土地开发成茶园，导致水土与氮、磷元素流失，加之居民点散布在稻田周围，未经处理的生活污水、养殖污水、固体废弃物等直接排入河流，致使水体污染更加严重；虽然此区域内有较多的池塘与水库，一定程度上能够调节地表水径流、蓄洪防旱、净化水体，但是其生态功能远远不能满足实际的污染消解需求。东南部为金井河流经范围，与脱甲河的景观格局特点相似，稻田为优势景观类型，水体污染也较为严重，该区域内有最大的水库金井水库，是下游农业灌溉水与居民饮用水的主要来源，但是在金井水库的上源头，同样分布着大量的稻田、茶园以及居民点，这些“源”景观距离水源较近，严重影响整个流域的水体质量。

6.2.2　河流缓冲区景观格局分析

金井小流域作为高集约化农业区，农业活动是造成水环境质量下降的主要原因。根据景观布局分析，农田主要分布在河流两侧地势平坦区域，居民点则分散在丘陵底部或者沿道路、河流分布，综合考虑自然因素与人为因素，选取河流两侧 250 m、500 m 与 750 m 距离为缓冲区，定量分析景观结构和布局与水环境质量关系。

表 6-2 列出了不同缓冲区景观类型面积比例，其中 250 m、500 m 与 750 m 缓冲距离区面积分别占总流域面积的 34%、57%和 72%。500 m 缓冲区覆盖了整个流域面积的 1/2 以上，其中稻田面积占总稻田面积的 69%，茶园占 47%，住宅占 73%，表明金井小流域内的大部分污染源分布在河流两侧 500 m 范围以内，不同景观类型面积比略有差别。缓冲区分析结果将用于景观格局与污染物的相关性分析，同时也为选取合理的空间尺度提供依据。

表 6-2　不同缓冲区景观类型面积百分比　%

缓冲区	景观类型							
	茶园	住宅	稻田	林地	道路	水面	河流	合计
整个流域	2.44	2.31	26.65	65.45	0.27	2.36	0.51	100
250 m	1.22	3.03	39.80	50.01	0.40	4.10	1.45	34
	17	44	50	26	50	59	95	
500 m	2.03	2.95	32.25	58.44	0.37	3.07	0.88	57
	47	73	69	51	77	74	98	
750 m	2.54	2.68	29.45	61.47	0.32	2.84	0.70	72
	75	84	80	68	84	87	99	

注:第一行为缓冲区各景观类型面积占总面积的比例,第二行为缓冲区各景观类型面积占该景观类型总面积的比例。

6.3　金井小流域水体污染物输出特征分析

6.3.1　污染物输出时间尺度分析

由于金井镇降雨多集中于 3 月至 8 月春夏两季,农业耕作时间为 3 月底播种早稻、7 月中旬播种晚稻、10 月收割水稻、12 月至翌年 2 月则为休田期,农业活动规律与季节相对应,春种秋收,冬季休田。以下将按照季节规律分析水体污染物浓度变化(3—5 月为春季)。图 6-4 是不同集水单元水体氮磷输出浓度季节变化图。

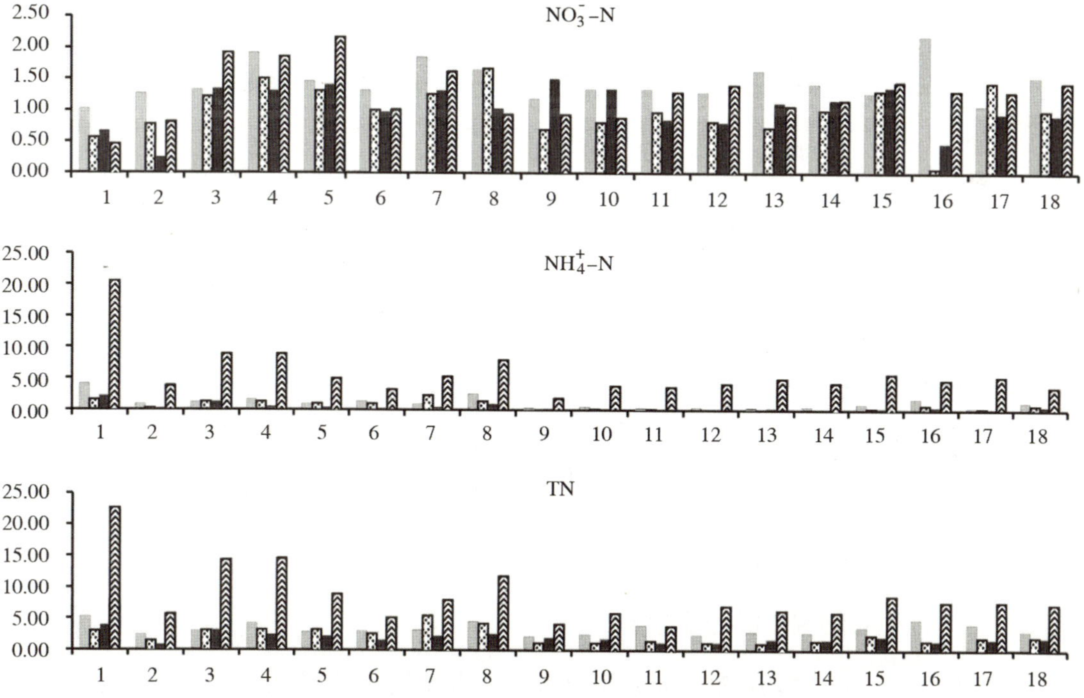

图 6-4　不同季节各集水单元污染物浓度(mg/L)

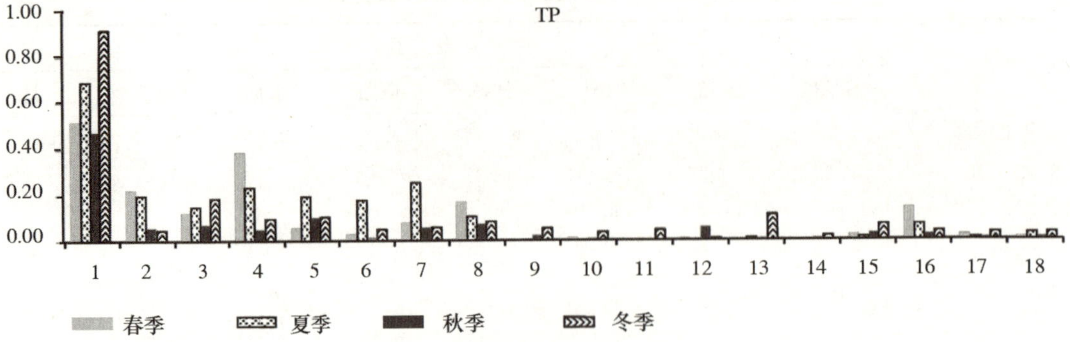

续图 6-4

通过各个季节 NO_3^--N 与 NH_4^+-N 输出浓度与 TN 输出浓度比值发现，在不同季节、不同集水单元其比例差异很大。春季 NO_3^--N 所占比例略大于 NH_4^+-N，由于翻耕及大量施肥导致了 NO_3^--N 输出浓度升高，与国家地表水环境质量标准对比（表 6-3），春季 NO_3^--N、NH_4^+-N 与 TP 浓度每个集水单元基本都在国家Ⅴ类水以内，但是 TN 浓度远远超过了国家地表水Ⅴ类标准。夏秋两季亚硝化细菌与硝化细菌非常活跃，加快了铵态氮向硝态氮的转化，导致这两季度中 NO_3^--N 浓度占 TN 浓度比例较高，同时水量丰富，一定程度上也稀释了污染物浓度，NO_3^--N、NH_4^+-N 与 TP 浓度均在地表水 V 级标准内，TN 浓度除了北部丘陵几个集水单元属于Ⅴ类标准外，其他集水单元均超出国家地表水最低标准要求。冬季 TN 的构成中 NH_4^+-N 占很大比例，主要原因是冬季微生物不活跃、地表裸露、植被吸附功能几乎消失、规模性养殖场增多、大量未经处理的养殖废水直接排入河流中，该季节只有 NO_3^--N 与 TP 符合地表水质量Ⅴ类标准，NH_4^+-N 与 TN 浓度则远远高出了地表水质量Ⅴ类标准。

表 6-3　国家地表水环境质量标准　　mg/L

污染物	标准级别体积质量				
	Ⅰ类	Ⅱ类	Ⅲ类	Ⅳ类	Ⅴ类
铵态氮	0.15	0.5	1.0	1.5	2.0
总氮	0.2	0.5	1.0	1.5	2.0
总磷	0.02	0.1	0.2	0.3	0.4

通过以上对不同季节污染物浓度时间演变规律分析得出，不同时期 TN 的形态构成是不同的：春季、夏季与秋季以 NO_3^--N 形态为主，冬季以 NH_4^+-N 形态为主，全年整个流域 NO_3^--N 与 TP 基本上都符合国家地表水环境质量Ⅴ类标准，但是在冬季所有污染物浓度均上升，尤其是 NH_4^+-N 与 TN，远远超过了国家地表水环境质量Ⅴ类标准要求；从全年分析，大部分集水单元 TN 浓度都超过了Ⅴ级水，只有北部林地较多、耕地和住宅较少的集水单元满足地表水质量Ⅴ类标准。氮营养元素过剩是金井小流域水体污染的主要特征。

6.3.2 污染物浓度空间尺度分析

在空间尺度上，以年平均浓度分析每个集水单元水体氮、磷污染物空间输出浓度特征，如图 6-5 所示。

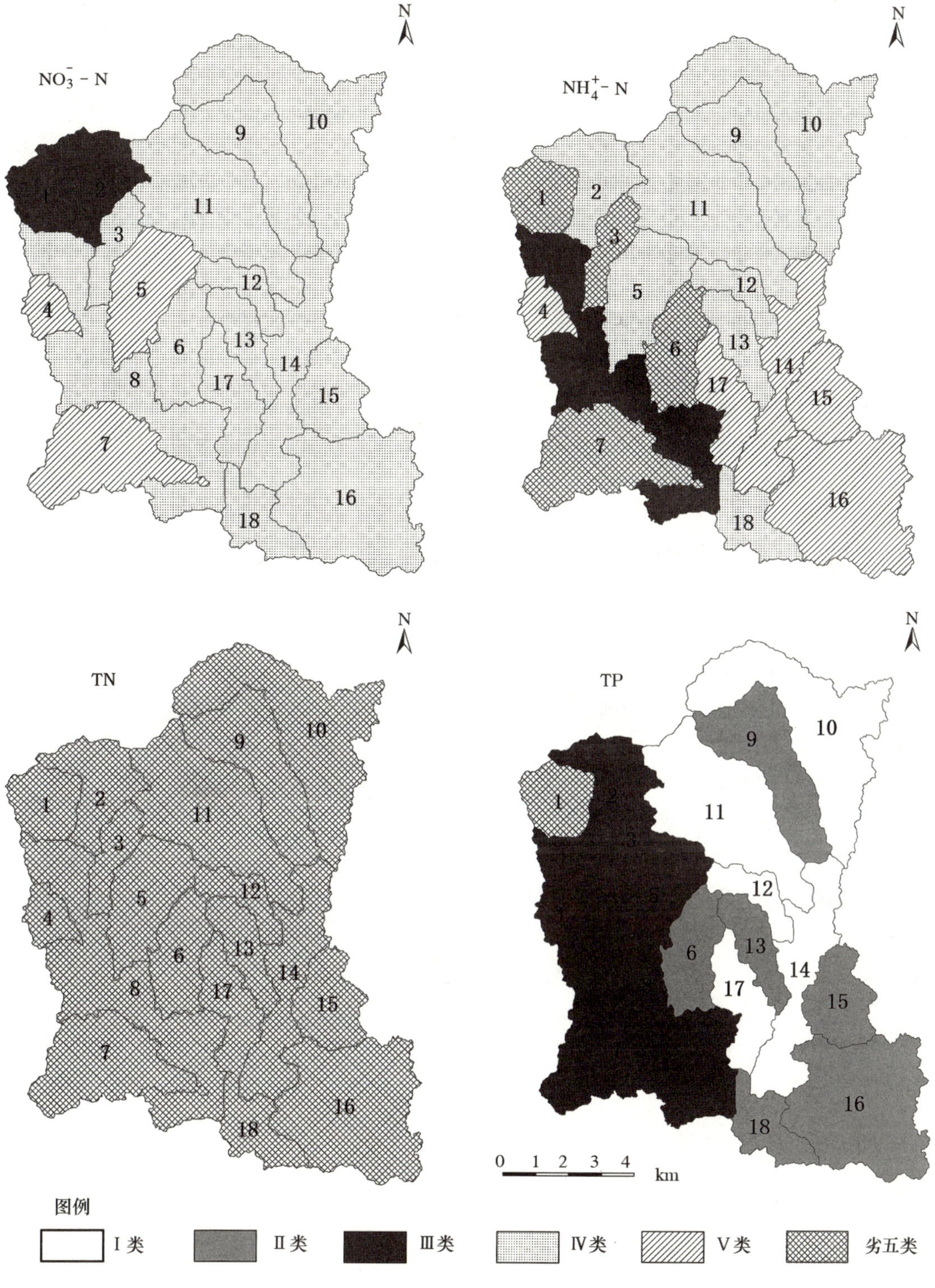

图 6-5　不同集水单元年平均污染物浓度分布图

各集水单元的 NO_3^--N 浓度变化范围较小，最小值为 1 号集水单元的 0.67 mg/L，最大值为 4 号集水单元的 1.64 mg/L，除了 4、5、7 号集水单元浓度在 1.5～2.0 mg/L 之内，其他均在 1.5 mg/L 以内，年平均浓度均符合地表Ⅴ类水标准。1、3、6、7 号集水单元的 NH_4^+-N 年平均污染浓度均超过地表Ⅴ类水标准，其他集水单元均在Ⅳ类标准左右。TN 是评价地表水环境质量污染程度的重要指标之一，由图可以看出，所有集水单元 TN 年平均浓度均超出了地表Ⅴ类水标准，最高值是 1 号集水单元 8.66 mg/L，超出国家地表水质量Ⅴ类标准的 4.3 倍。

水体中的 TP 主要以元素磷、正磷酸盐、缩合磷酸盐、焦磷酸盐、偏磷酸盐和有机结合的磷酸盐等形式存在，主要来源为生活污水、化肥、有机磷农药以及一些洗涤剂等，除了 1 号集水单元受到污染的原因导致 TP 浓度较高外，其他集水单元 TP 年均浓度值均在Ⅲ级地表水质量以内，所以磷营养元素污染相对较轻。

从污染物空间尺度分析可以得出，不同的景观格局对于污染物浓度具有一定的影响作用。例如以耕地为主要景观类型的 3、4、5、7、8、15、16、17、18 号集水单元 TN、TP 浓度均相对较高，同时也是农业土地利用环境风险较高的区域；以林地为优势景观类型的 2、9、10、11、12 号集水单元，各种水体污染物浓度较低。

6.4 农业景观格局与水环境质量关系模拟

影响农业土地利用的环境风险因素很多，例如地形地貌、土壤、降水、土地利用方式、人类活动等，但是在气候、土壤、人类活动等背景因素相似的情况下，景观格局对农业环境风险的控制性作用变得十分重要。依据景观生态学知识，研究景观格局时首先要确定景观空间尺度，即确定研究单元的大小，其次关系模拟时只需选取出与水环境质量变化关系密切的景观类型，并通过合理的表达方式进行定量化处理，最后完成景观格局与水环境质量关系模拟。

6.4.1 空间尺度选取

选择合理的空间尺度是正确分析景观格局与农业土地利用环境风险关系的前提。利用前期处理的 18 个集水单元距离河流两侧 250 m、500 m 和 750 m 缓冲区景观类型面积比例，与各个集水单元污染物浓度进行皮尔逊系数相关性分析，结果如表 6-4 所示。

表 6-4 不同缓冲区景观类型与水污染物浓度相关性系数分析

缓冲区	污染物	Pearson 相关性系数			
		茶园	住宅	稻田	林地
整个流域	NO_3^--N	0.523*	0.599*	0.578*	−0.542*
	NH_4^+-N	0.556*	0.691*	0.568*	−0.602*
	TN	0.568*	0.705**	0.612**	−0.626**
250 m	NO_3^--N	0.407	0.668**	0.680**	−0.607**
	NH_4^+-N	0.363	0.493*	0.583*	−0.631**
	TN	0.333	0.590*	0.632**	−0.645**

续表 6-4

缓冲区	污染物	Pearson 相关性系数			
		茶园	住宅	稻田	林地
500 m	NO_3^--N	0.447	0.639**	0.686**	−0.594*
	NH_4^+-N	0.461	0.655**	0.615**	−0.651**
	TN	0.431	0.675**	0.665**	−0.663**
750 m	NO_3^--N	0.473	0.675**	0.675**	−0.567*
	NH_4^+-N	0.494*	0.726**	0.630**	−0.642**
	TN	0.482	0.758**	0.678**	−0.650**

** 显著性水平为 0.01，* 显著性水平为 0.05，道路、水面、河流未表现出显著相关性，因此表中未列出。

依据景观生态学“源流汇”理论，污染物浓度与“源”景观表现出正相关关系，与“汇”景观表现出负相关关系。表 6-4 显示：在不同距离上的缓冲区范围内，茶园、住宅与稻田都表现出“源”景观类型特点，即与氮污染物浓度成正比，具有贡献作用，相反林地表现出“汇”景观类型特点，与污染浓度关系呈负相关，意味着林地面积越大，污染浓度将会越小。

在距离河流两侧 750 m 的缓冲区内，住宅、稻田、林地面积比例与所有污染物浓度显著性水平达到 0.01，但是随着距离的增加，茶园面积比例与污染浓度的相关性提升，当距离增大至整个集水单元时，茶园、住宅、稻田、林地均表现出高相关性。虽然在 750 m 缓冲区景观类型面积百分比与水环境质量表现的相关性最好，但是结合实际情况，并不能在“源”景观占优势空间尺度下进行研究，也需要同时考虑“汇”景观的比例与作用，因此从景观格局分析总体出发，将采用集水单元为合理的空间尺度来分析景观格局与水环境质量的关系模型。

6.4.2　景观类型选取

经过皮尔逊系数相关性分析，研究结果显示茶园、住宅、稻田与林地面积比例与水环境质量具有高度相关性，为了更加科学地选取出与水环境质量变化密切相关的景观类型，又采用主成分分析法分析每个缓冲区下各个景观类型对污染物浓度的贡献率，结果如表 6-5 所示。

表 6-5　不同景观类型对水环境质量的权重比例

景观类型	250 m	500 m	750 m	整个流域
茶园	0.515	0.361	0.214	0.301
住宅	0.572	0.362	0.350	0.321
稻田	0.426	0.348	0.379	0.274
林地	−0.413	−0.384	−0.343	−0.302
道路	0.312	0.234	0.277	0.277
水面	−0.210	0.044	−0.159	0.148
河流	−0.211	0.034	0.282	−0.019

根据结果显示非常容易识别出“源-汇”景观类型，其中茶园、住宅、稻田、道路对水体污染物具有积极的贡献作用，系数为正，林地则具有减缓或者阻滞作用。水库、池塘、河流、沟渠等景观类型随着缓冲区范围的扩大，表现出不同的环境效应，主要是由于分布零散、面积不均，虽

然此类景观具有调节水文、减缓地表径流、消纳污染物的能力，但是由于其权重结果表现不稳定，因此不作为重要景观类型指标。随着缓冲区的增大，茶园、住宅、稻田与林地对污染物浓度的贡献率都发生变化，并且在以集水单元作为空间尺度时，表现的相对均衡，最终选取出茶园、住宅、稻田与林地为构建模型的景观类型。

6.4.3 景观格局指数选取

景观格局指数是景观格局的数量化表达，能够反映出一定的生态意义，更加直观地帮助理解和评价某一流域的景观类型结构和景观格局特点，对于不同时段的景观指数计算还可以帮助分析景观格局变化与土地利用演变趋势等。景观格局指数指标非常多，包括面积、形状、多样性、聚散性等指标，但是各个指标之间具有一定的相关性，因此需要选取出合适的景观格局指数。

依据实际情况：不同景观类型面积比例(P)对水环境质量影响是不同的，2、9 集水单元林地组成面积较大，其污染物浓度明显偏低；最大斑块指数(LPI)有助于确定优势景观类型，河流下游的 8、14 集水单元耕地斑块面积最大，则优化农业景观格局时应重点调整耕地；斑块密度(PD)和边缘密度(ED)能够反映出景观破碎度和均匀度，一般景观越破碎、类型越复杂、斑块分布越零散，污染物输出越多，例如 5、7 集水单元的茶园、住宅景观破碎化较重，耕地边缘密度大，说明污染源数量增多并且污染物从耕地输出的范围变广，导致水环境质量差。上述 4 种景观格局指数能够完全反映出景观格局与污染物之间的关系，因此选取作为自变量，借助 FRAGSTATS 软件，计算出 18 个集水单元中 4 种不同景观类型的 4 种景观格局指数。

6.4.4 景观格局与污染物浓度关系模拟

综上分析与结果，以集水单元作为空间尺度，污染物浓度为因变量，茶园、住宅、稻田与林地为景观类型指标，4 种景观格局指数为因变量，采用多元线性逐步回归法，模拟了景观格局指数与各污染物浓度不同季节的关系模型，结果如表 6-6 所示。

表 6-6 景观格局指数与水环境质量关系模拟结果

污染物	季节	回归方程	R^2
NO_3^--N	春季	$Y=1.161+11.178P_{Res}$	0.553
	夏季	$Y=0.703+1.753LPI_{Res}$	0.715
	秋季	$Y=0.260+0.006ED_{Pad}$	0.503
	冬季	$Y=1.019+0.018LPI_{Pad}$	0.488
NH_4^+-N	春季	$Y=0.101+35.370P_{Res}$	0.652
	夏季	$Y=1.271+0.073LPI_{Pad}-0.013ED_{For}$	0.849
	秋季	$Y=0.187+0.184PD_{Tea}$	0.592
	冬季	$Y=2.536+1.159PD_{Tea}+6.604LPI_{Res}$	0.880
TN	春季	$Y=4.11-0.018LPI_{For}$	0.675
	夏季	$Y=2.874+0.148LPI_{Pad}-0.022ED_{For}$	0.881
	秋季	$Y=1.409+0.39PD_{Tea}$	0.643
	冬季	$Y=3.940+1.666PD_{Tea}+9.936LPI_{Res}$	0.823

注：Tea 表示茶园，Res 表示住宅，Pad 表示稻田，For 表示林地。

总体分析，茶园、住宅、稻田与林地相关景观格局指数均进入回归方程，并且茶园、住宅与稻田表现出正相关性，林地表现出负相关性，景观类型面积百分比、最大斑块指标、边缘密度、斑块密度 4 个景观格局指数均进入回归方程，符合预期结果。模型拟合度 R^2 平均值为 70%左右，表明不同景观类型的景观格局指数能够解释大约 70%的水污染物浓度变化，相关研究表明河流的污染最主要来源于农业非点源污染、农村废水及固体垃圾排放、养殖业的废水粪便排放，其大约各占 70%，20%和 10%的贡献率（陈静生，1999；高学民，2001；郝芳华，2006；钟振宇，2011），与本结论相似。

从季节角度分析，春季与冬季回归方程中，方程中恒定常数比其他季节回归方程中的常数要高一些，表明春季和冬季是污染相对严重的季节。夏季与秋季回归方程中，主要的农业景观类型茶园、稻田以及林地相关的景观格局指数进入回归方程，生态功能表现一致，符合预期的设想。

从污染物角度分析，NO_3^--N 回归方程中，P_{Res}、LPI_{Res}、ED_{Pad}、LPI_{Pad}指标进入回归方程，其 R^2 值相对较小，拟合度较弱，主要是由于 NO_3^--N 在各个季节输出浓度值相对稳定，控制 NO_3^--N 浓度时，则可以考虑减少住宅面积、减少大范围的连片居民点、减少稻田面积、进行土地整理等方法优化景观格局。NH_4^+-N 回归方程中，P_{Res}、LPI_{Res}、LPI_{Pad}、ED_{For}与 PD_{Tea} 进入回归方程，其 R^2 值较高，模拟效果较好，控制 NH_4^+-N 浓度时，可以通过减少住宅面积、合理整理耕地、减少茶园面积、增加林地面积等方法优化景观格局。TN 回归方程中，LPI_{For}、ED_{For}、LPI_{Pad}、LPI_{Res}和 PD_{Tea} 进入方程中，其 R^2 值也较高，控制 TN 浓度时，可以考虑增加林地面积、增加林地在耕地间的布局、减少茶园的破碎度等方法优化景观格局。

6.5　基于标准景观情景方法的农业景观情景模拟

如何保证经济快速发展的同时，又能保持农业土地利用的低环境风险是管理者需要认真对待的问题。近年来金井镇一方面引进了隆平高科、蔬菜加工厂等企业，促进了当地经济快速发展，但也导致了传统的稻田转变成高投入、高产出、高污染的蔬菜基地，产生了一定的环境负面效应；另一方面又实施了《关于畜禽养殖区域划分的通知》、“清洁家园”工程等相关环境保护政策，明显提升农村环境质量，上述两方面的政策所产生的环境效应是相互矛盾的。因此，管理者应当权衡未来不同发展情景下的综合效应，以获得更多的信息制订合理的发展战略。本研究将应用标准景观情景分析方法，提出了基于不同目标的情景发展模式和农业景观格局，为未来农业可持续发展政策制定提供参考。

6.5.1　标准景观情景方法概述

情景分析（Scenario analysis）是一种研究未来发展策略的方法，是针对重大演变设定各种关键假设的基础之上，对未来进行科学合理的推理，设计、描述和评估未来各种可能出现的结果，一般应用于经济预测和管理分析，近年来已扩展到土地利用规划、生态环境政策分析、城市管理与景观规划等。标准景观情景法（Normative Landscape Scenario）主要针对景观情景设计与利益相关者参与两者协调互馈的一种规划方法，该方法的特色是能够更精确地将景观生态学相关知识应用在政策分析中（Nassauer & Corry，2004；Corry & Nassauer，2005；Nassauer et al.，2007）。与传统趋势外推法预测未来相对比，标准景观情景法可设定多种变量因素，表达更加灵活、更加接近实际，尤其是允许设想一个或者多个因素发生了巨大变化时会产生何种对应的情景，这对于快速发展造成的剧烈土地利用变化预测十分适用；与其他规划方法相比，该方法更加强调利益相关者的参与作用，并且进行多方面的效应评价，具有很强的针对性，适用于面向公众的城乡规划、新农村建设、环境规划、自然资源管理等方面。其主要特点和优势体现在以下几个方面：

(1)合理可行　每一种情景设计都是一个完整的故事，用来描述未来可能是什么样子；设计的情景在未来可能不存在，但是如果满足条件是可以发生的，这一特点允许景观设计者拥有更多的发挥空间；每一种情景的设计都是基于现实的，只要其假设合理，具有明确的实现路径，便是一个可行的景观情景设计。

(2)可认知　标准景观情景设计融合了多学科知识，其设计目标的选择是各个相关学科专家、政府、公司、农户等共同讨论与研究后，根据历史发展和实际情况提出的，尤其是注重利益相关者的参与，所以景观情景的设计过程被各个领域和各个层次的人所认知和认可，对景观规划的未来实施能够起到很好的保障作用。

(3)有弹性　标准景观情景法是综合研究区的所有相关因素，例如经济、社会、生态、环境等方面因素，提出多个具有针对性的情景目标，使之具有一定空间弹性，体现出不同情景的目标；在设计过程中，标准景观情景法是一个重复的过程，需要不断地调整和协调各个方面的设计来满足要求，所以应对未来的发展具有很强的灵活性。

(4)可比较　标准景观情景法提供了叙事化(兼有定性分析与定量分析)、可视化的未来情景设计，一般提出3个以上完全不同的情景设计形成对比，并且运用一定的模型和方法定量评价各个情景的效果，使得结果显示更加直接、有效、实用。

(5)可激发　标准景观情景法设计未来景观情景，提供可视化的效果并不是最终的目的，除了激发设计者的设计观念，更多的是用科学的研究来满足公众和政策对现实的需要，并激发管理者依此制定相应的导向性政策来促进城乡一体规划、新农村建设和自然资源管理等。

对于未来的预测本身就是一个极其复杂的过程，因此标准景观情景法也是一个复杂过程。本文在情景分析方法的基础之上，提出了系统化的标准景观情景构建方法，其主要设计过程如图6-6所示。

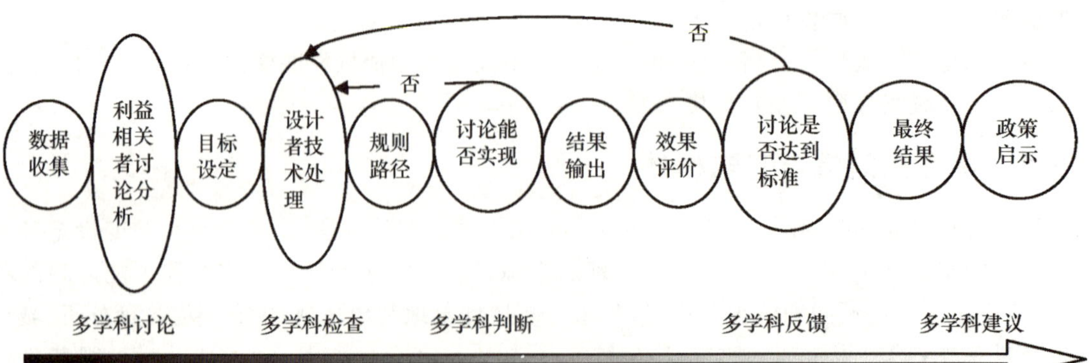

图6-6　标准景观情景法流程图

1. 设定景观情景目标

在假设目标之前应先了解"过去和现在相关景观的特点是什么？景观格局是如何变化的"等相关问题。各学科专家、政府人员、公司代表、农户代表等从自身的特点表达出自己对未来的景观情景期望；可以采取会议、研讨会、电话、问卷调查、实地调研等方式，共同研究讨论未来发展趋势和问题，设计者根据表述，制定共同能够接受的未来目标假设。

2. 景观情景目标的实现途径

情景目标设定之后，设计者根据政策文件、讨论、调研等方式获取的信息对其情景设计进行定性化的表述，使目标假设更加具体化，例如"提高农户收入""进行土地整理"等，建立不同情景的故事性描述；设计者根据每一种情景的描述进行定量化转化，提供一种在实际操作中能够实现的方法，并且制定相关的规则，例如"农户年收入提高至 10 000 元以上"、"符合条件的耕地进行土地整理"等。

3. 未来景观情景设计结果输出

设计者运用不同的技术或者政策制度制定未来景观情景，再次向各学科专家和利益相关者讨论路径模型等是否能够实现；经过评判，形成未来景观情景设计，其结果表达形式既可以是可视化的图件，也可以是文本性的文件，例如土地利用布局图等。

4. 未来景观情景效果评价

应用多学科知识和模型对研究区的未来景观情景的经济、社会、生态、环境等方面效应进行综合性评价。需要说明的是，标准景观情景方法并不表达哪一种情景是正确或者更加具有优势的，而是向决策者展现多种情景效果，并且与基准年形成对比。如果景观设计与评价效果不满足相关专家与利益相关者的要求，则重复进行步骤 2、步骤 3、步骤 4，直至满足为止。

5. 未来景观情景的政策启示

通过上述的景观情景建立过程，完成了未来景观情景设计图、设计标准、政策规则等，向管理者展现了未来不同的景观情景和效果，并为管理者提供了实现的路径与结果，综合这些要素与结果，分析和提出有针对性的政策、措施或者建议，有利于决策者了解未来的情景，并且制定出相应的政策引导未来的发展。

标准景观情景的建立需要多次进行资料收集、实地调研、利益相关者讨论等工作，因此设计周期偏长；该方法的灵活自由性导致了未来不同目标情景的设计必然与现在景观格局产生很大的差异，因此不适于短期的景观格局设计；虽然该方法具有一定的主观性，但是在设计过程中包含了水文模型、非点源污染模型、作物产量模型、生态多样性评估模型、生态服务价值评价模型、农户决策行为模型等，尽可能地通过模型的模拟来弱化主观意识的影响，使之更加贴近现实。

6.5.2　农业景观未来情景设计内容

任何景观情景设计都必须基于研究区的景观格局特点、自然资源特点、经济与社会发展等实际情况，这样才能够保证未来景观格局是可以存在并实现的。提出的农业景观情景设计需同时考虑水环境质量与经济发展，金井镇水体污染物主要来源于农业生产过程、生活废水与固体废弃物、养殖业，因此环境风险防控途径分别从农业景观格局优化、农村生活废水与固体废弃物处理、养殖业调控 3 个方面进行设计。

1. 土地适宜性评价

土地适宜性评价是进行土地利用决策、设计未来景观情景的基本依据之一。本研究采用了农业土地适宜类与适宜等的评价体系为景观格局优化提供直接依据。其中，适宜类根据景观类型分为宜耕类、宜园类、宜林类；适宜等分为一等地与二等地，选取海拔、坡度、土壤类型为土地适宜性评价因子。

金井镇的海拔高度分布在 66～440 m 之间，北高南低，根据需要将其划分为 100 m 以下、100～150 m、150～200 m、200～250 m 和 250 m 以上 5 个等级，各等级面积及其百分比如表 6-7 所示，金井镇大部分区域海拔小于 150 m，占 65.92%，随着海拔升高，分布面积逐渐减少。

表 6-7　各等级海拔面积及比例

海拔	＜100 m	100～150 m	150～200 m	200～250 m	＞250 m
面积/hm^2	4 483	4 377	2 263	1 359	959
百分比/%	33.35	32.57	16.83	10.11	7.14

根据《土地利用现状调查技术规程》，耕地坡度分为 5 级，即≤2°、2°～6°、6°～15°、15°～25°、＞25°，其主要各个级别特点为：≤2°一般无水土流失现象；2°～6°可发生轻度土壤侵蚀，需注意水土保持；6°～15°可发生中度水土流失，应采取修筑梯田、等高种植等措施，加强水土保持；15°～25°水土流失严重，必须采取工程、生物等综合措施防治水土流失；＞25°为《水土保持法》规定的开荒限制坡度，即不准开荒种植农作物，已经开垦为耕地的，要逐步退耕还林还草。通过 DEM 分析，各坡度等级面积及百分比如表 6-8 所示，金井镇坡度小于 2°的区域占 37.88%，坡度大于 15°主要分布在北部丘陵地区，占 40.81%。

表 6-8　各等级坡度面积及比例

坡度	≤2°	2°～6°	6°～15°	15°～25°	＞25°
面积/hm^2	5 259	442	2 517	3 008	2 657
百分比/%	37.88	3.18	18.13	21.67	19.14

金井镇土壤类型主要包括 6 种土壤亚类，即典型红壤、红壤性土、酸性紫色土、淹育型水稻土、潜育型水稻土和潴育型水稻土，各种土壤亚类面积与百分比如表 6-9 所示，红壤性与潴育型水稻土最多，分别为 33.48%与 42.92%，典型红壤与酸性紫色土其次。

表 6-9　各土壤类型面积及比例

土壤类型	潴育型水稻土	淹育型水稻土	潜育型水稻土	典型红壤	酸性紫色土	红壤性土
面积/hm^2	5 769	167	525	3 008	961	4 501
百分比/%	42.92	1.24	3.91	21.67	7.15	33.48

根据金井镇实际的自然资源条件以及景观类型的种植要求，完成土地适宜性评价图（图 6-7，彩图 6-7）。由评价结果可知，金井镇的宜耕类土地主要分布在河流两侧平缓区域，并且大部分属于一等地；宜园类土地主要分布在坡度不大的丘陵地区，并且由于茶园对土壤的特殊要求其分布范围十分集中；宜林类土地主要分布在北部丘陵地带，坡度较大，不适宜耕种，只适宜发展生态林或者经济林。

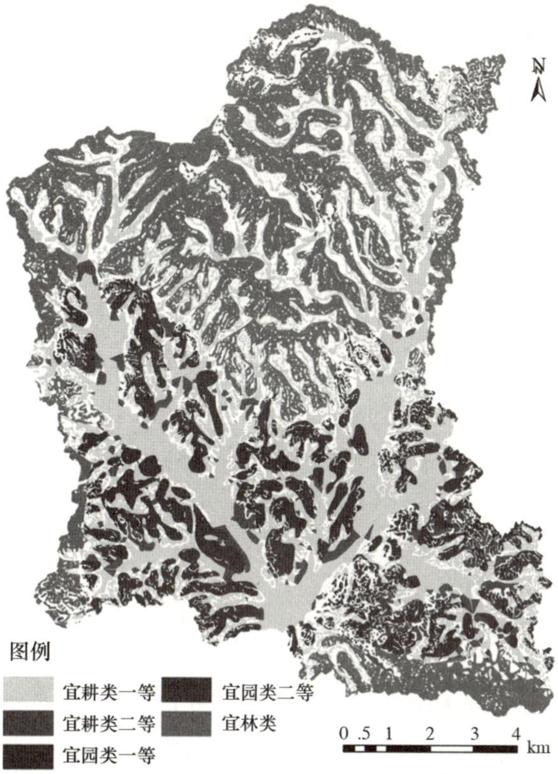

图 6-7　土地适宜性评价图

2. 景观格局优化设计

本研究选取稻田、茶园、住宅、公路、河流与沟渠、水库与池塘、林地作为景观格局优化的主要对象。根据不同景观类型的特点、土地适宜性评价以及实际情况，具体优化方案如下。

(1)水稻田　水稻田是金井镇主要的农业景观类型，既是农户农业收入的主要来源，也是环境风险产生的主要影响因子，因此稻田景观格局与景观单元设计对环境风险控制尤为重要。金井镇水稻分为单季稻与双季稻，其中单季稻分布在北部山区，双季稻分布在南部与东部地势平缓地区。水稻要求土壤蓄水、爽水、保肥、供肥性能良好，同时耕层深厚、土壤肥沃，因此水稻田景观格局设计中，土壤类型分布很大程度上决定了稻田的景观格局。

①布局选择：金井镇适合水稻种植的土壤类型有潴育型水稻土、淹育型水稻土和潜育型水稻土。潴育型水稻土分布于平原及丘陵沟谷中、下部，水耕时间长，土壤熟化程度高，排灌条件好，受地面灌溉水及地下水影响较小，不存在干旱、涝渍、酸碱等土壤障碍因素，此种土壤类型最适合水稻种植，能够获得较高的农产品输出，因此在景观格局优化中优先设计为水稻田，耕作类型以双季稻为主。淹育型水稻土为幼年型水稻土，分布在丘陵岗地坡麓以及沟谷上部，地下水位低，不受地下水影响，水源不足，全年淹水时间较短，由于集水面积小，又缺少水利设施，土壤水分的补充主要依靠蓄水，此类水稻土土壤熟化度低，养分缺乏，土壤肥力低，作物长势差，产量较低，可根据实际粮食需求与农田水利设施考虑是否种植水稻。潜育型水稻土分布在平原洼地、丘陵河谷下部低洼积水处，地下水位高，雨季排水不畅，使土壤剖面较高层次出现潜育层，由于处于低洼处，积水较为严重，导致水、土温度比一般田要低，不能够满足水稻生长对

温度的要求，此类水稻土是低产田之一，可根据实际粮食需求与农田水利设施考虑是否种植水稻。根据上述原则，将根据不同的情景目标进行稻田景观格局的优化与调整。

②农用地整理：通过对田水路林村的综合整治、改造和完善农业配套基础设施，对用地结构进行优化配置和合理布局，既能够有效地增加耕地面积，又能够提高耕地质量。在稻田景观设计中，除了可以选择总体布局外，也可对地块的大小、规模、沟渠等进行标准化设计，根据当地的经济发展情况，考虑进行何种程度的农用地整理，以满足不同的未来发展目标。

③农户种植行为选择：理性的农户行为是在水肥较弱的耕地种植单季稻，在土壤肥沃、交通便利的耕地种植双季稻，因此可以在种植模式进行不同的选择；其次，随着集约化农业的发展，农业大户或者公司企业大面积承包土地，为追求更高的经济效益部分水稻田转化为菜地或者其他经济作物用地，未来耕地功能也是可以转化的；农户可以根据自己的意愿、周围环境的影响、社会发展的要求，可以选择不同的农业投入方式、科学技术手段等行为。

（2）茶园　金井镇是湖南省优质品牌茶叶出口基地，茶叶是其特色产业之一。金井茶业与湘丰茶业是茶业种植、加工、销售为一体的原产地公司，极大带动了周围茶农的经济收入，是农业生产总值的主要来源之一。在今后的发展中，茶园必然会不断地扩大，质量与产值持续提升，同时也将带来一定的环境风险，如水土流失、植被破坏、化肥农药污染等。

①布局选择：茶树对土壤要求较高，土层深厚一般要求超过 80 cm，底土不能有黏盘层或硬盘层，pH 在 4.0～6.5 之间，红壤、黄壤、沙壤土、棕色森林土均适宜种植。结合金井镇土壤类型，适宜种植茶树的土壤类型为酸性紫色土与典型红壤，多分布丘陵地区。由于开垦茶园会破坏原有的丘陵植被，同时需要进行大规模的土地整理，因此茶园规模应根据需求适度控制发展，降低生态环境风险。

②耕作模式：传统茶园为了提高产量，不断增加化肥与农药量；但是随着人们对农产品质量以及国际出口标准要求的不断提高，生态茶园和有机茶园成为现代茶园发展的主要方向。因此，金井镇茶业正在逐步地由传统茶园向生态茶园、有机茶园发展，并且探索适合当地的茶业新品种，以及减少甚至不使用化肥农药新的种植技术。

（3）住宅　金井镇除了金井社区与脱甲村具有城镇化雏形以外，其他行政村住宅用地成带状分布在稻田、公路、河流两侧，呈现无序状态，未来的总体发展趋势是住宅用地面积将逐步增加，并且呈现一定聚集状态。

实地调研显示，交通条件是影响分布的重要因素，位于主干路两边的房屋呈递增趋势，相反处于北部山区的很多宅基地则出现了闲置、遗弃等现象；随着外出打工人员的增多，很多农户搬出山区，是否继续愿意保留原有的住宅决定了未来住宅用地的分布特点。

（4）道路系统　道路系统对于地区经济发展起着至关重要的作用。金井镇境内，主要公路为省级国道 S207 与县级公路 X021，最近的高速为京珠高速，可在半小时之内到达长沙市。由于公路是较为稳定的景观类型，因此对公路景观的设计选择上，主要根据未来发展需求来确定相应的建设等级标准。

（5）河流与沟渠　河流在很大程度上决定了农业用地分布，金井镇稻田主要分布在河流两侧及中下游较为平坦地区。河流与沟渠不仅起到灌溉和排水功能，也是污染物输出、迁移、汇集的主要路径，因此河流与沟渠的景观单元设计是环境风险控制的关键环节，可通过植被缓冲带阻滞、植物吸附、生物降解等方法，实现污染物的有效控制。因此，生态沟渠、河流缓冲带等是河流景观设计的主要选择方式。

(6)水库与池塘　金井镇共计水库 35 个，最大的为金井水库，面积大约为 1 147 600 m^2。通过与 1990 年、2005 年的土地利用现状图对比，水库的位置与数量几乎没有发生变化，因此在水库景观设计中，并未做出很大的调整。池塘在金井镇是非常普遍的景观类型，点状散布在稻田周围，不仅起到防洪、调节水量的作用，而且作为养殖池塘可增加农户收入，池塘与湿地是重要的生态缓冲区，是污染物接纳、消解的重要场合，因此在池塘景观设计中，可以借鉴湿地景观的设计方式，并在空间上进行数量优化和分布。

(7)林地　林地作为金井镇面积比例最大的“汇”景观类型，生态作用十分重要，对于改善当地生态环境、维护生态平衡起着决定性作用，因此在未来情景设计中，除了上述几种景观类型布局以外，其他用地均优化为林地景观。

3. 农村生活废水与固体废弃物处理设计

2010 年金井镇开始实施《长沙县农村环境连片整治示范工作实施方案》，金井社区、惠龙村、金龙村、脱甲村，通过实施“清洁家园”工程，采用“户分类、村回购、镇中转、县处理”的城乡生活垃圾一体化处置模式，进行生活垃圾收集、转运设施等建设，示范区内农村生活垃圾得到妥善处理，建立了长效管理机制，农村生活垃圾清运率和垃圾无害化处理率达到 95%。通过实施“清洁家园”工程，使示范区内农村生活污水得到妥善处理，农村生活污水处理率达到 90%以上。因此，通过一系列的政策措施以及政府的基础设施投入，农村生活废水与固体废弃物是可以得到控制的，可以减少环境污染。

4. 养殖业空间布局设计

养殖业是农户收入的来源之一，生猪养殖是金井镇传统产业，2010 年金井镇共计出栏生猪大约 24.52 万头，其粪便废弃物的排放已经成为该区域重要的农业环境污染源之一，也是制约养殖业可持续发展的瓶颈。

(1)数量控制　采用畜禽养殖密度进行养殖业的定量化分析。畜禽养殖密度是指区域内单位耕地面积的平均畜禽单位数，是区域畜禽粪便 N、P 流失风险评价的重要计算依据。畜禽养殖环境承载力是指一定范围内，在保证环境安全(农田养分收入基本平衡)条件下，单位面积农田所能消纳的养殖废弃物量所对应的畜禽养殖密度，

根据金井镇养殖业状况、水环境质量状况、耕地面积等数据，孟岑等(2013)计算了金井小流域畜禽养殖密度分布，如图 6-8 所示。金井镇目前养殖密度相对较高，平均达到 3.46 AU/hm^2，相当于生猪大约为 24.3 头/hm^2。同时，从图 6-8 可以看出养殖密度空间分布差距很大，一些耕地面积较大的村落，例如王梓园，养殖密度反而最小，因此从环境风险管理来看，未来控制养殖业数量以及空间平衡十分重要，通过计算流域农田土壤养分平衡分析，估算出畜禽养殖业环境承载潜力。金井小流域合理畜禽养殖环境承载力可为未来情景设计提供养殖业数量与空间布局的定量分析依据。

(2)养殖方式选择　传统的家庭式养殖模式，规模较小，但是造成的污染十分严重，废水未经收集与处理，直接排入河流，固体粪便等作为底肥施入田间。为了保护水源，金井镇于 2010 年实施了《关于畜禽养殖区域划分的通知》《长沙县畜禽养殖转产扶助鼓励暂行办法》，在重要的水库上游地区，设立了禁养区，通过补贴方式对禁养区内的养殖场进行拆除；其他区域的养殖业则不允许废水、粪便等直接排入河流，必须建立废水池进行收集与处理，此项规定与办法取得了较好效果，一定程度上保护了水源地。因此在养殖业设计上，通过结合法规的形式，对养殖方式进行控制。

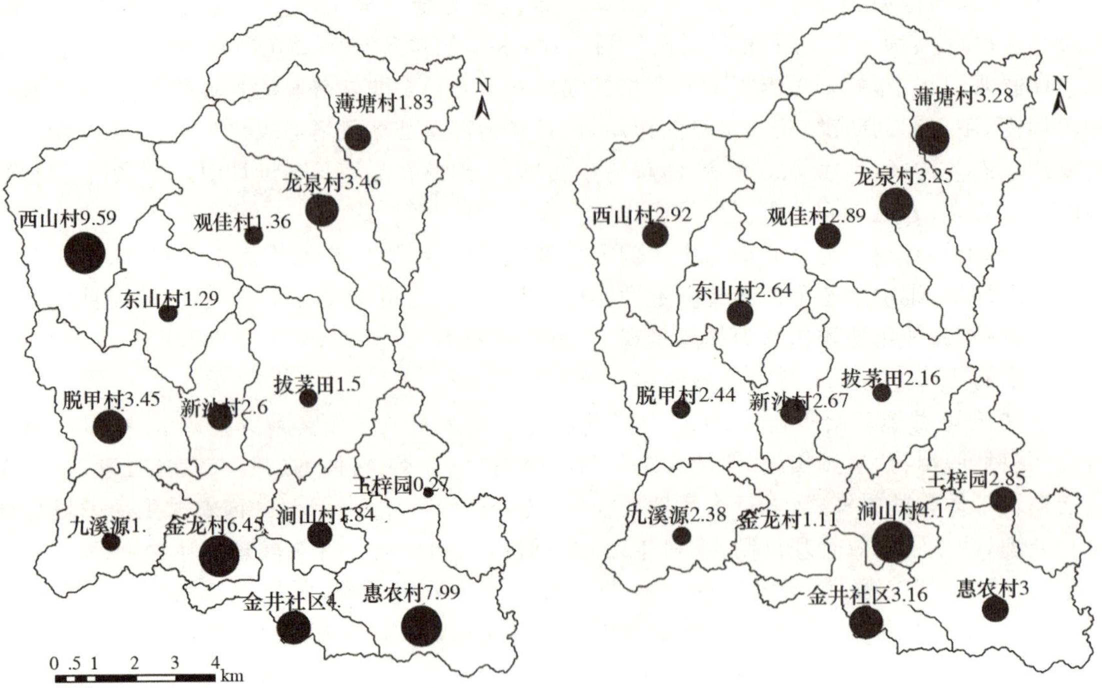

图 6-8　2010 年养殖密度现状及环境承载力空间分布

6.5.3　情景Ⅰ:以提高农产品产量为首要目标

稳定经济发展、提高国民生产总值是政府工作的重要目标之一,同时理性农户也以追求经济效益最大化作为目标,合理决策与分配劳作时间,提高家庭收入,因此构建了农业景观未来情景Ⅰ以提高农产品产量为首要目标,情景Ⅰ的设计更加侧重于经济发展,同时关注农业土地利用环境风险问题。

1. 情景目标假设

情景Ⅰ的目标是:以不断提高农产品产量为首要目标,提高土地利用率,增加农业生产总值,2020 年农户农业收入远高于基准年 2010 年的家庭收入,兼顾保证水环境质量不低于基准年的水平。

2. 情景定性描述

情景Ⅰ的设计目标侧重于发展经济,而提高农产品产量与产值的途径有几种方式,一是提高种植面积,二是提高单位面积产量,三是提高单位农产品价值。因此为了满足情景Ⅰ的设计要求,首先尽可能地提高土地利用率,包括农业用地面积及复种指数;其次提高单位面积产量,例如进行土地整理、完善农业基础设施、提高土壤质量、增加农业投入等;最后可以通过改变土地利用类型,例如将稻田转为菜地、生态林转为经济林或者引入新的品种(茶叶、经济林品种等),提高单位农产品价值,多途径实现提高农产品产量,增加农业生产总值,同时保证农户成为直接受益人,未来农民收入远高于当前水平。在经济快速增长的同时,也需要保证环境质量,例如减少化肥与农药的投入、减少养殖数量等,在农业土地利用环境风险的限制条件下,情景Ⅰ的土地利用面积与方式并不是无限制的扩大与改变,而是需要综合考虑经济与生态环境之间的关系协调发展。

3. 情景定量转化

通过上述定性描述，明确了情景Ⅰ的目标及其任务，为了实现情景中的假设目标，由定性描述转化为定量规则表达出来，结合景观格局指数与水环境质量关系模型、土地适宜性评价，从以下 3 个方面实现情景Ⅰ的假设。

(1)农业景观格局设计　稻田景观布局，坡度小于 6°的潴育型水稻土、潜育型水稻土与淹育型水稻土全部充分利用种植水稻，种植模式为双季稻。进行土地整理，完善农业基础设施，沟渠硬化处理，形成大田景观。大力发展茶业，提高农产品产值，茶园景观分布在坡度 15°以下、土壤类型为酸性紫色土与典型红壤的丘陵区，在现有的茶园基础上尽可能的扩大面积，模式上由传统向生态茶园、有机茶园发展。结合金井镇蔬菜地承包模式，以及长沙县"百里蔬菜走廊"规划，处于脱甲河与金井河下游、土地肥沃、交通条件良好的稻田转化为蔬菜用地，实行企业承包制，雇佣当地农民，仍然采用传统的高投入—产出的经营模式。

依据经济快速发展需求，其交通压力也会随之增加，根据《中华人民共和国公路法》、《公路工程技术标准》，S207 省道采用二级公路标准，设计时速 80 km/h，路基宽度双车道 12 m，两侧路肩宽度为 1.5 m，其他干路为三级公路设计标准，时速为 60 km/h，路基宽度两车道 10 m，两侧路肩宽度为 0.75 m，其他乡村道路及其田间路不标注。交通是影响住宅分布的主要因素之一，以主路两侧 600 m 为缓冲区作为未来居民点集中分布的区域，此区域内分布的住宅面积将占总住宅面积的 60%以上。

河流与水库景观位置难以改变，并且在 90 年代初脱甲河与金井河中下游已经进行了河道整理，因此河流与水库景观不做变化。而池塘则在土地整理过程中，为了保证土地利用率，散布在稻田间的池塘将消失，田间排水主要通过沟渠，快速排入河流。林地对坡度与土壤类型上没有严格的要求，因此除了上述景观布局以外，其余土地利用类型均设为林地景观。为了提高收入，在山脚或者距离房屋较近、坡度较缓的 10 m 范围内，种植经济竹林，总面积大约为林地面积的 10%，其他为生态公益林，以乔木与灌木丛为主。

(2)农村生活废水与固体废弃物处理　2010 年长沙县颁布了《农村环境连片整治示范工作实施方案》，启动了"清洁家园"工程，采用生活垃圾一体化处置模式，建立污水集中处理站，妥善处理了农户生活污水与固体垃圾。2012 年金井镇制定《金井镇 2012 年度环境综合治理工作规划》，目的在于加大生态村创建力度、巩固养殖减量成果、促进镇村常态保洁、推进养殖排放达标等。通过近些年的法规政策的制定与实施，金井镇在农村生活废水与固体废弃物处理上加大投资，取得良好的效果，农村生活垃圾清运率和垃圾无公害处理率达到 95%，农村生活污水处理率达到 90%。但是实际调研中发现，工程建设主要集中在聚集村落，例如金井社区、脱甲村、金龙村等，较为偏远的地区并不能实现该目标，生活污水以及固体废弃物仍然直接排放或者随意堆积。因此，以主路 600 m 两侧的住宅区为边界线，边界线以内的农村生活污水及固体废弃物的处理率为 90%，边界线以外的村落，处理率为 0。

(3)养殖业数量与空间布局　控制养殖密度仍然是降低区域环境风险最主要的途径。综合考虑农户收入与环境保护，根据畜禽养殖环境承载潜力，对养殖数量及其空间分布进行调整，确定养殖密度平均为 2.73 AU/hm^2，年流域估算出栏量为 11.7 万头。

4. 实现过程与结果

标准景观情景分析是以现状为基础，通过建立各种规则来满足不同的情景目标，虽然未来景观格局可能与现在差别较大，但是按照设计规则是能够实现的。情景Ⅰ中以提升农产品产量、增加农户收入为主要目标，根据上述定量转化规则，以2010年土地利用现状图为底图，完成了初次设计。根据建立的景观格局指数与水环境质量不同季节关系模型，计算出未来景观格局下的水污染物浓度，如果集水单元四季污染物浓度超过2010年基准年浓度，则根据景观格局指数调整该流域景观布局，例如改变景观类型边缘密度、改变最大斑块面积等；再次通过景观格局与水环境质量关系模型进行估算，各个集水单元与基准年对比，找出仍未满足环境假设条件的集水单元，进行景观格局调整，如此重复此过程，直至景观格局最优化满足各个集水单元的不同季节水污染物浓度等于或者低于基准年浓度。

经过初次设计及3次景观格局优化，最终完成了情景Ⅰ的景观格局图，如图6-9（彩图6-9）所示。

图6-9 情景Ⅰ：提高农产品产量为首要目标的未来景观格局

6.5.4 情景Ⅱ：以提升水环境质量为首要目标

生态与经济的可持续发展是决策者始终追求的目标。金井镇在注重经济发展的同时，也十分关注生态环境的保护与建设，例如2010年制定的《金井镇凤形山农民公园规划设计》《金井镇概念性规划》等，旨在大力发展生态人居与旅游观光等，但是金井镇水环境质量并不乐观，很多集水单元TN浓度超出了国家地表水Ⅴ级标准，尤其是在冬季，污染情况更为严峻，针对这一现象，提出了情景Ⅱ以提升水环境质量为首要目标的情景模式，此情景设计更加偏重于生态环境保护。

1. 情景目标假设

情景Ⅱ的目标是：以提升水环境质量为首要目标，不同季节水环境质量满足国家地表水Ⅴ级标准，建立生态农业、生态人居以及旅游观光为主的生态型村镇，满足湖南省省级环境优美乡镇标准，同时保证2020年农户农业收入不低于基准年水平。

2. 情景定性描述

情景Ⅱ的设计偏重于生态环境保护，但是2010年采样数据显示所有集水单元的TN年平均浓度均超过了地表Ⅴ类水标准，满足假设目标具有一定的困难性，因此结合景观格局优化与景观生态单元设计两方面共同降低环境风险。景观格局优化是从金井小流域的空间格局上对环境风险进行控制，景观生态单元设计是在景观类型上利用生物技术、生态工程、环保工艺等降低污染物输出，达到环境风险控制的目的。为了保证农户收入提升，除了水稻、茶叶、养殖业收入外，借助良好的生态环境条件，大力发展乡村生态旅游业，尤其是依托茶园建立基于茶文化的相关旅游观光产业，既可以提高茶叶产值，又能够解决农民工作收入问题。此外，依靠长沙市"半小时经济圈"的优势，发展农业采摘园、垂钓园、民俗文化园、历史文化园等，通过以上措施可以弥补为了生态环境保护建设退耕还林而造成的经济损失。

3. 情景定量转化

(1)农业景观格局设计　河流污染物主要来源于农业环境污染，控制耕地面积和化肥农药投入、减少污染物进入水体是有效的控制途径。为了保障农户收入来源以及粮食安全，仍然需要保证一定数量的耕地面积，稻田景观选择坡度为1、2级，土壤类型为潴育型水稻土的区域，中下游进行土地整理，根据农户调研数据显示地块大小为2～5亩的耕地更受农户喜欢，地块宽度小于30 m的狭长稻田由于机械耕作困难，将转变为林地；种植类型选择双季稻，化肥与有机肥相互结合，施肥量按照测土配方施肥，施肥方式为农家肥500～750 kg、氮肥(N)用量10～12 kg/亩、磷肥(P_2O_5)4～7 kg/亩、钾肥(K_2O)4～8 kg/亩。为了提升农民收入，发展特色农业，茶园面积适度扩大，由于新垦茶园对水土流失影响大，因此扩张速度受到严格限制，种植模式为有机茶园，并且采用多种生态、生物技术，例如地表种植三叶草、稻草覆盖技术、生态控草技术等，基于茶园的特色优势，建立生态旅游基地，例如"茶叶小镇"、"百里茶廊"等生态旅游景点。

公路S207省道采用三级公路标准，时速为60 km/h，路基宽度两车道10 m，两侧路肩宽度为0.75 m，其他干路为四级公路标准，时速为40 km/h，路基宽度两车道8.5 m，两侧路肩宽度为0.75 m。为了降低噪声以及汽车尾气粉尘污染的扩散，路肩两边5 m种植景观乔木作为生态缓冲带，乡村道路及其田间路不标注；干路两侧600 m缓冲区仍作为未来居民点集中分布的区域，该区域分布的住宅面积将占总住宅面积的75.4%以上，建筑面积较小的宅基地将消失，北部山区农户将迁出，原有宅基地还林。

基于水库景观的稳定性，其布局不发生变化，但是其水面面积将略有增加。为了减少污染物进入河流，沟渠与河流设计将采取了一系列的生态工程措施。田间沟渠采用原生态的自然沟渠，即两边有绿植覆盖，沟渠里种植水生植物，无硬化；主沟渠则采用生态沟渠，种植美人蕉、凤眼莲、水芹菜、菖蒲等，建立农田沟渠生态系统，生态沟渠能够截留泥沙、土壤吸附、植物吸收、生物降解、减少水土流失，降低进入地表水中氮、磷的含量。由于湿地净化农业非点源污染具有良好的效果，部分池塘将转变为人工湿地，不再进行养殖行为，而是种植多种水生植物(覆盖率达到30%以上)，其面积将比原来扩大5%。为了再次阻滞、吸收污染物，河流两侧5 m范围建立生态缓冲带，以灌木、水生植物为主要植被。北部山区将建立森林自然保护区，保护林地和河流发源地，林地面积将大大增加，保护区内的居民点迁出，耕地、茶园、旱地退耕还林。

(2)农村生活废水与固体废弃物处理　随着新型城镇化的发展，无论在何种情景下，农村生活废水与固体废弃物处理都将在政府的支持下得以解决，故设计与情景Ⅰ类似，主路 600 m 两侧的区域内农村生活污水及固体废弃物的处理率达到 90%，其余各项指标均满足《湖南省省级环境优美乡镇考核标准》，例如饮用水合格率达到 80%以上、道路绿化普及率 90%以上、生活垃圾无公害处理率以及生活污水集中处理率 60%以上等。

(3)养殖业　为了提升水环境质量，减少污染物的排放，养殖数量将大大减少。金井水库、军民水库、青山水库等周边陆域 200 m 内的范围为禁养区，500 m 内为限养区，脱甲河与金井河两侧 50 m 为限养区，因此相关集水单元 1、2、9、10、11、12、13、16、18 直接设计为禁养区；养殖数量上，每个集水单元的养殖密度减少到环境承载潜力的 1/3，流域年出栏估算大约为 2.4 万头。

4. 实现过程与结果

情景Ⅱ中，为了实现水环境质量提升，分别从空间格局优化与景观单元进行了设计。与情景Ⅰ设计过程类似，根据定量转化规则，以 2010 年为底图，完成了初步未来景观格局图，计算景观格局指数，根据景观格局与水环境质量关系模型，估算每一个集水单元的四季河流污染物浓度，与国家地表水环境质量标准进行对比，找出未能满足情景Ⅱ设计要求的集水单元，再次进行景观格局调整，直至水环境质量符合地表 V 类水。经过 3 次景观格局优化，完成了情景Ⅱ的未来农业景观格局图，如图 6-10(彩图 6-10)所示。

图 6-10　情景Ⅱ：提升水环境质量为首要目标的未来景观格局

6.5.5　情景Ⅲ:以新型城镇化建设为首要目标

随着新农村建设发展,新型城镇化已成为我国实现城乡一体化目标的另一举措。新型城镇化建设坚持以人为本,统筹兼顾为原则,推动城市生态化、农村城镇化,全面提升城镇化水平与质量,必然会导致乡村景观格局产生巨大的变化,在此背景之下,提出了情景Ⅲ以新型城镇化建设为首要目标的未来情景模式,该景观情景更加偏重于社会经济发展下的乡村景观格局变化。

1. 情景目标假设

情景Ⅲ的目标是:研究驱动因子对乡村景观变化的作用机制,建立乡村景观稳定性评价方法,对乡村景观功能进行合理的定位,并且根据食物需求与人均建设用地两个指标,完成乡村景观的优化配置,最终提出乡村景观格局优化布局模式,为新型城镇化建设提供理论支持与科学参考建议。

2. 设计方法与结果

情景Ⅲ的建立是根据传统趋势外推法,采取生命周期理论与马尔科夫链模型相结合的研究方法,与标准景观情景方法对比属于两种不同的研究方法体系,通过对比可以展现不同方法各自的特点。

情景Ⅲ的目标是建立未来乡村景观格局优化布局模式,基于金井镇自然和经济因素的乡村景观格局分析,初步筛选了自然因素,包括海拔、坡度、河流缓冲距离、水库缓冲距离和土壤亚类;以及人文因素,为道路缓冲区距离和集镇中心缓冲距离,以此作为景观格局演变驱动力影响因子。分别计算了 1990 年、2005 年和 2009 年的景观格局指数,分析出乡村景观格局动态演变过程,结果表明乡村景观格局的动态演变是不均匀变化的,存在一定的周期性和阶段性。

以乡村景观格局演变规律为基础,以布局变化比重和变化速度为切入点,以生命周期理论为方法预测了乡村景观格局演变周期,运用修正后的马尔科夫模型与元胞自动机结合,完成了 2020 年金井镇乡村景观格局模拟图。

在景观格局演变过程中,各种景观类型表现出稳定、新增和灭失 3 种变化类型,利用多元线性回归方法分析出景观类型在不同影响因素下发生 3 种变化的概率,通过变化概率的叠加完成了对茶园、农田、林地、池塘和乡村聚落 5 种景观类型的稳定性评价,划分为稳定、较稳定、较不稳定和不稳定 4 个等级。

基于生态位理论建立了乡村景观功能生态位适宜度评价方法,对乡村景观功能进行定位,包括生态保护、生态旅游、生态农业、农业生产、农业经济和经济主导 6 种功能类型,完成了金井镇乡村景观功能的空间定位。根据案例区粮食生产要求与人均建设用地要求两个约束条件,完成了案例区各个乡村景观格局的优化配置数量,为乡村景观格局优化提供了数量依据。

基于建立的乡村景观格局模拟图、5 种景观类型的稳定性评价图、各种景观类型可进行优化配置数量图,三者叠加分析,在空间上调整各种景观类型,满足乡村景观格局演变规律的同时保证格局的稳定性与乡村景观功能的需求,完成 2020 年金井镇乡村景观格局优化布局图。情景Ⅲ景观格局如图 6-11 所示(彩图 6-11,季翔,2014)。

图 6-11　情景Ⅲ:新型城镇化建设为首要目标的未来景观格局

6.6　不同景观情景土地利用效应评价

运用标准景观情景方法,通过情景目标的假设、情景定性描述、定量转化以及反复验证的设计过程,完成了情景Ⅰ与情景Ⅱ的农业景观格局模式;利用生命周期理论与CA-Markov耦合,完成了情景Ⅲ新型城镇化建设的情景模式。情景Ⅰ是基于提高农产品产量,提高农业生产总值,同时保证未来的环境风险不高于基准年;情景Ⅱ是基于提升水环境质量,符合国家地表Ⅴ类水,并且保证农户的收入不低于现状;情景Ⅲ是基于新型城镇化建设背景下,2020年的乡村景观格局最佳优化模式,三者分别强调了未来不同发展方向下的景观格局变化,表现出各自的特点,但是并不表明哪一种情景模式更加具有优势或者是未来发展的主要趋势。为了更加直观地展示3种情景的特点,分别从水环境质量、经济效益、生态系统服务、生物多样性、农户意愿分析等方面进行土地利用效应评价,综合对比分析3种未来农业景观情景发展模式。

6.6.1　景观格局分析

景观格局与景观功能相互影响、相互作用,格局演变可以产生新的功能,功能的选择又可以影响格局的变化。通过对景观格局的设计与优化,调整景观类型的时空格局,是人们利用景观功能最直接最自然的过程,情景Ⅰ、情景Ⅱ、情景Ⅲ是在确定未来景观功能的基础之上建立的,通过优化景观格局等过程实现了假设目标,因此其各个情景的景观格局必然会表现出与景观功能相一致的特点。

影响景观格局变化是多因素综合作用的结果，从3种未来情景景观格局布局可以看出，未来景观情景与现状具有很大的差异，基于不同的目标假设，每一种景观格局表示出各自的典型特征，情景假设目标是未来景观格局演变最大的驱动力，表6-10是景观类型面积与基准年对比的变化量。

表6-10　未来情景景观结构变化

景观类型	基准年面积/hm^2	情景Ⅰ		情景Ⅱ		情景Ⅲ	
		面积/hm^2	变化率/%	面积/hm^2	变化率/%	面积/hm^2	变化率/%
林地	8 798	8 643	(−1.76)	9 971	(13.33)	8 284	(−5.84)
稻田	3 582	1 635	(−54.36)	2 036	(−43.17)	3 213	(−10.30)
茶园	328	1 668	(408.00)	425	(30.00)	326	(−0.79)
住宅	311	286	(−7.95)	232	(−25.25)	1 208	(288.69)
河流	69	103	(48.78)	100	(45.39)	69	(0.00)
道路	37	51	(38.21)	43	(18.12)	37	(0.00)
水面	317	211	(−33.63)	260	(−18.16)	306	(−3.62)
菜地	0	846	(0.00)	0	(0.00)	0	(0.00)
缓冲带	0	0	(0.00)	42	(0.00)	0	(0.00)
人工湿地	0	0	(0.00)	79	(0.00)	0	(0.00)

由表6-10可以看出，每种景观情景表现出与之假设目标相应的景观格局特征。情景Ⅰ中林地面积保持稳定，土壤条件、交通条件良好的稻田转化为大田蔬菜用地，效益将会成倍增加，同时也造成耕地面积相应地减少大约30%，主要原因是北部山区土壤条件差、交通条件差、面积小零散的耕地实施退耕还林，其次是部分耕地转变为经济效益更高的蔬菜基地和茶园；茶园面积迅速扩大，成为优势特色产业，面积高达1 668 hm^2，为基准年的5倍左右。由于进行土地整理、沟渠建设、河道整治等工程，河流、沟渠面积增加了48.78%，但是为了保证连片农田，部分池塘变为耕地，导致水面总面积减少了33.63%；为了适应经济发展，道路级别得以提升扩建，面积增加38.21%。

情景Ⅱ中林地面积增加13.33%，主要原因是北部山区建立了自然保护区，耕地、茶园、住宅等变为林地，为保护林地资源、保护水源地、提升水环境质量做出了很大的贡献。在保证粮食安全的同时，又能够降低农业非点源污染来源，情景Ⅱ的耕地面积减少43.17%，但是减少的主要为质量较差的耕地，估算稻谷总产量从3.2万t下降到2.5万t，降低了24.7%左右，降低速度低于耕地减少速度；茶园作为优势特色产业，面积扩大了30%，但是增长速度远不及情景Ⅰ。为了满足水环境质量要求，实施生态工程建设以阻滞、吸收和降解污染物，河流、道路缓冲带、生态沟渠与湿地是情景Ⅱ中常见的景观类型，正是由于此类生态工程的设计，污染物在进入水体之前被大量的吸收与降解，也增强了生物多样性。

情景Ⅲ中林地、稻田、茶园、水面等变化面积较小，但是这些景观类型按照乡村景观功能定位与评价对景观格局进行了重新布局与优化，虽然总面积变化不大，但是其布局发生了一定的变化。由于强调新农村建设与新型城镇化发展，建设用地面积相比于基准年增加 3.88 倍。

综上所述，相比于基准年 2010 年景观格局，情景Ⅰ中景观类型变化最大的是茶园与菜地，情景Ⅱ中变化最大的是林地、生态缓冲带与人工湿地，情景Ⅲ中变化最大的是住宅用地，每一类景观要素的剧烈演变代表着未来景观功能的定位，因此 3 种情景的设计各具特色，表现出不同的功能特征，形成了鲜明对比。

6.6.2 水环境质量评价

本案例区是高集约化农业区和粮食主产区，农业非点源污染是该区域最主要的污染源，在情景设计过程中，水环境质量也是设计规则最主要的指标之一，水环境质量监测显示氮营养元素是地表水超标的主要原因，因此水环境质量评价选取 NO_3^--N、NH_4^+-N 和 TN 为评价指标。

1. 评价方法和相关参数

水环境质量作为未来情景设计的重要指标，贯穿着情景设计的始终，直接影响未来景观格局。水环境质量模拟与预测是一个非常复杂的过程，包含很多可变因素，例如污染源、水文特征、气候变化等，涉及范围十分广泛，精确预测和模拟仍然具有一定难度。常用的模型主要有 QUAL 模型、WASP 模型、QUASAR 模型、OTIS 模型、MIKE 模型等，理论方法包括数理统计法、灰色系统理论法、神经网络模型法、水质模拟模型法。考虑到金井镇的水文、水质、气候、土壤等数据参数难以获得，采用了非机理性水质模拟，即利用多元回归分析方法建立了景观格局指数与水污染之间的关系模型，根据未来景观格局指数，估算未来不同情境下的污染物浓度，其计算公式为：

$$Y_{ij} = \sum_{n=1}^{3}(1-a_n)\times(1-b_{nij})\times X_{ij}$$

其中 Y 是不同污染物在不同季节的浓度值(mg/L)；i 是污染物类型，分别代表 NO_3^--N，NH_4^+-N 和 TN；j 是季度，即春、夏、秋、冬四季；X 为根据景观格局指数与水环境质量的关系模型计算的初始污染物浓度(mg/L)。

a 是污染物来源的贡献率(%)。将初始浓度根据污染物来源贡献率分别分为 3 部分，为农业景观格局(a_1)、农村生活废水与固体废弃物(a_2)、养殖业(a_3)，污染物的贡献率参考郝芳华等(2006)、陈静生等(1999)、钟振宇等(2011)学者的研究结果，如表 6-11 所示，农业景观格局均是污染物来源的主要贡献因子，其次是农村生活废水与固体废弃物和养殖业。

表 6-11 农业非点源污染物来源贡献率 %

污染物类型	农业景观格局 a_1	农村生活废水与固体废弃物 a_2	养殖业 a_3
NO_3^--N	81	7	12
NH_4^+-N	70	12	18
TN	81	7	12

b 是不同情景下氮素去除率与氮输出的减少率，分为三种类型参数，即 b_1 农业景观单元设计对氮的去除率、b_2 农村生活废水与固体废弃物中氮输出的减少率、b_3 养殖业中氮输出的减少率，主要通过实际的实验模拟获取相关数据。

(1)生态沟渠对污染物拦截效应分析　生态沟渠控制技术对减少下游水体 N、P 浓度，改善环境质量具有十分明显的效果，是目前国内外普遍采用的一种简单实用的水污染修复技术。实验地选择城郊农业区环境质量修复与功能提升技术研究与示范项目基地内的典型农业生态沟渠，监测时间为 2009 年 8 月到 2010 年 11 月，实验结果表明生态沟渠 TN 吸收效果良好，去除率在高达 57.5%，但是在强降雨时，净化效果不明显；水生植物选择中，狐尾藻、灯芯草与芦竹的组合对水中 N 元素表现出稳定的去除率；不同的水生植物全年可带走的氮、磷范围为 20.34～90.12 g/m^2、3.41～17.95 g/m^2，其中狐尾藻与美人蕉吸收能力最强，收割后可带走的氮磷也最大；美人蕉、黑三棱与灯芯草具有稳定庞大的根系，拦截泥沙效果好，水生植物每年拦截泥沙量为 86.68～106.78 kg/m^2，泥沙中的全氮累积量为 66.94～92.78 g/m^2，全磷累积量在 24.51～46.23 g/m^2(潘畅，2011；余红兵，2012；韩例娜等，2012)。通过实验模拟分析可知，生态沟渠拦截氮、磷的效果明显要高于原自然沟渠，水生植物在调节沟渠底泥和污染物吸附能力上发挥着重要作用，对降低农业土地利用过程中产生的氮磷风险控制具有重要的意义。

(2)茶园不同覆盖技术的土壤生态效应分析　未来新型生态城镇中明确规定了稻草秸秆综合利用率需要达到 80%以上，结合金井镇茶园产业的优势，稻草覆盖栽培将是秸秆利用的重要方式之一，不仅可有效提高秸秆利用率，而且也提升茶园的土壤综合肥力，具有良好的生态效应。根据夏艳珺(2006)、何秋虹(2010)于 2004—2006 年在长沙县金井镇湘丰茶园的覆盖技术实验表明：覆盖技术对茶园土壤温度控制都具有良好的效果；土壤保墒效果十分明显，在 0～20 cm 土壤表层土壤水分含量明显高于清耕，稻草覆盖和三叶草覆盖分别提高 11.58%和 20.84%；土壤有机质表明 N、P 均有增加趋势，分别增加了 3.63 g/kg 和 2.74 g/kg；经过覆盖技术处理的茶园土壤微生物量显著增加，土壤微生物量 C 的变化稻草覆盖为 116.6～333.8 mg/kg，平均为 217.7 mg/kg，三叶草覆盖为 130.1～385.3 mg/kg，平均为220.2 mg/kg；覆盖技术也提高了茶叶的产量 32.65%。采用茶园覆盖技术具有以下几点生态环保意义：第一本身增加了土壤有机质含量，提高了茶叶产量，减少施肥量；第二减缓地表径流，有效减少水土流失；第三提高了秸秆综合利用率，有利于满足湖南省环境优美乡镇考核标准。

(3)人工湿地生态技术　人工湿地是控制污染物、提高污染物去除率的有效手段之一。人工湿地充分利用基质-微生物-植物这一复合生态系统通过物理、化学和生物 3 种共同作用实现了对污染物的降解，其氮去除率在 48%～61%，其中植物吸收 TN 和 TP 大约为 6.1～94.0 $g/(m^2·年)$和 0.5～9.0 $g/(m^2·年)$。由于人工湿地并未进行相关实验验证，因此在污染物氮磷去除率中未考虑，但在情景Ⅱ的设计中仍被采用。

(4)生态缓冲带　河流缓冲带是防治农业非点源污染、保护和改善河流水体质量的有效措施，其 TN 去除率在 47%～75%，TP 去除率可达 50%～69%，悬浮固体颗粒物截留效率 70%～84%。河流缓冲带的宽度与生态效果成正比，与缓冲区坡度成负相关，但是随着宽度的增加，效果不再明显增加。根据 Johnson 等(1992)、Welsch 等(1994)、王敏等(2008)关于河流两岸缓冲带宽度研究，在情景Ⅱ设计中采用了 5 m 宽的缓冲带，其生态功能效益并未在案例区进行验证，采用缓冲带的氮磷去除率与生态沟渠效果相同。

根据上述描述和实验模拟数据，b_1 参数设置如表 6-12 所示。

表 6-12 景观单元设计对污染物去除率 %

季节	NO_3^--N 去除率	NH_4^+-N 去除率	TN 去除率
春季	37	43	35
夏季	21	45	18
秋季	11	33	30
冬季	25	52	53

3 种情景设计中，农村发展与农村环境整治问题均在考虑范围之内，根据设计规则，以公路两侧 600 m 作为未来农村集中发展的区域，生活污水及固体废弃物的处理率达到 90%以上，因此认为这一区域内的农村污染物的总氮排放量也将会减少 90%，农村生活废水与固体废物中氮输出的减少率(b_2)计算公式为：b_2＝公路 600 m 缓冲区外住宅面积比＋公路 600 m 缓冲区内住宅面积比×10%。养殖业中污染物的输出与集水单元养殖数量有直接关系，在不同情景设计中假设养殖密度与空间分布是不同的，b_3 参数计算公式为：b_3＝1－现有出栏数/基准年出栏数。

2. 评价结果分析

根据上一节的计算公式与相关参数的选取，计算未来农业景观情景的每一个集水单元不同污染物在不同季节的浓度，图 6-12 是不同污染物季节浓度变化。

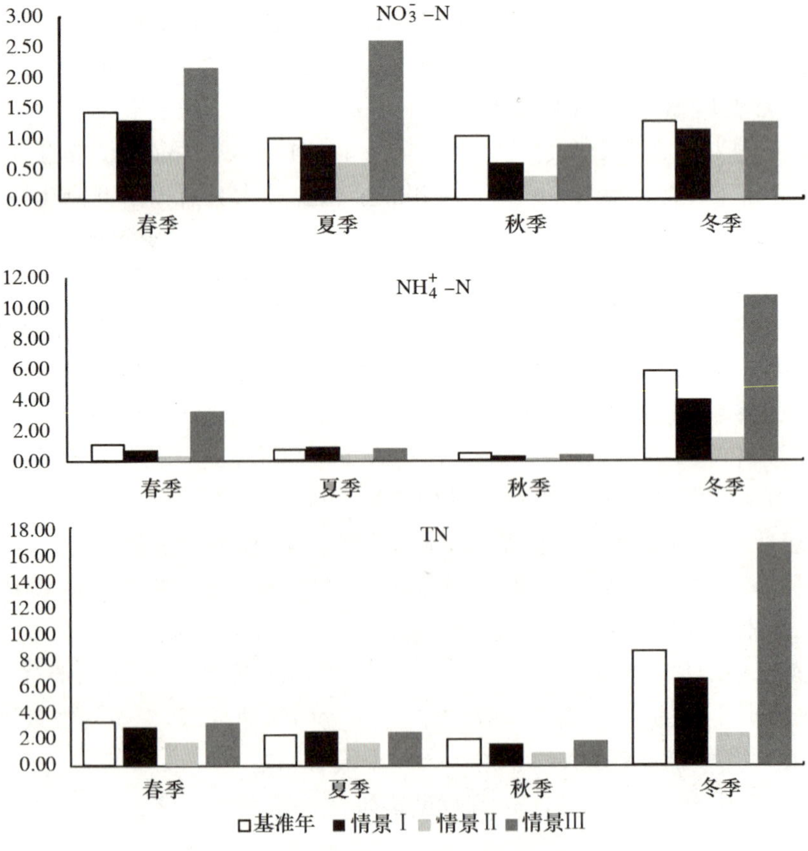

图 6-12 未来不同情景污染物季节浓度对比(mg/L)

从总体分析，3种情景设计均满足了各自目标假设。与基准年相比，情景Ⅰ水污染物浓度低于基准年，情景Ⅱ水污染物浓度基本控制在地表水环境质量Ⅴ级标准，情景Ⅲ则与基准年持平或者略高。从环境风险控制来看，冬季仍然是环境风险控制的关键季节，各个农业景观情景中冬季的水污染物浓度仍然比其他季节高。

在NO_3^--N预测对比中，春季与夏季的平均浓度高于其他两个季节，情景Ⅰ的数据略低于基准年，差距并不是非常大，情景Ⅱ中的NO_3^--N浓度远低于基准年浓度水平，降至36%～60%，情景Ⅲ除了春季、夏季明显高于基准年之外，其他两个季节基本持平，甚至低于基准年，NO_3^--N在水中表现得较为稳定，总体波动不大。

在NH_4^+-N预测对比中，每个情景在春季、夏季与秋季都表现出良好的生态效果，均符合国家地表水环境质量Ⅴ类标准，尤其是秋季，水环境质量最好，但是在冬季却表现出明显的相反趋势，水环境质量大大降低，除了情景Ⅱ，其余均超过了Ⅴ类水标准，尤其是情景Ⅲ。造成此种现象的主要原因是居民点大量增加，导致氮输出排放量增加，而冬天NH_4^+-N去除率最低，因此表现出非常高的环境风险。

在TN预测对比中，前3个季节表现的相对比较稳定，除了情景Ⅱ以外，其余2种情景仍然超过了地表Ⅴ类水标准，冬季则远远超过前3个季节数值，污染浓度变化梯度为情景Ⅱ＜情景Ⅰ＜基准年＜情景Ⅲ。即使采取了多种生态措施的情景Ⅱ，在冬季总氮排放浓度仍然超过最低标准，为2.4 mg/L，而情景Ⅲ高达16.75 mg/L。

结合2009—2010年每个集水单元的水径流监测数据，估算出流域内不同污染物年输出负荷量，如表6-13所示。

表6-13　未来情景污染物年输出量对比

污染物	基准年输出量/(t/年)	情景Ⅰ		情景Ⅱ		情景Ⅲ	
		输出量/(t/年)	变化率/%	输出量/(t/年)	变化率/%	输出量/(t/年)	变化率/%
NO_3^--N	170	133	(−21.42)	83	(−51.03)	241	(41.93)
NH_4^+-N	143	93	(−34.80)	34	(−76.13)	242	(69.05)
TN	431	343	(−20.41)	175	(−59.49)	575	(33.53)

由污染物浓度预测与年污染物输出负荷量可以看出，3种情景均满足假设的目标。在水环境质量评价上，情景Ⅱ基于水环境质量提升的环境效果最好，经过一系列的景观格局优化与景观单元设计控制，地表水环境质量满足国家Ⅴ类标准；情景Ⅰ在最大提升经济发展的同时，水环境质量也控制在基准年水平内；情景Ⅲ的水环境控制效果最差，这与新农村建设大量增加住宅用地有直接关系。

6.6.3　经济效益评价

经济效益是衡量一个地区社会经济发展水平的重要指标，尤其是在新农村建设过程中，首先要保证农业土地利用的产出效益与农户收入，其他问题才能够得到解决。为了估算与评价未来不同情景下的经济效益，分别从直接农业经济效益评价与农户农业收入两方面评价。

1. 直接经济效益评价

农业是金井镇的主要收入来源之一，形成了“金米”“金茶”“金菜”“金薯”等特色产业，直接经济效益主要估算的是农业以及与农业相关的生产总值。为了便于 3 种情景的对比，价格采用 2010 年为基准价格，数据一部分来源于实地调研，例如粮食产量、粮食收购价格、化肥投入数量与价格、农药价格与施用次数等，一部分来源统计年鉴、公司经营数据等，例如菜地、茶园年效益等。

金井镇农业直接经济收益来源于水稻、茶园、菜地、林地、养殖业与生态旅游业等。表 6-14 为金井镇三种不同情境下的农业经济效益。

表 6-14　未来不同情景的农业经济效益对比　　百万元

经济来源	基准年效益	情景Ⅰ		情景Ⅱ		情景Ⅲ	
		效益	变化率/%	效益	变化率/%	效益	变化率/%
水稻	86.46	39.46	(−54.36)	49.14	(−43.16)	77.56	(−10.29)
茶叶	49.25	250.19	(408.00)	63.81	(29.56)	48.86	(−0.79)
蔬菜	0	190.38	(0.00)	0	(0.00)	0	(0.00)
肉类	269.72	129.36	(−52.04)	26.4	(−90.21)	171.93	(−36.26)
木材	0	12.96	(0.00)	0	(0.00)	0	(0.00)
旅游业	1	50	(4 900.00)	300	(29 900.00)	100	(9 900.00)
合计	406.43	672.35	(65.43)	439.35	(8.10)	398.35	(−1.99)

不同情景下农业直接经济效益构成各有特色。2010 年金井镇的农业效益为 4.06 亿元，其中主要的收入来源是养殖业，占经济构成的 66%，其次为耕地与茶园。情景Ⅰ中，水稻收入减少了 1/2，主要是部分稻田承包给企业公司转变为菜地，因此大规模蔬菜基地是情景Ⅰ特有的收入方式。茶园收益为 2.5 亿元，是基准年的 5 倍，占直接经济总效益的 37.2%。养殖业不再是农民收入的主要来源，为了保护生态环境采用环境承载潜力下的养殖密度，生猪数量大大减少，仅为基准年的 52%；林地、生态旅游贡献率为 9.3%。

情景Ⅱ中，耕地数量相对减少，导致了水稻总产量下降，耕地效益降低为基准年的 43.16%；茶园面积逐渐增加，故其收入也增加了 29.56%；生态涵养区、自然保护区的建立导致了养殖数量大量减少，降低了 90.21%；基于良好的生态环境，借助于优越的地理位置和优势产业的发展，生态旅游业将快速发展，成为未来经济收入的主要来源。

情景Ⅲ中，由于假设目标是新农村的发展与建设，在景观功能定位与评价的基础上对景观格局进行了优化，但是土地利用类型的结构变化并不是很大，并且耕作方式、农业投入等变化也相对较少，因此在总经济效益上与基准年相当。

从经济效益分析，情景Ⅰ直接农业经济效益产出最高，情景Ⅱ与Ⅲ的农业生产总值水平接近，每种情景充分利用了自身的景观格局特点，以获得更大的经济效益，情景Ⅰ特色农业收入为茶园与菜地，情景Ⅱ特色农业收入为农业生态旅游，情景Ⅲ则与基准年类似。

2. 农户农业收入分析

金井镇是典型的高集约化农区与粮食主产区，农业收入是农民收入的来源之一，增加农民纯收入关系到农村经济发展、农民生活改善和农村社会稳定，是一个全局性的社会问题，在每个情景建立时，均考虑了农户收入问题。根据调研数据显示，农户收入主要分为 3 部分，即粮食收入、养殖收入和外出打工收入，由于本研究重点是农业景观格局与环境效应，并且农户外出打工收入在实际调查中发现数据极其不完善，因此采用了人均农业纯收入（不包括公司、政府等收益）评价未来不同情景下农户家庭收入。

由于采用人均农业纯收入为指标，需要估算未来人口数量。2010 年金井镇人口为 42 421，户数为 12 136，2000—2010 年 10 年间的人口数量变化显示其自然增长率为 2.5‰，低于全国平均水平 5‰。情景Ⅰ中，由于大力发展农业经济，将会吸引更多的人口，因此采用了中国省份中最高人口自然增长率 10‰；情景Ⅱ中良好的生态环境依然会吸引较多人口居住，因此采用中国平均自然增长率 5‰；情景Ⅲ中农村住宅大量的增加（为基准年 4 倍），必然需要大量的人口来支撑其发展，因此采用更高的自然增长率 20‰。

表 6-15 展示未来不同情景下农业收入来源和人均纯收入。2010 年金井镇人均纯收入为 11 088 元，其中来自农业相关的收入为 3 595 元，占总收入的 32.4%，收入主要来源为水稻与养殖。3 种情景中，情景Ⅰ人均农业纯收入最高，收入来源也最为全面，为 4 971 元，茶园与蔬菜是主要的收入来源方式；情景Ⅱ中粮食收入与养殖收入远低于基准年，但是新兴的农业生态旅游业是拉动农户增收最重要的因素，人均农业纯收入为 4 766 元；情景Ⅲ中各种农业收入来源均略小于基准年，收入水平为 3 261 元。

表 6-15　未来不同情景下农户收入来源对比

元

收入来源	水稻	茶叶	蔬菜	养殖	木材	生态旅游	总计
基准年	1 501	348	0	1 734	0	12	3 595
情景Ⅰ	620	1 602	1 186	753	277	534	4 971
情景Ⅱ	811	429	0	161	0	3 364	4 766
情景Ⅲ	1 104	283	0	907	0	967	3 261

在经济效益评价中采用的是 2010 年基期价格，并未考虑经济价格指数的变化，如果考虑这一参数影响（中国价格指数在 2%～5%之间），实际经济效益将高于当前估算值。实际情景中，情景Ⅰ的直接经济效益与农户纯收入最高，这是农业产业化带动下取得的实际经济效益，情景Ⅱ中的直接经济效益与农户收入均高于基准年，满足了假设目标，但是部分经济效益的实现是基于良好的生态系统服务，并且其产业带动性较差，情景Ⅲ与基准年比较，经济效益没有特别优势，但是在农村快速发展与人口急剧增加的同时，情景Ⅲ的设计仍然能够保持经济与农户农业收入的稳定。

3. 生态系统服务价值评价

农业生态系统除了能够提供直接经济效益、满足人类生存与生活以外，生态系统服务价值也越来越受到关注。国际上通用的评价生态系统服务价值方法主要分为 3 类：一是实际市场评估法，二是替代市场评估法，三是模拟市场评估法。本文参考了谢高地等（2008）提出的中国生态系统服务评价的单价体系进行估算。根据 2010 年的金井镇粮食生产收益情况，金井镇 1 个生态系统服务价值当量因子经济价值量为 415 元/亩，修正了基于 2010 年价格水平的单位面积生态服务价值，如表 6-16 所示，计算出未来农业景观情景下生态系统服务价值，结果如表 6-17 所示。

表 6-16　金井镇单位面积生态服务价值当量表　元/(亩·年)

一级类型	二级类型	林地	草地	农田	湿地	河流湖泊
供给服务	食物生产	136.95	178.45	415	149.4	219.95
	原材料生产	1 236.7	149.4	161.85	99.6	145.25
调节服务	气体调节	1 792.8	622.5	298.8	1 000.15	211.65
	气候调节	1 689.05	647.4	402.55	5 623.25	854.9
	水文调节	1 697.35	630.8	319.55	5 577.6	7 789.55
	废物处理	713.8	547.8	576.85	5 976	6 162.75
支持服务	保持土壤	1 668.3	929.6	610.05	825.85	170.15
	维持生物多样性	1 871.65	776.05	423.3	1 531.35	1 423.45
文化服务	提供美学景观	863.2	361.05	70.55	1 946.35	1 842.6
	合计	11 669.8	4 843.05	3 278.5	22 729.55	18 820.25

表 6-17　未来情景生态系统服务价值　百万元

生态服务功能	基准年	情景Ⅰ	情景Ⅱ	情景Ⅲ
供给服务	214.39	201.27	225.98	200.54
调节服务	950.59	894.06	1 080.42	893.7
支持服务	531.93	504.89	578.57	498.63
文化服务	128.38	123.19	148.61	121.02
总计	1 825.29	1 723.41	2 033.58	1 713.89

情景Ⅱ的生态系统服务价值最高，并且远高于其他两种情景，情景Ⅰ和情景Ⅲ生态系统服务价值略低于基准年的生态系统服务价值，主要原因是土地利用类型的改变，导致林地和稻田面积的减少。情景Ⅱ拥有较高的生态系统服务价值，能够提供更多的生态服务功能，净化空气、调节气候、涵养水源等方面表现得尤为突出，评价结果与情景Ⅱ中大面积的林地保护有直接的关系，此外湿地、缓冲带的建立也具有一定的贡献作用。

6.6.4　生物多样性评价

生物多样性是指生物及其与环境形成的生态复合体及与其相关的各种生态过程的总和，包括遗传多样性、物种多样性、生态系统多样性和景观多样性，是评价生态环境可持续发展的一个重要指标。本文采用了基于景观生态学的生物多样性评估方法，利用 FRAGSTATS 模型计算与生物多样性相关的景观格局指数。景观格局指数具有多个能够反映生物多样性的指标，从中选取了散布与并列指数(IJI)、蔓延度指数(CONTAG)、景观丰度密度(PRD)、香浓多样性指数(SHDI)作为评价生态景观聚散性和生态系统多样性的指标类型。IJI 是描述景观格局最重要的指标之一，对受到某种自然条件严重制约的生态系统分布特征反映明显，各个生态系统之间的差别越大，IJI 的值可能越低；CONTAG 值较小时表明景观中存在许多小斑块，景观破碎度可能较高，相反，其数值较大时表明景观中连通度极高的优势斑块类型存在，廊道、斑块分布合理;PRD 是景观异质性的关键指标之一,并对许多生态过程产生影响,景观丰度密度与物种丰度之间存在很好的正相关性,其值越高,意味着物种越丰富;SHDI 反映景观异质性,特别是对景观各斑块类型非均匀分布状况较为敏感,土地利用越丰富、破碎程度越高计算出的 SHDI 值也就越高,景观生态学的多样性与物种多样性具有紧密的关系,但是并不是简单的正比例关系,一般呈正态分布。

根据不同未来情景的农业景观格局特点,计算出上述 4 种能够反映生物多样性的指标数值,如表 6-18 所示。

表 6-18　未来情景生物多样性景观格局指数比较

景观格局指数	IJI/%	CONTAG/%	PRD/(块/100 hm²)	SHDI
基准年	47.95	57.21	0.052	0.941
情景Ⅰ	67.66	56.81	0.059 5	1.180 1
情景Ⅱ	67.60	67.39	0.074 4	0.939 9
情景Ⅲ	57.09	51.61	0.052	1.075 2

情景Ⅰ与Ⅱ的 IJI 值较高,表明这两种情景下生态系统类型变化不大,较为稳定,受到自然因素影响较小。情景Ⅱ的 CONTAG 值最高,其次是情景Ⅰ、基准年、情景Ⅲ,表明情景Ⅱ景观破碎度低,并且具有很好地连通性,能够提高良好的生态廊道功能,也可以反映出受到人类干扰可能最少。情景Ⅱ的 PRD 数值也最高,景观异质性最好,物种丰度最高,同时也推断出生物多样性非常好,这与情景Ⅱ中拥有多种景观类型有直接关系,景观类型越多,可提供的物种种类与数量也就越多。SHDI 与前面数值表现出相反性,情景Ⅰ最高,结合前几种指标特点分析,出现这种情况的原因是情景Ⅰ与情景Ⅲ的景观空间结构更加复杂,景观破碎程度大,受到人类干扰较强,各种斑块类型非均匀分布,导致此种结果,同时香浓多样性指数与生物多样性是密切相关的,但不是正相关的关系,而是正态分布关系,可以判定金井镇 SHDI 指数与生物多样性指数关系可能处于正态分布的右半区,即情景Ⅰ与情景Ⅱ的土地利用程度与景观破碎度超过了生物多样性最大值。

综上所述,生物多样性评价中,情景Ⅱ表现出了良好的生物多样性态势,情景Ⅰ生物多样性略高于基准年,但是效果并不是非常明显,景观空间异质性较好,但是景观破碎度高、土地利用程度高和人为干扰程度高,导致了生物多样性的呈现减弱的趋势,情景Ⅲ生物多样性较低,人类活动对生态环境的扰动增大,动植物生存空间被压缩。

6.6.5　农户意愿分析

在景观情景设计中,农户参与是一个非常重要的因素。情景目标假设、实施与效应评价都需要农户参与,农户是未来情景实现的实践者,农户意愿与行为直接影响着未来景观格局。情景Ⅰ、情景Ⅱ的设计中,为了实现相应的假设目标,具有针对性的景观生态单元设计与农户行为假设被采用,例如农业投入、茶园耕作行为、耕地整理、地块大小、沟渠设计、生态缓冲带的设计等,但是并不了解农户对于这些景观单元的设计偏好与未来发展的态度如何,因此基于 2013 年的调研数据,结合历年的调研数据,分析农户对于生态环境保护的态度以及对不同情景下景观单元设计意愿选择。

农户种地目的首先是为了满足家庭需要，多余的农产品则会卖掉，该类家庭比例高达78%，只有很少数的农户以出售粮食为目的，由于85%的家庭均有外出打工者，并且打工是家庭的主要收入来源，故种地收益重要性下降；其次收入是养猪，调研中发现与2010年比，家庭养猪数量明显下降，并且对粪便、废水等进行了相关处理；50%的农户认为当前的农业收益处于收支平衡状态，30%的农户认为有一定的收益，根据经济效益评价，如果考虑农户自身劳动力的投入，每亩耕地的收入是十分有限的；种植习惯方面，90%的农户种什么、怎么种是根据自己的经验来决定的，其他人的影响以及农技站的推荐影响较小，因此在引导农户行为决策中，通过影响农户意愿是有效的方法。

54%的农户希望家庭能够拥有5亩左右的耕地面积，大部分农户并未表现出对拥有更大面积耕地的渴望，与农户种地目的结论相呼应，即耕地面积的需求以满足家庭需要为主，只有19%的农户希望耕地越多越好。对于耕地单元面积选择，87%的农户认为2～5亩是最合适耕种面积，10亩以上的耕地面积很少有人喜欢，因此未来土地整理时，耕地耕作单元控制在5亩左右最为合适。在是否愿意出租耕地选择上，92%的农户希望出租，但是出租的价格至少要满足家庭的粮食消费支出，优质耕地在600元以上，一般耕地在500元以上。对于未来土地利用投入意愿，70%的农户不愿意用高投入、高污染的行为方式来换取高产出，所有的农户均表示十分关注生态环境，并不希望生活在污染高、生态质量差的环境里。

对于农业景观单元设计的偏好，基于实际图片做出了几种典型的未来景观布局图，调研农户选择自己喜欢的景观单元设计图，结果如表6-19所示。

表6-19　未来景观设计农户偏好选择

景观描述	情景Ⅰ	支持率	情景Ⅱ	支持率
农业景观格局		98%		2%
主沟渠设计		80%		20%
田间沟渠设计		98%		2%

续表 6-19

景观描述	情景Ⅰ	支持率	情景Ⅱ	支持率
生态缓冲带		22%		78%

农户在未来景观布局上更加倾向于整洁的、易于管理的大田布局模式，也就是更加倾向于情景Ⅰ中提出的设计方案。农户在景观类型偏好的选择上除了考虑美观与视觉效果外，更关注实际应用效果。在土地整理上大田景观更受到欢迎，而传统的根据河流、道路不规则分布的只有少数人选择，在实际情况中也只有资本较为充足的村落、河流中下游的部分耕地进行了土地整理，其他耕地仍是传统无规则的散布。对于沟渠系统的设计，主沟渠 80%的农户支持选择硬化沟渠，而生态沟渠只有 20%的人选择，即使解释生态沟渠的功能，大部分农户也不支持生态沟渠；田间沟渠的设计，几乎全部选择硬化沟渠，无论田间沟渠能够提供何种生态功能，均不影响农户的偏好选择。对于公路、河流生态缓冲带，78%的农户选择希望建立生态缓冲带，主要考虑的是美观与防风，剩余的 22%农户认为此类景观类型与布局会加重农业的病虫害。

通过农户意愿调查分析，农户种地意识越来越淡薄，种地不再是主要的收入来源，农业收益高低也不再是影响是否耕种的主要因素。从景观单元设计方面农户更加偏向于情景Ⅰ的设计方式，从生态环境保护方面，农户更期望达到情景Ⅱ的生态效果。

6.7　小结

本章节描述了标准景观情景法的构建过程，为未来农业景观情景建立提供了方法论。通过数据收集、目标假设、情景描述、定量转化等过程，综合考虑经济、社会与环境的要求，分别建立了以提高农产品产量、提升水环境质量、新型城镇化建设为首要目标的未来农业景观情景，3 种农业景观情景各具特色，直观展示了不同目标下的未来景观格局及其实现途径。设计的未来 3 种不同情景的景观格局，虽然与 2010 年基准年相比发生了较大变化，但是每一种情景的设计都有相对应的景观结构与布局支持其景观功能。情景Ⅰ强调土地利用程度与农业产值，耕地、茶园、菜地是优势景观类型，情景Ⅱ强调生态环境保护，大面积的林地、生态缓冲带、人工湿地是优势景观类型，情景Ⅲ强调未来新农村建设发展，农村住宅用地是优势景观类型。

通过运用各种模型与评价方法，分别从水环境质量、经济效益、生态系统服务价值、生物多样性与农户意愿分析对 3 种情景与基准年之间进行了土地利用效应综合评价。情景Ⅱ的农业生态环境效应最好，年污染物输出总量最低；而经济效益及生态系统服务价值评价显示情景Ⅰ具有最高的直接经济效益产出与农户农业收入，情景Ⅱ则拥有最高的生态服务价值，能够提供最好的生态服务与功能；生物多样性评价中情景Ⅱ各个指标均表现出具有高生物多样性，情景Ⅰ、情景Ⅲ与基准年类似，变化较小；农户意愿分析评价中农户更加偏好于情景Ⅰ中的景观单元设计，但是情景Ⅱ表现出的生态环境保护效果也是农户希望达到的。农业景观情景的建立与评价结果能够为管理者规划未来农业农村发展方向、控制农业土地利用环境风险提供合理的依据。

第7章 基于粮食供给安全和环境风险控制目标的可持续农业土地利用模式选择

粮食供给安全是关系到我国国民经济发展、社会稳定和国家自立的重大战略问题。为保障粮食供给安全,长期以来我国农业以不断提高土地集约利用程度和增加化肥农药投入量来获得高水平单产,这种高投入和高强度的农业土地利用模式在提高了粮食产量的同时也产生了严重的环境风险。因此,为实现可持续发展,必须要改变以牺牲环境质量换取粮食供给安全的农业土地利用模式。本章选择湖南省洞庭湖区的桃江县作为代表性案例区,以当前农业土地利用现状为背景,以农户的生产投入行为和种植决策行为为基础,以自然资源禀赋和农业生产条件为支撑,通过模拟和权衡不同土地利用情景的粮食产量和环境代价来探索保障粮食安全同时控制环境风险的可持续农业土地利用模式,以期为高集约化农业土地利用背景下的粮食安全风险防范及环境风险控制提供参考。

7.1 桃江县土地利用现状及数据来源

7.1.1 桃江县土地利用现状

桃江县的地理位置及土地利用现状如图7-1(彩图7-1)所示。从地势来看,桃江县由西南向东北倾斜,西南部山地层峦叠嶂山峰陡峭;东北部丘陵此起彼伏;中部地势平缓,岗平展布,资水及其支流两岸广布江河、溪谷平原。地貌类型组合为:丘陵29.5%、山地27.3%、平原26.4%、岗地14.7%、大水面(水库、河流)2.2%。地貌呈现出以山丘为主、山丘岗平兼有的特点。其中<5°的平地占总面积的32.3%,5°～15°的坡地占27.2%,>15°的中、陡坡地占35.3%。山地集中在西南部,林草地广阔;丘陵缓坡地主要分布于西北和东部,宜耕宜林;平岗地集中于资江及其支流两岸,耕地集中连片。

从土地利用类型来看,桃江县的土地利用类型可分为耕地、林地、园地、建设用地、水域和其他用地六大类。其中,耕地总面积为42 410 hm^2,占土地总面积的20.5%;园地总面积为3 215 hm^2,占土地总面积的1.6%;林地总面积达127 200 hm^2,占土地总面积的61.5%;建设用地总面积为16 221 hm^2,占土地总面积的7.8%;水域总面积为9 988 hm^2,占土地总面积的4.8%;其他总面积为5 917 hm^2,占土地总面积的2.9%。

就耕地类型而言,桃江县的耕地主要包括灌溉水田、望天田、旱地、水浇地、菜地五大类。其中,灌溉水田34 642.4 hm^2,占耕地总面积的74.6%,望天田3 989.5 hm^2,占耕地总面积的9.4%;旱地6 783.2 hm^2,占耕地总面积的15.5%;水浇地1.82 hm^2;菜地1.57 hm^2。桃江县耕地主要分布在桃花江镇、灰山港镇、大栗港镇、武潭镇、浮邱山乡、三堂街镇。耕地面积分别占全县耕地的 15.0%、11.3%、9.8%、8.7%、8.6%、7.2%，而鲊埠回族乡耕地面积分布较少，仅占全县耕地的 2.6%。之所以呈现如此分布的原因是：灌溉水田主要分布在地势平坦、水域充足、灌溉方便的平岗丘地区，土层深厚，土壤肥沃，是桃江县商品粮主要生产基地；望天田主要分布在水利设施差、水源不足的丘岗地区，土层浅薄，保水保肥性能差；旱地主要分布在地势较高的丘岗山顶部和低山丘陵的缓坡地带，土层瘠薄，灌溉困难，受旱严重。

总体来看，虽然桃江县的丘陵、山地和岗地所占比例较大，但坡耕地总面积仅占全县耕地总面积的 8%，耕地质量状况良好；与此同时，桃江县的耕地质量还有一定的提升空间。这是因为部分耕地存在机耕道路不畅、耕层过浅，水源不足、排灌困难等问题，随着农业基础设施状况的逐步改善，这些问题能够得到有效解决。

图 7-1　桃江县土地利用现状图

7.1.2　数据来源

本章的研究数据来源可分为 4 大类：农户调研数据、土地利用现状数据、土地适宜性数据和统计数据。

1. 农户调研数据

农户调研数据来源于 2010—2013 年间一系列对不同农户的家庭状况、收入水平、收入来源、农业土地利用方式、种植意愿等方面的调研。

2. 土地利用现状数据

土地利用现状数据来源于第二次土地利用调查数据，根据研究需要并结合桃江县当前的土地利用状况，本研究把桃江县的土地利用类型分为耕地、林地、园地、建设用地、水域和其他用地 6 大类(图 7-1)。

3. 土地适宜性数据

土地适宜性数据主要包括土壤调查数据、灌溉条件数据和地形地貌数据。其中土壤调查数据和灌溉条件数据主要来源于桃江县农业局 2005—2007 年间开展测土配方施肥项目时测定的数据以及桃江县农业污染源普查时测定的数据，部分数据来源于农户施肥调查、土壤肥力调查、土壤污染调查等研究时测定的数据（共计 9 140 个采样点）。地形地貌数据来源于中国科学院遥感信息平台 DEM 底图的解译。

4. 统计数据

统计数据主要来源于《桃江县统计年鉴》(1986—2013 年)，《桃江县国民经济和社会发展统计公报》(2004—2013 年)，《湖南省农村统计年鉴》(1986—2013 年)，《湖南省统计年鉴》(1986—2013 年)。

7.2 桃江县粮食需求及粮食生产过程中的风险分析

过去十几年间桃江县的水稻产量约占粮食总产量的 93%左右，因此本章在分析桃江县的粮食生产状况时主要以水稻生产为主，并选择 2020 年为目标年来分析如何构建粮食供给安全保障与环境风险控制相互协同的可持续农业土地利用模式。

7.2.1 桃江县粮食需求分析

我国幅员辽阔，不同区域资源禀赋、气候条件和种植制度等粮食生产条件差异较大。因此，在分析区域层面的粮食需求时，需要把这些差异纳入考虑范畴。本书引入“粮食生产安全量”这一概念来确定桃江县为了满足国家粮食供给安全在目标年需要达到的粮食产量水平（季翔等，2014）。根据评价单元的耕地面积和粮食单产（代表资源禀赋）、种植制度中粮食作物的茬数（代表气候条件）及粮食播种面积占农作物播种面积的比例（代表种植制度）可以确定桃江县在保障全国粮食供给安全目标下所应承担的粮食产量份额。在此基础上，根据目标年全国粮食需求量可计算出桃江县的粮食生产需求量，也即粮食生产安全量，具体计算公式如下：

$$S = q \times \frac{a \times z \times m \times e}{A \times Z \times M \times E} \qquad \text{公式 7-1}$$

式中，S 是桃江县的粮食生产安全量，q 是全国粮食需求量，a/A 是（桃江县/全国）的耕地面积，z/Z 是粮食单产，m/M 是种植制度中粮食作物的茬数，e/E 是粮食播种面积占农作物播种面积的比例。

其中，2020 年的全国粮食需求量(q)可根据人均粮食需求量和人口数量来预测。本研究根据中国食物与营养咨询委员会以及相关学者提出的人均粮食占有量的小康标准来设定未来人均粮食需求量（曹甲伟，2003，黄佩民和俞家宝，1997，卢良恕，2003，吕新业和胡非凡，2012)，即 2020 年人均粮食需求量为 450 kg。考虑到关于中国未来人口预测的研究非常多，因此本研究不再独立预测中国未来的人口数量，直接参考国家统计局、联合国粮农组织、国家计生委、联合国人口司等机构的预测数据（FAO，2011，Nations，2010，国家人口发展战略研究课题组，2007，国家统计局人口与就业统计司，1996)，取其中值（2020 年 14.3 亿人）作为中国 2020 年的人口数量。

在此基础上，根据公式 7-1 估算出桃江县 2020 年的粮食生产安全量为 36.7 万 t，相应的水稻生产安全量是 34 万 t。

7.2.2　桃江县粮食生产过程中的风险分析

粮食生产过程中的风险主要有粮食供给安全风险及环境风险两大类(起晓星，2015)。其中，影响粮食供给安全的风险源主要有自然灾害、资源约束、投入约束共 3 大类(Ingram，2011，Simelton，2011，刘亚彬等，2010，马树庆和王琪，2010)。其中，自然灾害风险指由于自然灾害发生而直接或间接导致粮食供给安全受到威胁的风险；资源约束风险是由于资源环境背景条件的突变或渐变导致的粮食供给安全风险；投入约束风险来源于生产投入改变所导致的生产性粮食短缺风险(起晓星等，2011)。粮食生产过程中的环境风险通常以农业污染的形式表现出来，要来源于化肥农药投入过度、秸秆污染、农膜污染 3 个方面(李丽华和李强坤，2014，梁流涛和秦明周，2013，严昌荣等，2006，杨飞等，2013)。其中，化肥农药投入过度造成的污染，无论是在污染覆盖面积还是在污染危害程度上，都较其他污染表现更为严重成果。

基于上述分析，结合桃江县的自然资源条件和粮食生产现状，筛选出粮食生产过程中的风险源和风险因子，如表 7-1 所示。

表 7-1　桃江县粮食生产过程中的风险源和风险因子

风险类型	风险源	风险因子
粮食供给安全风险	自然灾害[a]	水灾
		旱灾
	资源约束	耕地资源约束[b]
		水资源约束
	投入约束	化肥投入约束
		农药投入约束
		劳动力投入约束
环境风险	投入过度	化肥投入过量
		农药投入过量
	农膜污染	农膜残留
	秸秆污染	秸秆焚烧

[a] 由于其余自然灾害（如冰雹、霜冻、台风等）造成桃江县的粮食减产量相对于水旱灾害来说可以忽略不计，因此其他自然灾害风险在本章不作考虑。

[b] 耕地资源约束可以表现在数量约束和质量约束两个方面，对于粮食生产来说，耕地面积减少或粮食播种面积减少都会产生数量约束风险。

各类风险源和风险因子的基本特征如下：

(1) 自然灾害风险　1994—2012 年间，桃江县由于自然灾害造成的粮食减产量处于波动状态，年均因灾减产比例为 12%，远高于全国平均水平(8%)；其中灾害最严重的年份桃江县粮食的因灾减产比例高达 35%(图 7-2)。整体来看，自然灾害是影响桃江县粮食生产的主要风险因子。

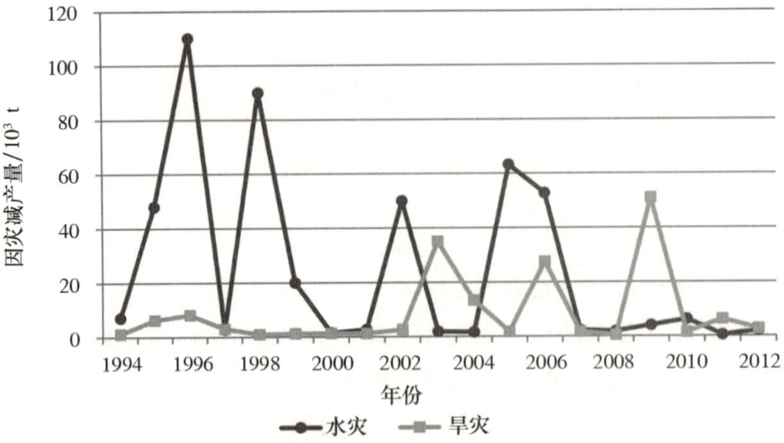

图 7-2　桃江县 1994—2012 年自然灾害因灾减产量

(2)资源约束风险　桃江县耕地总面积为 42 410 hm^2，占土地总面积的比例为 20.5%，远高于全国平均水平(12.8%)。同时，桃江县水资源丰富，县境年平均降水总量 33.63 亿 m^3，地表径流总量 18.7 亿 m^3，可利用水量 22.58 亿 m^3。从数量上来看，桃江县的耕地资源禀赋和水资源禀赋均较好。

1994—2012 年间，桃江县的耕地面积和有效灌溉面积基本保持稳定，水稻播种面积及水稻产量曲线基本保持一致(不一致的年份主要由于严重的自然灾害导致粮食大幅减产)。此外，桃江县的水稻播种面积以及稻谷总产量则经历了一个先下降再升高的过程(图 7-3)；2000—2003 年间稻谷播种面积快速下降的主要原因是双季稻种植的比较效益低，大量种植双季稻的农户改种单季稻，从而直接导致了稻谷总产量的降低；2003 年以后，由于水稻种植补贴

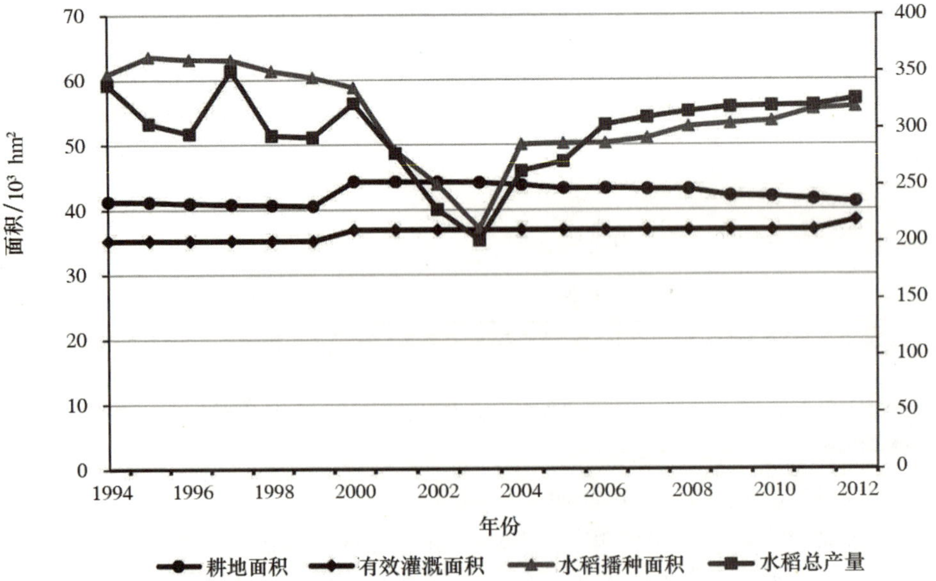

图 7-3　桃江县 1994—2012 年粮食生产状况

（包括粮食直补、水稻良种补贴、农资综合直补、农机购置补贴等，双季稻的补贴高于单季稻）的全面实行以及政府对双季稻种植的积极推进，桃江县农民双季稻的种植比例逐渐回升。

总体来看，水资源不是约束桃江县粮食生产的风险因子；耕地资源数量亦不是约束粮食生产的风险因子，但由农民粮食种植意愿变化导致的水稻播种面积减少会使粮食供给安全产生风险。另一方面，由于耕地质量约束和水资源约束具有明显的空间差异性，因此这两种约束的风险将在“7.4 桃江县耕地生产力评价”中基于地块尺度来进一步分析。

（3）生产投入风险　生产投入风险在宏观上一般会呈现出两种情况：投入不足会产生投入约束风险，进而引起粮食供给安全风险；投入过量（主要指化肥和农药）则会产生环境污染，从而导致环境风险。

桃江县 1994—2003 年间的化肥投入基本保持稳定，但在 2003 年之后开始快速增长（图 7-4）。2012 年桃江县的单位面积化肥投入量达到了 796 kg/hm^2，远超过同年的全国平均水平（480 kg/hm^2）；农药投入则在过去二十年间一直处于持续增长的趋势，2012 年桃江县的单位面积农药投入量达到了 17.8 kg /hm^2，也超过了同年的全国平均水平（14.8 kg/hm^2）。从单位面积化肥农药投入的增长趋势和平均投入水平来看，化肥和农药已不再是约束桃江县粮食生产的风险因子，而且过量的化肥农药投入已产生严重的环境风险。

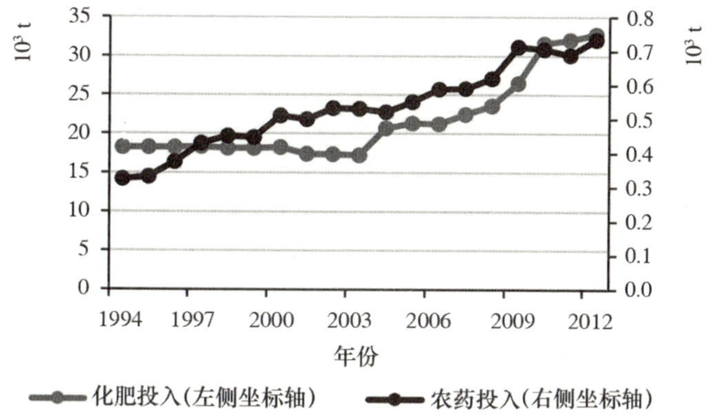

图 7-4　桃江县 1994—2012 年化肥和农药投入状况

此外，由于有农户调研数据的支撑，劳动力投入约束风险在此不进行宏观分析，而在下一节分析农户土地利用决策行为时根据不同农户类型进行更为细致地分析。

（4）农膜和秸秆污染风险　桃江县 2012 年农膜施用总量为 21.61 t，平均施用量为 0.59 kg/hm^2，残留量为 0.09 kg/hm^2；同时，由于桃江县的粮食种植模式以水稻为主，秸秆平均焚烧量约为 540 kg/hm^2（卓东，2013）。总体来看，桃江县的农膜和秸秆污染风险较低。

7.3　农户土地利用决策行为及粮食生产效益分析

由于农户的决策行为主要受到家庭状况、社会经济条件、土地资源条件以及农业政策等因素的影响，因此不同类型农户的土地利用行为差异较大。为了系统分析农户决策行为对桃江县未来几年的粮食供给安全态势和农业环境质量的影响，本研究借鉴与农户决策行为相关的农户类型研究方法(Daloğlu，2014，Köbrich，2003，Liu et al.，2016，Siciliano，2012)，选取主要收入来源、耕地流转决策及耕地面积三个指标，把桃江县从事粮食生产的农户分为 4 种类型，具体分类方法如图 7-5 所示。不同农户类型的投入产出情况见表 7-2。

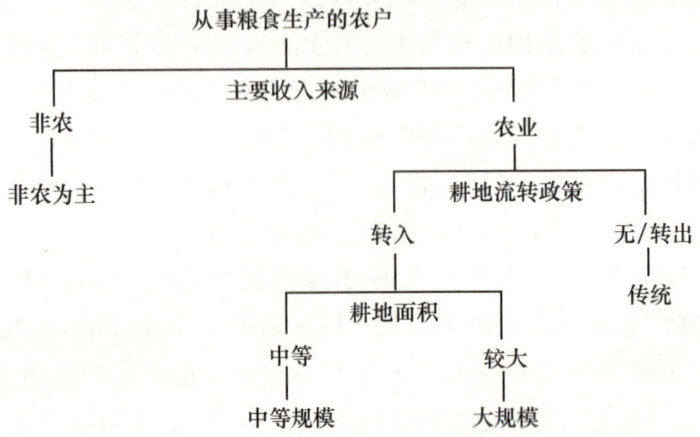

图 7-5　从事粮食生产的农户类型识别

表 7-2　不同农户类型水稻种植的投入产出情况分析

变量	农户类型[a]			
	非农为主	传统	中等规模	大规模
农户数量	109	135	128	61
主要收入来源	非农	农业	农业	农业
耕地流转决策	无/转出	无/转出	转入	转入
耕地面积/亩	小(＜10)	小(＜10)	中等(＜50)	较大(＞50)
单季稻				
产量/[kg/(亩·年)]	423.8*** (59.4)	476.5*** (58.5)	493.6 (46.9)	495.2 (39.8)
化肥投入量/[kg/(亩·年)]	30.1*** (6.8)	32.2*** (7.3)	25.1 (4.1)	26.0 (3.9)
农药投入量/[kg/(亩·年)]	0.26* (0.12)	0.27** (0.16)	0.23 (0.13)	0.25 (0.10)
纯收入/[元/(亩·年)]	268.2*** (79.1)	325.6*** (58.2)	304.7 (48.5)	278.9*** (66.4)
双季稻				
产量/[kg/(亩·年)]	715.2*** (96.2)	779.1*** (87.8)	818.5 (68.5)	796.3** (77.9)
化肥投入量/[kg/(亩·年)]	58.05*** (10.6)	61.00*** (12.1)	49.65 (9.2)	48.82 (8.5)

续表 7-2

变量	农户类型[a]			
	非农为主	传统	中等规模	大规模
农药投入量/[kg/(亩·年)]	0.48 * (0.24)	0.50 *** (0.24)	0.44 (0.15)	0.40 * (0.16)
纯收入/[元/(亩·年)]	321.6 *** (117.4)	418.5 *** (95.2)	378.2 (100.4)	359.2 ** (87.3)
采用优化施肥技术的比例[b]	17.3%	19.3%	95.9%	100.0%

数据来源:作者调研。

[a]为了激励有能力的农户扩大生产规模,从而确保粮食产量,当地政府倾向于分配更多的补贴给耕地面积超过 50 亩并种植双季稻的农户。因此,此处把 50 亩作为区分桃江县中等规模农户和大规模农户的阈值。

[b]在"数据来源"中提到,桃江县农业局 2005—2007 年间开展了测土配方施肥项目;在这之后,当地农业部门大力推行测土配方施肥技术,组织专业的农技人员深入农户(以大农户为主)来进行该类技术的讲解并根据具体情况进行优化。本研究中把该类经过优化的施肥技术统称为优化施肥技术。

注 1:括号内的数字是标准差。

注 2:* 代表 t 检验的显著性(与中等规模农户比较);*、**、*** 分别代表 $P<0.1$、$P<0.05$、$P<0.01$。

由表 7-2 可以看出,不同类型农户水稻生产过程中的投入产出情况存在显著差异。就产量而言,中等规模农户和大规模农户的单、双季稻单产均相对较高,而非农为主农户的单、双季稻单产均为最低。从化肥投入角度来看,传统农户单位面积的化肥投入量最高而中等规模农户和大规模农户单位面积的化肥投入量相对较低,主要原因是由于农业部门的积极推动及农资补贴,中等规模农户和大规模农户基本上都采用了优化施肥技术。从农药投入角度来看,无论是种植单季稻还是种植双季稻,传统农户和非农为主农户单位面积的农药投入量均相对较高。就收入水平而言,非农为主农户种植单、双季稻的单位面积纯收益均为最低,传统农户种植单、双季稻的单位面积纯收益均为最高——可能的原因是传统农户水稻产量高于非农为主农户,而劳动力成本低于中等规模农户和大规模农户;但从总体上来看,由于中等规模农户和大规模农户的耕地面积比传统农户和非农为主农户大得多,因此前两者水稻种植的年均纯收入高于后两者。

从农户种植水稻的动机来看,不同类型农户种植水稻的主要目的有显著差异:大部分非农为主农户和传统农户种植水稻的主要目的是为了粮食自给,而所有中等规模农户和大规模农户则都是为了获取收益(图 7-6)。

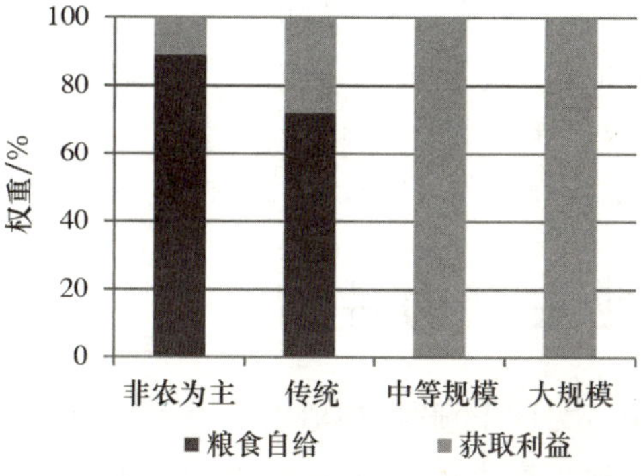

图 7-6　不同类型农户种植水稻的主要目的

从农户水稻种植的模式选择上看，影响农户双季稻种植意愿的因素主要有五个：劳动力、自然灾害、耕地质量、灌溉条件以及比较收益（图7-7）。具体来看，大多数传统农户不愿意种植双季稻的主要原因是种植双季稻的比较收益太低——他们需要花费大约两倍的时间才能获得比单季稻略高一些的收益；而劳动力短缺是大多数非农为主农户放弃种植双季稻的主要原因。中等规模农户和大规模农户倾向于种植双季稻的主要原因是政府给予规模化双季稻种植的补贴远高于单季稻；其余耕地选择种植单季稻主要是由于耕地质量以及灌溉条件的限制。

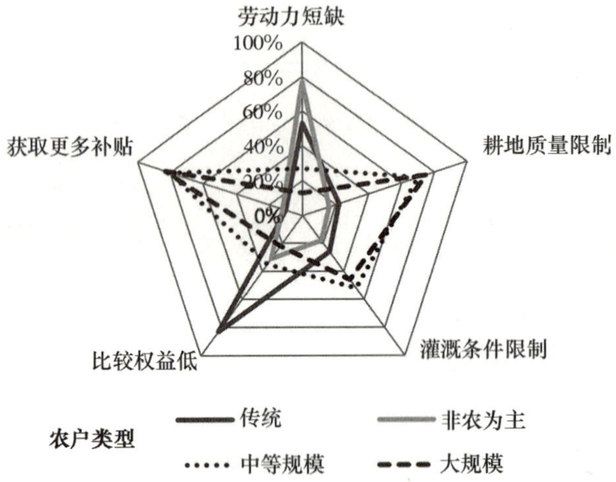

图7-7 影响不同农户双季稻种植意愿的主要因素

此外，一些小农户不愿意出租耕地的主要原因是担心粮价变动或者粮食供给短缺将导致租金不足以够买相应数量且符合自己偏好的大米品种，例如当地农户喜欢种植一种名为“黄华占”的常规水稻品种，虽然该品种单产比杂交稻低，但被认为口感好且单价也略高于杂交稻。然而，补充调研显示，如果可以确保出租土地后能够得到相应数量且符合自己偏好的水稻品种而不是租金收入，大约22%的传统的农户（$n=23$）和47%的非农业为主农户（$n=30$）愿意出租自己的土地。

总体来看，在这四类农户中，中等规模农户的水稻单产相对较高且化肥农药投入量相对较低，同时其单位面积的纯收益在所有农户类型中同样处于较高水平（单、双季稻的亩均纯收入均排名第二）。综合水稻单产（社会效益）、化肥农药投入（环境效益）以及收益水平（经济效益）来看，中等规模农户是这四类农户中综合效益最优的农户类型，形成这种优势的主要原因可能是由于中等规模农户对于耕地的质量状况、限制因素的了解程度以及田间管理的精细程度高于大规模农户，同时以收益为主导的水稻种植方式导致了其与小农户相比更有动力学习和采用优化施肥技术，并采用产量较高而非口感较好的水稻品种。

7.4 桃江县耕地生产力评价

在不考虑农户土地利用行为的干预时，耕地生产力主要由耕地本身的自然属性决定。本研究参考了相关研究中的耕地生产力测算方法，结合桃江县的土地适宜性数据（图7-8，彩图7-8），构建了一个评估耕地生产力的指标体系，并采用层次分析法来确定评估指标的权重（Qi， et al.，2015，鲁明星等，2006）。各指标权重的计算结果如表 7-3 所示。

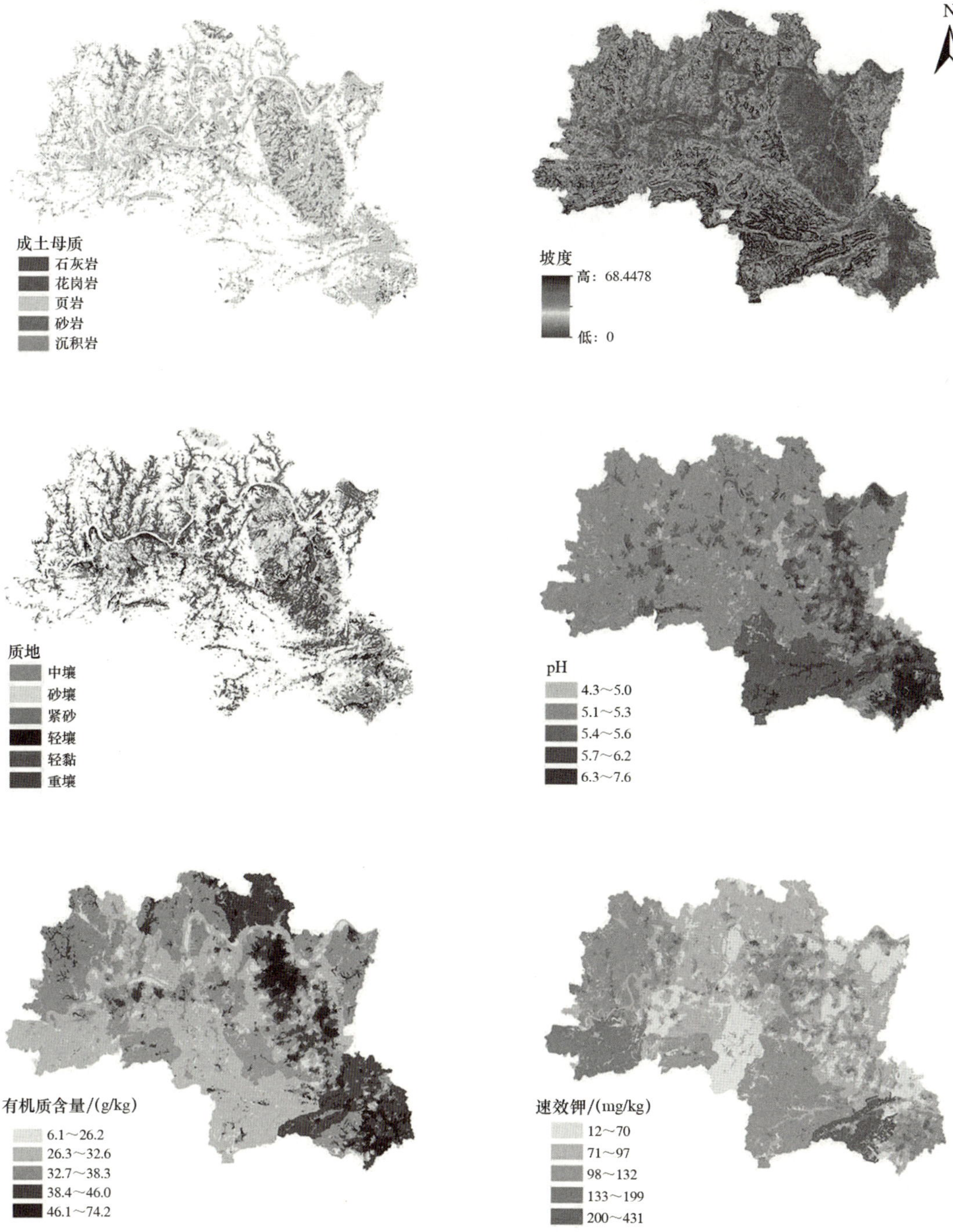

图 7-8　桃江县耕地生产力评价指标空间分布图

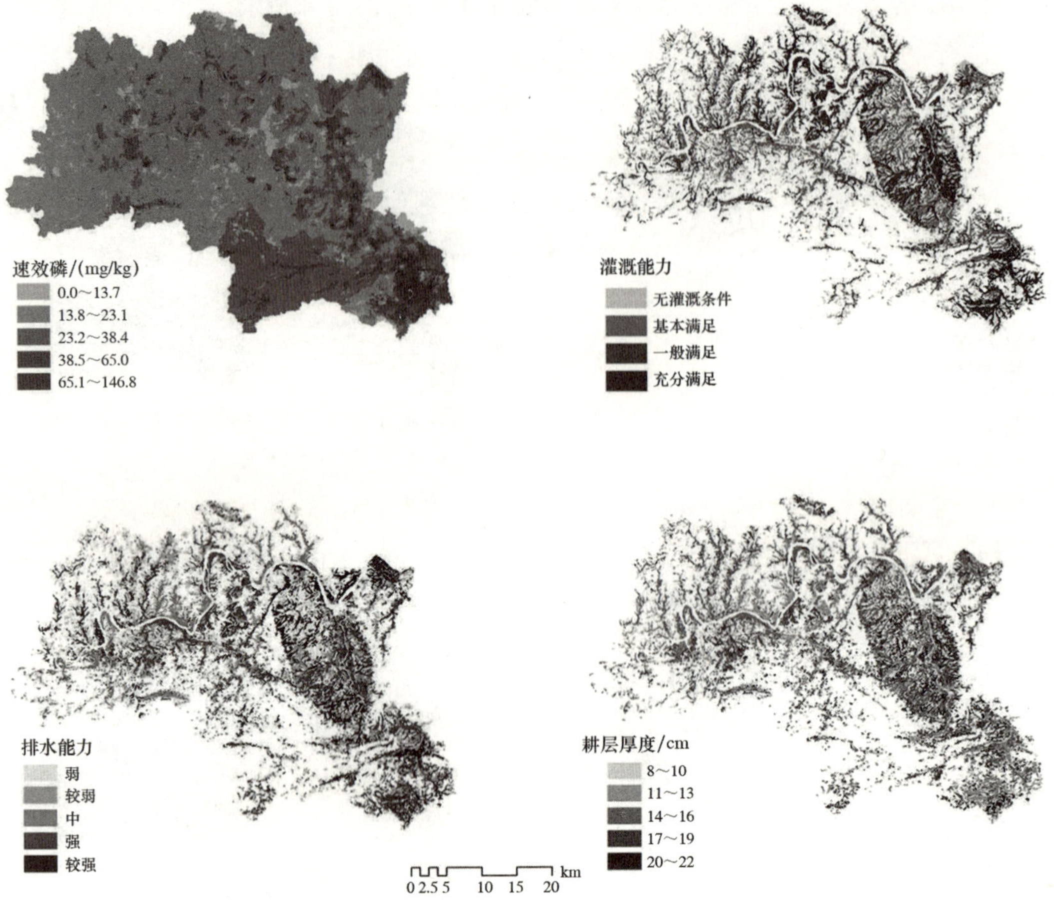

续图 7-8

表 7-3 桃江县耕地生产力评价指标及权重

影响因素	评估指标	权重
立地条件	成土母质	0.120
	坡度	0.107
理化性质	土壤质地	0.135
	pH	0.082
	有机质含量	0.098
	速效钾含量	0.065
	速效磷含量	0.065
限制因素	排水能力	0.094
	灌溉能力	0.147
剖面性状	耕层厚度	0.086

由于评价指标的数据量纲和数据类型不同，需要让每一个评价指标都处于同一量度后才能用来综合衡量它们对耕地生产力的影响程度。为了减少人为因素的干扰，本研究对于可定量化的数据类型采用模糊数学方法，根据各因素对耕地生产力影响大小建立隶属函数，通过函数求得各因素隶属度(宫志锋，2012，鲁明星等，2006)(表 7-4)；对于其余无法量化的指标，则依据专家打分结果的平均值直接确定其隶属度(表 7-5)。

表 7-4 桃江县耕地生产力评价指标隶属函数

指标名称	函数类型	函数公式	系数(a)	指标标准值(c)	指标下限值(U_{t1})	指标上限值(U_{t2})
坡度	直线型	$1-0.2x$	0.2	—	—	—
pH	峰型	$1/(1+a\times(u-c)^2)$	0.637	6	4	8
有机质含量/(g/kg)	戒上型	$1/(1+a\times(u-c)^2)$	0.010 8	32	6	—
速效钾含量/(mg/kg)	戒上型	$1/(1+a\times(u-c)^2)$	0.000 65	130	12	—
速效磷含量/(mg/kg)	戒上型	$1/(1+a\times(u-c)^2)$	0.038 4	16	3	—
耕层厚度/cm	戒上型	$1/(1+a\times(u-c)^2)$	0.022	16	8	—

表 7-5 桃江县耕地生产力评价指标隶属度

土壤质地	中壤	轻壤	重壤	沙壤	黏土	沙土
隶属度	1	0.9	0.8	0.75	0.6	0.55
成土母质	沉积岩	页岩	石灰岩	砂岩	花岗岩	
隶属度	1	0.7	0.6	0.55	0.5	
排水能力	较强	强	中	较弱	弱	
隶属度	1	0.85	0.7	0.55	0.4	
灌溉能力	充分满足	基本满足	一般满足	无灌溉条件		
隶属度	1	0.85	0.7	0.4		

计算出各评价指标的权重和隶属度之后，即可计算出各评价单元耕地生产力，计算公式如下：

$$P=\sum_{i=1}^{n}F_i\times C_i \qquad \text{公式 7-2}$$

式中，P 为评价单元耕地生产力，F_i 为第 i 个评价指标的隶属度，C_i 为第 i 个评价指标的权重。

基于公式(7-2)和耕地生产力评价指标空间分布图，可得到桃江县耕地生产力空间分布图：

总体来看，桃江县耕地生产力为优、良、中、差的耕地分别占比为 24.1%、48.9%、22.5%、

4.5%,该县的整体耕地生产力属于中等偏上水平(图 7-9,彩图 7-9)。不同耕地生产力对应的农户实际粮食产量如表 7-6 所示。

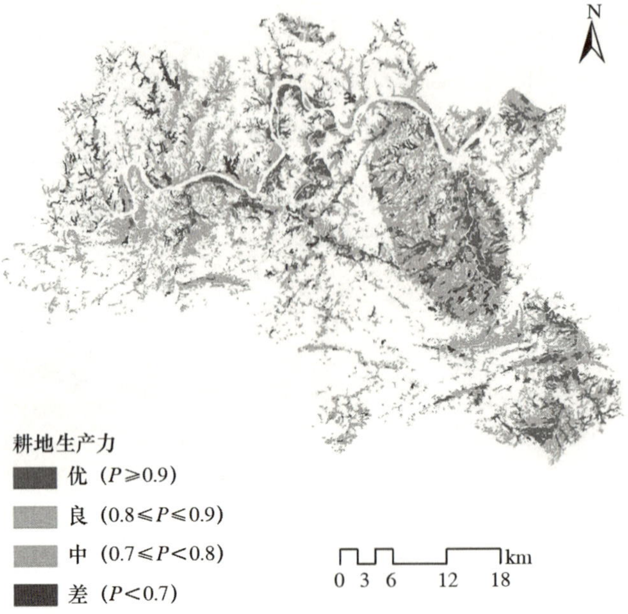

图 7-9 桃江县耕地生产力空间分布图

表 7-6 不同耕地生产力对应的实际粮食产量

农户类型	耕地生产力			
	优	良	中	差
单季稻产量/[kg/(亩·年)]				
小农户(n=61)[a]	516.6 (36.7)	467.2 (35.1)	335.9 (29.0)	—
规模经营农户(n=56)[b]	548.9*** (29.2)	499.0*** (33.6)	—	—
双季稻产量/[kg/(亩·年)]				
小农户(n=35)	847.6 (50.0)	751.2 (61.9)	—	—
规模经营农户(n=43)	908.3*** (43.5)	810.5*** (36.1)	—	—

数据来源:作者及当地农业部门调研

[a] 此调研中的小农户包括非农为主农户和传统农户。

[b]此调研中的规模经营农户包括中等规模农户和大规模农户。

7.5　不同粮食生产情景效益评价及可持续土地利用模式选择

7.5.1　桃江县粮食生产背景及评价情景设定

综合考虑桃江县的耕地生产力，粮食供给安全风险及环境风险态势，结合不同农户粮食生产的投入产出状况，构建不同情景分析选择何种土地利用模式既可保障粮食供给安全也能有效控制环境风险，从而实现可持续农业土地利用目标。由于桃江县的农膜残留处于无风险状态且秸秆焚烧风险处于低风险水平，这两种风险在情景构建时不作考虑；因此，在构建不同农业土地利用情景时只考虑化肥农药投入产生的环境风险。根据上述分析，选取2020年作为评估年，桃江县的粮食生产背景如下：

(1)桃江县2015年耕地流转比例为48%，所有流转出的耕地都集中于中等规模农户和大规模农户。

(2)桃江县双季稻的平均化肥投入和农药投入分别为单季稻的1.9倍和1.8倍(详见表7-3和表7-6)，但产量仅为单季稻的1.6倍。

(3)桃江县适宜种植双季稻的面积约为73%，而近几年的双季稻种植比例保持在50%左右。

(4)在这四类农户中，中等规模农户的水稻单产相对较高且化肥农药投入量相对较低。

根据以上桃江县的粮食生产背景，在不考虑未来几年内农作技术进步因素对粮食产量影响的前提下，设定了以下4种水稻生产的基本情景：

(1)基准生产情景。该情景假定水稻生产完全按照当前的态势，相关补贴、政策等也保持不变。

(2)产量最大化生产情景。该情景假定所有适宜种植双季稻的水稻田都种植了双季稻，且所有稻田的水稻产量及化肥农药投入量均达到中等规模农户的水平。

(3)环境优先生产情景。该情景假定所有稻田都仅种植单季稻，且所有稻田的水稻产量及化肥农药投入量均达到中等规模农户的水平。

(4)平衡优化生产情景。该情景假定单、双季稻的种植比例维持现状，同时所有稻田的水稻产量及化肥农药投入量均达到中等规模农户的水平。

此外，根据“7.2.2桃江县粮食生产过程中的风险分析”可知，自然灾害是影响桃江县粮食生产的主要风险因子。由于自然灾害的发生具有不确定性，本章借鉴(Qi et al.，2018)提出的自然灾害情景分析方法，设定乐观、一般、悲观3种情景来分析自然灾害对桃江县粮食生产的影响。其中，乐观情景指自然灾害因灾减产量为历史因灾减产量最低的1/3年份的平均值，一般情景指自然灾害因灾减产量为历史因灾减产量的平均值，悲观情景指自然灾害因灾减产量为历史因灾减产量最高的1/3年份的平均值。

7.5.2　不同粮食生产情景的综合效益分析

桃江县不同情景下的水稻产量及环境代价如表7-7所示。当桃江县的自然灾害分别处于乐观、一般、悲观3种情景时，基准生产情景下的水稻产量分别为35万t、33万t、28万t。这意味着若水稻生产保持当前态势，仅有自然灾害程度较轻时桃江县2020年的水稻产量才能满足国家粮食安全的要求。

若桃江县2020年的自然灾害处于悲观情景，仅有产量最大化生产情景下的水稻产量能够满足国家粮食安全的要求。然而，即便到时所有农户的水稻产量及化肥农药投入量均达到中等规模农户的水平，产量最大化生产情景意味着桃江县化肥和农药投入总量分别需增加11%和12%；即此生产情景会导致更为严重的环境风险。

在环境优先生产情景下，桃江县的化肥和农药投入总量可分别降低33%和28%，粮食生产过程中的环境风险将显著降低。但是，无论桃江县2020年的自然灾害处于何种情景，该生产情景下的水稻产量都无法满足国家粮食安全的要求。

在平衡优化生产情景下，桃江县的化肥和农药投入总量可分别降低10%和6%；与此同时，只要桃江县2020年的自然灾害不处于悲观情景，该生产情景下的水稻产量完全能够满足国家粮食安全的要求。

表7-7　不同情景下的水稻产量及环境代价

情景类别	种植比例		化学品投入		不同自然灾害情景的粮食产量/万t		
	单季稻	双季稻	化肥	农药	乐观情景	一般情景	悲观情景
基准生产情景	50%	50%	—	—	35 (+1)	33 (−1)	28 (−6)
产量最大化生产情景	27%	73%	+11%	+12%	41 (+8)	39 (+6)	34
环境优先生产情景	100%	0	−33%	−28%	28(−6)	26 (−8)	21 (−13)
平衡优化生产情景	50%	50%	−10%	−6%	36 (+2)	34	29 (−5)

注：括号内的数字指该水稻产量和桃江县水稻生产安全量(34万t)的差异。

7.5.3　可持续农业土地利用模式选择

一般而言，即使未来某年发生非常严重的自然灾害，也可通过之前的粮食储备或区域内部其他县市的粮食调剂来使桃江县当年的粮食产量达到全国粮食供给安全的需求。从粮食生产情景分析的结果来看，只要不连续几年发生非常严重的自然灾害，平衡优化生产情景下的粮食产量完全能够满足国家粮食供给安全对桃江粮食生产的要求，同时能够显著降低粮食生产过程中的化肥和农药投入量。因此，通过综合权衡，平衡优化生产情景下的土地利用模式在保障粮食供给安全的基础上很好地控制了环境风险，是最合理的土地利用模式。

根据不同农户粮食生产过程中的投入产出分析结果可知，综合水稻产量（社会效益）、化肥农药投入（环境效益）以及收益水平（经济效益）来看，中等规模农户是综合效益最优的农户类型。因此，实现平衡优化生产情景下的土地利用模式关键是尽量提高桃江县的耕地流转比例，并尽可能地促使这些耕地转入中等规模农户，同时限制大规模农户转入耕地。与此同时，政府部门应鼓励优质耕地尽量用于双季稻种植，并采取差异化的补贴政策来控制单、双季稻的总体种植比例。对于部分非农为主农户和传统农户，可通过直接补贴符合他们偏好的粮食品种而非货币来促使耕地流转。此外，一些中低产田由于地形、灌溉条件、排水条件等因素的限制导致了农民种粮的积极性不高，政府部门应当大力推进中低产田改良来提高农民种粮的积极性。

农户是粮食生产的主体，农户农业土地利用行为直接影响着当地的粮食生产状况和农业环境质量，改变不合理的土地利用行为是提高粮食产量并降低环境风险的根本途径。如果政策制定者能够清楚认识到农业土地利用过程中存在的粮食供给安全风险和环境风险问题的权衡关系，并根据耕地质量、农民的管理水平及偏好采取差异化政策和针对性的政策措施，在当前的农业技术下完全可以实现保障粮食供给安全的同时降低环境风险。对于桃江县来说，政府如何提高耕地流转比例并让这些流转的土地转向具有先进农作技术的农户是实现可持续土地利用模式的关键。另一方面，积极推进农业基础设施建设将是抵御自然灾害，提升农户粮食种植意愿，从而提高当地粮食总产量的一个较为有效的方法。

第 8 章　区域尺度的盐渍化土壤景观时空动态模拟研究

8.1　研究区域概况与数据来源

8.1.1　研究区域概况

1. 地理位置

银川平原灌区位于宁夏回族自治区北部(37°44′～39°20′ N,105°45′～106°54′ E),南起青铜峡,北至石嘴山,南北相距约 165 km(图 8-1),西起贺兰山山脉,东到黄河西岸,东西相距 42～60 km,面积 7 790 km^2(张源沛,2008;Cai, et al.,2010)。

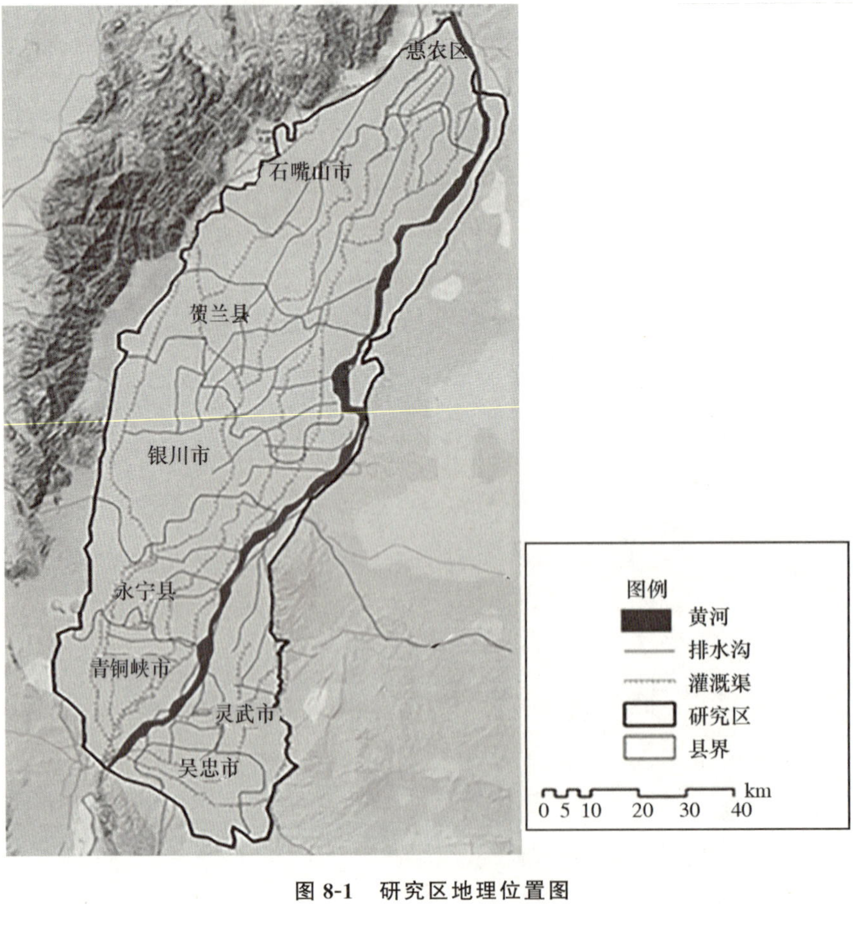

图 8-1　研究区地理位置图

历史上银川平原灌区时常被称为青铜峡灌区，以黄河为界，可分为河西灌区与河东灌区。在河西灌区，由于南北自然环境条件、水文地质条件以及形成的土地利用方式与农业产业结构的差异，常以永宁县北部 4 乡镇及其以北称之为银北灌区，以南称之为银南灌区。在行政区划上银川平原灌区主要包括青铜峡市、吴忠市、灵武市、永宁县、银川市、贺兰县、陶乐县、惠农区和石嘴山市等 10 个市(县)区(汪林等，2003)。

2. 气候特征

银川平原灌区大陆性气候特征非常明显，属于典型的中温带大陆性气候。年均降水量为 180～200 mm。常年干旱少雨，降水量不大，主要集中在 7—9 月份，占年降水量的 70%左右。银川平原灌区水面蒸发强烈，年均蒸发量在 800～1 600 mm(年均水面蒸发量 E601 为 1 176 mm)，干旱指数为 6.5。

银川平原灌区日照充足，年均日照时数为 3 000 h 左右，无霜期约 160 天。水热资源比较丰富，10℃以上活动积温约 3 300℃。气温日差较大，平均达 13℃。区域内陆地蒸发量近似于降水量，其蒸发量等值线与降水量等值线基本呈现一致变化趋势。因此，银川平原灌区先天独厚的自然环境条件非常有利于作物的生长、发育和营养物质累积。

3. 地形地貌

银川平原灌区自西向东由贺兰山山前洪积倾斜平原、黄河冲洪积与冲湖积平原组成(汪林等，2003)。银川平原灌区在西、北和东 3 个方向上被腾格里沙漠、乌兰布和沙漠和毛乌素沙地三大沙地所包围，西高东低，南高北低。银川平原灌区是宁夏回族自治区地势最低处，海拔为 1 100～1 200 m。南部青铜峡附近地面沉积物多为砾石，北部多为沙土、黏土；西部贺兰山洪积倾斜平原宽 8～15 km，地面标高 1 150～1 500 m，坡降为 1/40，坡度为 5°～7°；中部黄河冲洪积平原地势相对比较开阔，地面标高 1 090～1 110 m，地势自西南向东北呈微倾斜，坡降为 1/4 000～1/8 000。由黄河多次摆动改道而产生的河湖共同堆积而成的东部黄河冲湖积平原，宽 10～30 km，坡降为 1/2 500～1/2 000，地面标高为 1 100～1 130 m(汪林等，2003)。

4. 土壤与植被

银川平原灌区由贺兰山洪积斜平原、黄河冲洪积和河湖积平原两个部分组成，土壤类型主要有耕地灌淤土、灰钙土和沼泽土等。土壤肥沃，地势较为平坦，利于灌溉与垦殖；原生地表植被类型为荒漠草原，现以人工绿洲植被为主(汪林等，2003)。

5. 水资源

银川平原灌区可利用的水资源相对丰富，开发利用条件好。黄河过境水是银川平原灌区农业灌溉的主要水源。黄河由平原的南部入境，北部出境，由南向北纵穿整个灌区，流经区域 397 km，占黄河全长的 7%，灌区年引水量为 317 亿 m^3，排水量为 294 亿 m^3，净耗水量为 23 亿 m^3，其中农业灌溉用水占 93%以上。灌区每 hm^2 引水量为 2 万 m^3，每 hm^2 净耗水量 8 550 m^3，水资源利用效率很低，黄河水是灌区的水资源主要来源，灌区的农业经济发展主要依靠黄河水，在某种程度上来说，没有黄河就没有灌区社会经济的发展。同时灌区拥有丰富的地下水资源，地下水资源量为 25.75 亿 m^3，占全区地下水资源的 86.3%。灌区内尚有 12 亿 m^3 地下水资源尚未开采，水资源开发利用潜力很大(哈岸英，2002)。灌区地下水资源主要来源于灌区引黄水量的入渗补给。

黄河水为灌区地区经济社会的发展起着极其重要的支撑和保障作用。经过 2 000 多年的灌溉农业发展，灌区的人民开始修建渠道和排水沟，逐步形成了纵横交错的人工水利体系，为灌区灌溉农业的发展奠定了基础，为灌区地区经济社会的发展起着极其重要的支撑和保障作用。区内灌渠系统主要由唐徕渠、秦渠、汉渠和东干渠、西干渠等干渠组成，并与灌区内大小渠道连接成灌溉网络，实际灌溉面积可达约 33.3 万 hm^2。

6. 土地利用方式

银川平原灌区具有 2000 年以上的耕作和和灌溉历史。灌区内地势平坦，土壤肥沃，光热充足，灌排设施便利，发展农业优势明显(蔡思敏，2010)。灌区有耕地面积 30 万 hm^2。灌区宜农荒地资源丰富。根据第二次土壤普查和荒地调查，灌区内共有荒地 20.4 万 hm^2，其中可开发宜农荒地 9.3 万 hm^2，加上现有 30 万 hm^2，灌区规模可发展到 40 万 hm^2。人均耕地面积高于全国平均水平。经过 2 000 多年的改造，银川平原灌区已成为高产稳产的农业种植区，是中国西北地区重要的粮食基地。灌区仅用宁夏回族自治区的 1/5 的耕地面积，生产了全区 2/3 粮食产量，粮食商品率达到 30%以上。虽然灌区土地资源丰富，但是整体质量并不是很高，天然草场退化严重，土地沙化问题突出，灌区内耕地的盐渍化现象仍比较严重。区内主要种植水稻、小麦、玉米等粮食作物以及大豆、枸杞等经济作物。随着自然环境与社会经济条件的改变，粮食作物与经济作物播种面积有由南向北逐渐增大的趋势(谢新民等，2002)。

8.1.2 数据来源及遥感制图

1. 数据来源

本章主要选取了研究区 3 期遥感影像为基础数据，包括 TM 影像数据(2000 年 3 月 23 日)、中巴资源环境卫星影像数据(2004 年 4 月 27 日的)及 HJ-1B 卫星影像数据(2009 年 4 月 5 日)，采用 4/3/2 波段进行标准假彩色合成图像后，进行银川平原灌区盐渍化土壤景观遥感制图，以此回顾了 10 年来研究区盐渍化土壤景观类型结构与空间格局演变情况。

为了更好地表征研究区盐渍化土壤基本特征，在遥感影像的选取时主要遵循以下两个原则：①选择 3—5 月份的影像，因为银川平原灌区在该时期内正处于干燥多风的春季，盐渍化土壤的土壤返盐、积盐情况较其他月份相对严重，非常有利于信息提取，此外，该时期作物还处于芽苗期，可以排除人工植被(农作物)对盐渍化土壤信息提取的干扰，从而保证盐渍化土壤信息提取的精度(Wheaton et al，1992)；②挑选云覆盖率小于 10%的遥感影像(Cai et al，2010)。最终，综合研究区的地形与土地覆被情况，研究区盐渍化土壤景观主要分为以下几个类型：重度盐渍化土壤、中度盐渍化土壤、轻度盐渍化土壤、非盐渍化土壤、建设用地以及水体 6 个类型，各盐渍化土壤景观类型具体内容如表 8-1 所示。

从土壤学中对盐渍化程度的分类来看，主要是根据 0～30 cm 土体内平均盐分含量的大小划分为重度盐渍化土壤(含盐量为＞10 g/kg)，中度盐渍化土壤(含盐量为 3～6 g/kg)，轻度盐渍化土壤(含盐量为 1～3 g/kg)(王秀妮，2011)。同时也可以结合其他指标进行区分，比如植被的覆盖度、缺苗率等。在遥感影像上很难利用以上分级指标来区分不同等级的盐渍化土壤类型或级别，但是可以通过不同类型盐渍化土壤的反射率大小来区别。在可见光波段，盐渍化土壤在影像上的色调较亮，且盐分含量越高，光谱反射能力越强。在影像图上可以根据影像白灰色调的深浅来区分土壤盐渍化的程度(李宏和于洪伟，2007)，如在 HJ-1B 卫星影像数据 4/3/2 波段组合影像上，重度盐渍化土壤表现为亮白色中夹杂着浅灰色调，中度盐渍化土壤表现为浅灰色中混着灰色，轻度盐渍化土壤表现为深灰色或青灰色，色调比前两者都暗。植被表现为红色；水体受含沙量的影响，表现为蓝绿色系(王秀妮，2011；张荣群等，2012)。

表 8-1　解译标志及相关内容

编号	分类类别	解译标志及相关内容	典型斑块
1	重度盐渍化土壤	表层有较厚的盐壳(10～20 cm)，包括盐化特别严重的土地，不能种植作物的荒地，区域内基本上无植被生长	
2	中度盐渍化土壤	表层盐壳厚度不超过 5 cm，有稀疏植被生长	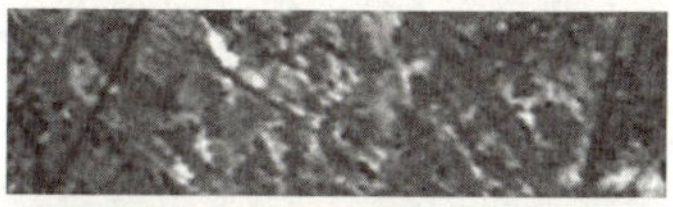
3	轻度盐渍化土壤	表面有很薄的盐壳(1～5 cm)，有大量植被生长	
4	非盐渍化土壤	植被生长良好，表面基本无盐壳	
5	建设用地	城市建筑群，零散居民点，道路等	
6	水体	河流，湖泊，鱼塘等	

注：Cai SM，Zhang RQ，Liu LM，Zhou D 等.（2010）。

2. 盐渍化土壤景观遥感制图

蔡思敏等(2010)研究表明，结合纹理特征的支持向量机分类对中巴资源卫星影像的土壤盐渍化信息的提取能取得精度较好的分类结果。本研究采用多种基于光谱的分类方法并结合纹理特征进行分类，选取最优结果作为最终的分类结果。在 ENVI 4.5 中分别对 3 个时期的影像进行盐渍化信息处理，其处理流程如图 8-2 所示。

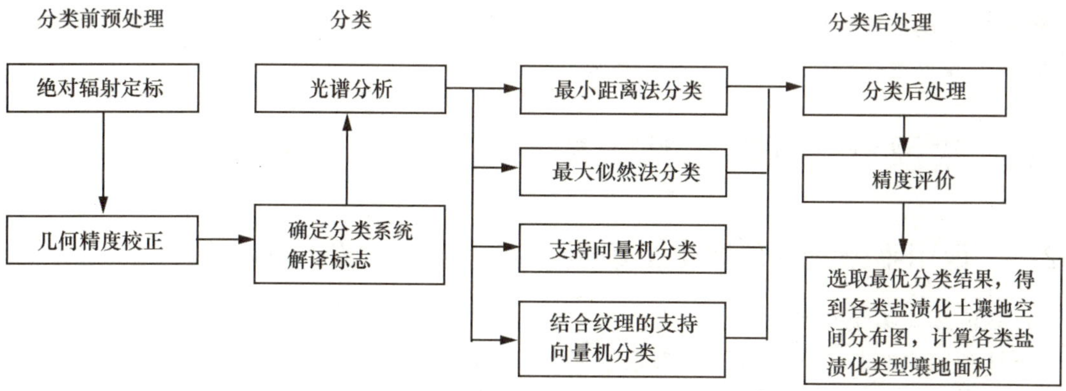

图 8-2　银川平原灌区土壤盐渍化信息提取流程图

资料来源：王秀妮，等.（2011）

由于收集到的 3 期遥感影像的分辨率不一样，为了能够进行后续的空间分析，最终解译得到的盐渍化土壤景观空间分布图也应该具有相同的分辨率，即重采样为 30 m。

最终，将野外采取的平罗县灌区104个土壤盐分剖面样点作为本次分类精度检验样本。2009年中巴资源卫星数据分类后总体精度(Overall Accuracy)为82.5，Kappa系数为0.81；2004年中巴资源卫星数据分类后总体精度为82.7，Kappa系数为0.82；2000年TM卫星数据分类后总体精度为83.8，Kappa系数为0.81(张荣群等，2012；王秀妮等，2010)，最终得到3期盐渍化土壤景观类型图，如图8-3所示(彩图8-3)。

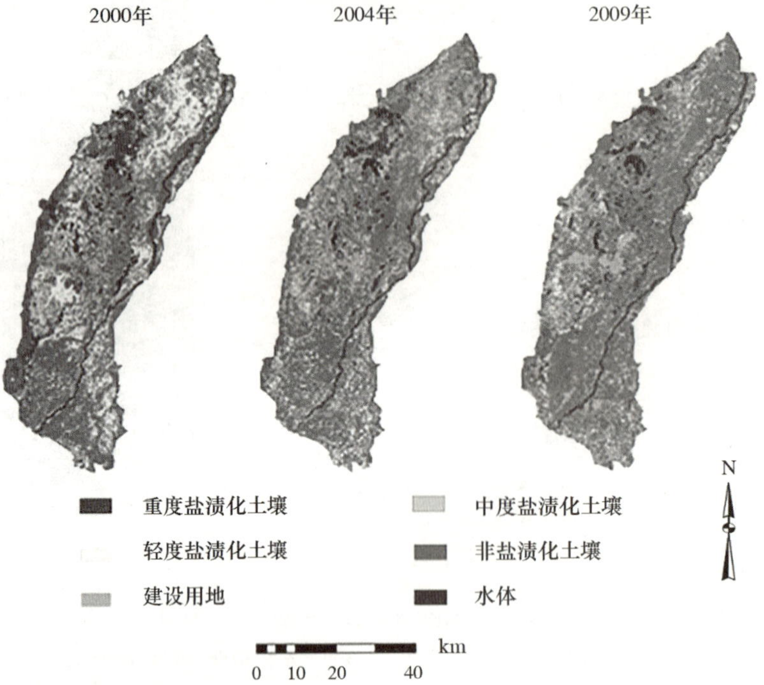

图8-3 银川平原灌区盐渍化土壤景观分类图

从图8-3中可以看出，重度盐渍化土壤、中度盐渍化土壤主要分布在银川平原灌区北部地区，轻度盐渍化土壤主要分布在灌区南部地区，且各级盐渍化土壤类型分布区域逐年减小。此外，部分区域土壤盐渍化情况有加重的趋势。

8.2 盐渍化土壤景观格局分析

8.2.1 银川平原灌区盐渍化土壤景观数量结构动态变化

1. 盐渍化土壤景观数量结构动态变化分析方法

土地利用系统是一个开放的动态系统，银川平原灌区盐渍化土地系统由于受到环境变化及人类活动影响，也不断地发生变化。盐渍化土壤景观的面积变化不仅可以从总量上来反映盐渍化土壤景观总的演变态势，还可以从各盐渍化土壤景观类型的结构变化来做进一步分析，从而了解不同盐渍化土壤景观类型之间的演变关系。对研究区3期遥感影像进行解译制图后即可以统计3个不同时间段内各级别盐渍化土壤类型的面积。银川平原灌区各盐渍化土壤景观类型的面积百分比如表8-2所示。此外，单一盐渍化土壤景观类型动态度也可以被用来表达研究区域一定时间范围内某种(级)盐渍化土壤景观类型的数量变化情况,它可以定量比较同一盐渍化土壤景观类型之间的变化速度,其计算公式如下:

$$K = \frac{S_b - S_a}{S_a} \times \frac{1}{\tau} \times 100\% \qquad \text{公式 8-1}$$

式中:K 为研究时段某一盐渍化土壤景观类型动态度;S_a 为研究期初某盐渍化土壤景观类型的数量;S_b 为研究期末某盐渍化土壤景观类型的数量;τ 为研究时段长,当 τ 的时段设定为年时,K 值就是该研究区某盐渍化土壤景观类型的年变化率。根据以上计算公式 8-1,计算银川平原灌区单一盐渍化土壤景观类型年变化率,如表 8-2 所示。

表 8-2　2000—2009 年盐渍化土壤景观类型面积及年变化率　　%

盐渍化土壤景观类型	面积			变化率	
	2000 年	2004 年	2009 年	2000—2004 年	2004—2009 年
重度盐渍化土壤	7.63	5.94	5.05	−5.54	−3.75
中度盐渍化土壤	11.43	6.97	6.57	−9.76	−1.43
轻度盐渍化土壤	24.03	21.3	20.23	−2.84	−1.26
非盐渍化土壤	56.91	65.79	68.15	3.90	0.90

土壤盐渍化的时间动态演变在景观上不仅主要表现为不同盐渍化土壤景观类型的数量变化,也反映在由于人类对盐渍化土壤景观的“利用—改造—再利用”过程中所引起的各盐渍化土壤景观类型之间的动态转换以及盐渍化土壤与非盐渍化土壤之间的转换。因此,根据研究区 2000 年、2004 年及 2009 年 3 期盐渍化土壤景观类型图,运用 ArcGIS 的空间分析功能,可以获得灌区近 10 年来的盐渍化土壤景观类型转移面积矩阵,如表 8-3 所示。

表 8-3　2000—2004 年与 2004—2009 年盐渍化土壤景观类型转换面积矩阵　　hm^2

项目	转移面积			
	重度盐渍化土壤	中度盐渍化土壤	轻度盐渍化土壤	非盐渍化土壤
2000—2004 年				
重度盐渍化土壤	8 094.24	7 057.89	5 311.53	16 131.96
中度盐渍化土壤	4 254.30	4 503.69	11 842.02	22 375.80
轻度盐渍化土壤	5 325.93	8 219.16	36 812.70	81 729.18
非盐渍化土壤	16 235.64	21 000.69	75 555.27	250 151.49
2004—2009 年				
重度盐渍化土壤	5 583.42	4 680.99	6 885.00	16 481.61
中度盐渍化土壤	4 907.52	5 216.58	9 477.09	24 132.60
轻度盐渍化土壤	5 008.32	8 182.08	19 163.70	63 871.74
非盐渍化土壤	18 135.99	25 306.83	58 512.87	288 806.31

为了进一步分析盐渍化土壤景观动态变化的主导过程,在利用各盐渍化土壤景观类型面

积转移矩阵的基础上，建立研究区各盐渍化土壤景观类型转换模型，具体计算公式为（蔡为民等，2006）：

$$D_{ij\tau}=\frac{S_{ij\tau}}{\sum_{i=1}^{n}\sum_{i=1}^{n}S_{ij\tau}} \qquad \text{公式 8-2}$$

式中：$D_{ij\tau}$ 为时间间隔 τ 时盐渍化土壤景观类型 i 转变为盐渍化土壤景观类型 j 的转移概率；$S_{ij\tau}$ 为时间间隔 τ 时盐渍化土壤景观类型 i 转变为土地利用类型的 j 的面积。根据公式 8-2 可以计算出各盐渍化土壤景观类型之间的转移概率，如表 8-4 所示。

表 8-4　2000—2004 年与 2004—2009 年盐渍化土壤景观类型转移概率矩阵

项目	转移概率			
	重度盐渍化土壤	中度盐渍化土壤	轻度盐渍化土壤	非盐渍化土壤
2000—2004 年				
重度盐渍化土壤	0.211 0	0.184 0	0.138 5	0.420 5
中度盐渍化土壤	0.094 6	0.100 2	0.263 5	0.497 8
轻度盐渍化土壤	0.038 8	0.059 9	0.268 4	0.596 0
非盐渍化土壤	0.042 6	0.055 0	0.198 0	0.655 7
2004—2009 年				
重度盐渍化土壤	0.157 6	0.121 0	0.192 7	0.477 8
中度盐渍化土壤	0.106 0	0.106 6	0.204 5	0.527 3
轻度盐渍化土壤	0.050 0	0.072 3	0.191 2	0.646 4
非盐渍化土壤	0.043 8	0.056 4	0.141 0	0.702 8

由于本研究使用的 3 期遥感影像的时间间隔（步长）分别为 4 年和 5 年，计算得到的转移概率所反应的是两个不相等时期的盐渍化土壤类型之间的转移概率，无法用它们来进行纵向比较。因此，需要将两个时期的各盐渍化土壤景观类型的转移概率转换为标准化转移概率（年均转移概率）。它可以用来定量比较区域各级盐渍化土壤景观类型变化的速度和区域差异，并可据此预测未来各盐渍化土壤景观类型变化趋势。本研究采用公式 8-3 来计算两个时期各盐渍化土壤景观类型标准化转移概率（表 8-5），计算公式如下（Kamusoko et al，2009；Pastor et al，1993）：

$$\left.\begin{array}{ll} P_{ij}=1-e^{(\ln(1-D_{ij}))/\tau} & \text{当 } i\neq j \\ \quad\text{或} & \\ P_{ij}=1-\sum_{j=1}^{n}P_{ij} & \end{array}\right\} \qquad \text{公式 8-3}$$

式中：P_{ij} 为标准化转移概率；D_{ij} 为时间间隔 τ 时盐渍化土壤景观类型 i 转变为盐渍化土壤景观类型 j 的转移概率。

表 8-5　2000—2004 年与 2004—2009 年盐渍化土壤景观类型标准化转移概率矩阵

项目	转移概率			
	重度盐渍化土壤	中度盐渍化土壤	轻度盐渍化土壤	非盐渍化土壤
2000—2004 年				
重度盐渍化土壤	0.774 7	0.049 6	0.036 6	0.127 5
中度盐渍化土壤	0.024 5	0.732 6	0.073 6	0.158 2
轻度盐渍化土壤	0.009 8	0.015 3	0.762 9	0.202 7
非盐渍化土壤	0.010 8	0.014	0.053 7	0.909 2
2004—2009 年				
重度盐渍化土壤	0.800 4	0.025 5	0.041 9	0.121 9
中度盐渍化土壤	0.022 2	0.782 7	0.044 7	0.139 2
轻度盐渍化土壤	0.010 2	0.014 9	0.779 1	0.187 7
非盐渍化土壤	0.008 9	0.011 5	0.029 9	0.938 4

2. 盐渍化土壤景观类型时间过程动态分析

如表 8-2 所示，总的来看，银川平原灌区 10 年来各类盐渍化土壤景观类型演变态势基本保持在轻度盐渍化土壤＞中度盐渍化土壤＞重度盐渍化土壤，且盐渍化土壤总面积呈下降趋势，共下降了 11.40%。所有类型的盐渍化土壤面积在后 5 年(2004—2009 年)下降的幅度要比前 4 年(2000—2004 年)的下降幅度要小。与此同时，非盐渍化土壤的面积呈明显的上升的趋势，从 2000 年的 56.88%上升到 2009 年的 68.13%，上升了 11.25%。

从表 8-2 还可以看出，在过去的 10 年中，前 4 年重度盐渍化土壤与中度盐渍化土壤减轻的幅度最大，年平均变化率分别达到 5.54%和 9.76%，后 5 年重度盐渍化土壤仍然保持最大幅度的减轻趋势，年平均减轻 3.75%。这主要是因为自 2001 年“青铜峡灌区续建配套与节水改造工程”实施以来，开工建设了引黄灌区续建配套及节水改造工程、农业综合开发中型灌区骨干工程、黄河宁夏段治理工程、青铜峡河西排水总干沟工程等重点工程(王秀妮等，2010)，银川平原灌区的灌排系统得到进一步优化，新的农业节水技术、灌溉技术、排水技术、土壤改良技术等得到综合应用，使得地下水埋深逐年降低，地下水矿化度也有所下降，土壤盐渍化程度总体呈较大程度降低趋势。但是，随着时间的推移，后期盐渍化土壤转向非盐渍化土壤的年平均转化率逐渐变小，这主要是因为针对土壤盐渍化所采取的措施所带来的效应随着时间的推移越来越小(即边际贡献降低)，从而在一定阶段以后土壤盐渍化程度逐渐达到稳定。基于此，相对于前 4 年，研究区后 5 年土壤盐渍化治理难度要相对较大。另外，在各类型盐渍化土壤景观中，中度盐渍化土壤的面积下降幅度最大，从 2000 年的 11.40%下降到 2009 年的 6.60%，这可能取决于以下两个方面的原因：一方面，基于遥感影像的中度盐渍化土壤表现特征非常接近重度盐渍化土壤和轻度盐渍化土壤，前期遥感影像的解译可能出现的误差导致中度盐渍化土壤有相对较大的变化；另一方面，中度盐渍化土壤介于重度盐渍化土壤与轻度盐渍化土壤之间，合理有效的措施可以使其很容易朝轻度盐渍化方向演化，同样地也容易退化为重度盐渍化土壤。

如同表 8-3 和表 8-4 所示，从盐渍化土壤的转入、转出类型来看，重度盐渍化土壤主要转变为非盐渍化土壤与中度盐渍化土壤、中度盐渍化土壤主要转变为非盐渍化土壤与轻度盐渍化土壤、轻度盐渍化土壤主要转变为非盐渍化土壤与中度盐渍化土壤。总的来说，各级别盐渍化土壤类型的演变表现出逐级过渡的规律，即重度盐渍化土壤转变为中度盐渍化土壤，再转变为轻度盐渍化土壤，最终转变为非盐渍化的过程。但是，局部外部环境条件的变化以及人类活动的干扰在不同程度上影响了局部地区的盐渍化土壤的演变方向，使盐渍化土壤在演变过程中表现出跨级别转换，这一特点应当在土地利用及盐渍化防控过程中得到重视。

综上所述，通过对研究区两个不同时间段的盐渍化土壤标准化转移概率的计算(表 8-5)，可以进一步反映不同时期土壤盐渍化转变过程及其转变规律，即随着时间的推移，盐渍化土壤向非盐渍化土壤转变的概率及其速度呈现出降低的趋势。也就是说，人类对于土壤盐渍化的防治及所采取的相应调控措施具有一定的时效性，但当土壤盐渍化程度减缓到一定阈值时，会逐步趋于稳定的态势，这就要求土地利用与管理者针对不同时期土壤盐渍化所表现出的特点，在不同的时期、不同的土地利用过程中采取相应且有效的措施来防止土壤盐渍化向加重的方向发展，达到可持续利用与改造盐渍化土壤利用系统的目的。

8.2.2 银川平原灌区盐渍化土壤景观格局时空变异特征研究

1. 盐渍化土壤景观空间格局分析方法

景观是自然与人类活动相互作用、相互影响的陆地生态系统的基本单元，是系统内各类斑块以一定规律镶嵌组合成为具有一定结构和功能的综合体。因此，景观生态学把空间异质性作为生态系统中的重要因素，强调对景观空间格局、生态过程和尺度的关系研究。景观结构是指具体生态系统或存在元素的空间关系，即指与生态系统的大小、形状、数量类型及空间配置相关的能量、物质和物种的分布；景观结构研究是分析景观功能和动态的基础。

正如前面分析，银川平原灌区土地生态系统已从原先的荒漠草原生态系统演变为当前的绿洲灌溉农业生态系统，它是自然环境条件演变过程中人类对土地生态系统进行“改造—利用—再改造”的必然结果，即是自然因素与人为因素共同作用的结果。

盐渍化土壤景观空间格局应当包括盐渍化土壤景观斑块组成与空间配置两个方面的内容。斑块组成包括斑块类型的数目和比例，而配置则包括斑块的空间排列、斑块形状、相邻斑块之间的对比度、相同类型斑块之间的连接度和各向异性特征。因此，盐渍化土壤景观格局在空间分布上体现为不同类型或级别的盐渍化斑块及其他所有斑块在空间上镶嵌构成的区域总体特征盐渍化土壤景观，本研究将应用景观生态学的数量分析方法盐渍化土壤景观等级体系所构成的空间镶嵌分布格局进行定量分析。这些方法不仅包括一些传统的统计学方法，也包括一些专门解决空间问题的格局分析方法。其中，景观格局数量研究方法可分为 3 大类：主要用于景观组分特征分析的景观空间格局指数；用于景观整体分析的景观格局分析模型；以及用于模拟景观格局动态变化的景观模拟模型。第一类主要用于空间上非连续的类型变量数据，后两类主要应用空间统计学方法，用于空间上连续的数值数据(邬建国，2007；傅伯杰，1995)，其中景观格局指数法是景观格局评价的最基本也是最重要的方法(朱占强，2008)。景观指数是反映其结构组成和空间配置某些方面特征的简单定量指标(邬建国，2000)，它通过定量描述景观空间格局与异质性以及景观结构与功能来对景观内在的规律性进行分析和描述。对于人类活动为主导的土地利用系统，景观格局指数在一定程度上反映了人类活动或生产对土地利用的干扰程度。常见的景观指数根据其反映的景观格局空间特征可以分为斑块层级指数

(Patch-level)、类型层级指数(Class-level)及景观层级指数(Landscape-level)(李秀珍等，2004)。本章主要在 Fragstats 3.3 的支持下，以过去 10 年来 3 期研究区遥感影像为数据源并对其进行解译，得到盐渍化土壤景观分类图，然后应用景观指数软件(Fragstats 3.3)计算相应景观格局指数。Fragstats 3.3 为在 3 个水平层次上计算一系列景观格局指数提供了方便、快捷的模块，即斑块层级指数模块、类型层级指数模块和景观层级指数模块。

2. 盐渍化土壤景观分析相关指标的选取

主要采用用于描述景观组分特征的景观格局指数以及用于景观整体分析的景观格局分析模型来定量分析盐渍化土壤景观的“格局—过程”关系，即盐渍化土壤景观的空间特征与时间过程的关系。由于景观指数选择一定程度上还存在着不确定性，且目前针对盐渍化土壤景观格局的研究工作开展不多。参考过去类似土地利用和生态问题的研究方法(Jenerette et al，2001)选取了盐渍化土壤景观格局分析指标。其中，斑块丰富度分析指标包括占总斑块数百分比、斑块总数、最大斑块指数、平均斑块面积；景观异质性指标包括斑块密度 (PD)、边缘密度(ED)、平均斑块分维数 (FRAC_MN)、平均最近距离 (MNN)和散布与并列指数 (IJI)和土地利用混合指数(LUMI)(Frank et al，2003)(表 8-6)：

$$LUMI = -\left[\frac{\sum_{1}^{n}(p_i)\ln(p_i)}{\ln(n)}\right] \qquad \text{公式 8-4}$$

式中，p_i 景观类型 i 的占总体景观类型面积百分比；n 为区域景观类型数量。

表 8-6　盐渍化土壤景观格局特征指标

指数类型	景观指数	指标类型	单位
斑块丰富度	占总斑块数百分比	丰富度指数	%
	斑块总数	丰富度指数	块
	最大斑块指数	丰富度指数	
	平均斑块面积	均匀度指数	hm^2
景观异质性	斑块密度 (PD)	破碎度指数	/100 hm^2
	边缘密度 (ED)	边缘指数	m/hm^2
	平均斑块分维数 (FRAC_MN)	形状指数	—
	平均最近距离 (MNN)	连接度指数	m
	散布与并列指数 (IJI)	散布指数	%
土地利用混合指数 (LUMI)		优势度指数	—

8.2.3　盐渍化土壤景观“格局—过程”分析

1. 斑块丰富度分析

从图 8-4 可以看出，银川平原灌区盐渍化土壤的斑块总数在时间上均呈现下降的趋势，非盐渍化土壤表现出增长的趋势；盐渍化土壤的平均斑块面积表现出增长的趋势，而非盐渍化土壤呈下降趋势。从 2000 年、2004 年和 2009 年 3 个年份的盐渍化及非盐渍化土壤的占总斑块数百分比、最大斑块指数来看，其时间变化特征基本上呈现一致的变化趋势：①盐渍化土壤景观主要还是以轻度盐渍化土壤为主；②从整个研究区来看，非盐渍化土壤斑块数量仍然保持相当的比例，为灌区主要的盐渍化土壤景观类型。

具体来看，第一阶段(2000—2004 年)的重度盐渍化土壤斑块数占整个区域斑块总数的百分比从 2000 年的 7.65%降为 2004 年的 5.95%，2009 年降到 5.49%，但第二阶段(2004—2009 年)变化不大；中度盐渍化斑块数占整个区域斑块总数的百分比从 2000 年 11.45%降到 2004 年的 6.97%，减少至约 1/2，而到 2009 年中度盐渍化斑块数占整个区域斑块总数的百分比要比 2004 年略有增加，这主要是由重度盐渍化类型斑块转换而来；轻度盐渍化斑块数占整个区域斑块总数的百分比时间上变化趋势明显，在 2000 年、2004 年和 2009 年分别为 24.09%、21.30%和 15.54%；2000 年、2004 年与 2009 年 3 个时间点非盐渍化斑块数占整个区域斑块总数的百分比分别为 51.42%、59.28%和 64.18%，基本上呈等比例增长，主要是由轻度盐渍化斑块转变而来的。结果表明，研究区两个时期的盐渍化土壤破碎度呈现下降趋势，且盐渍化土壤景观呈团聚化趋势。

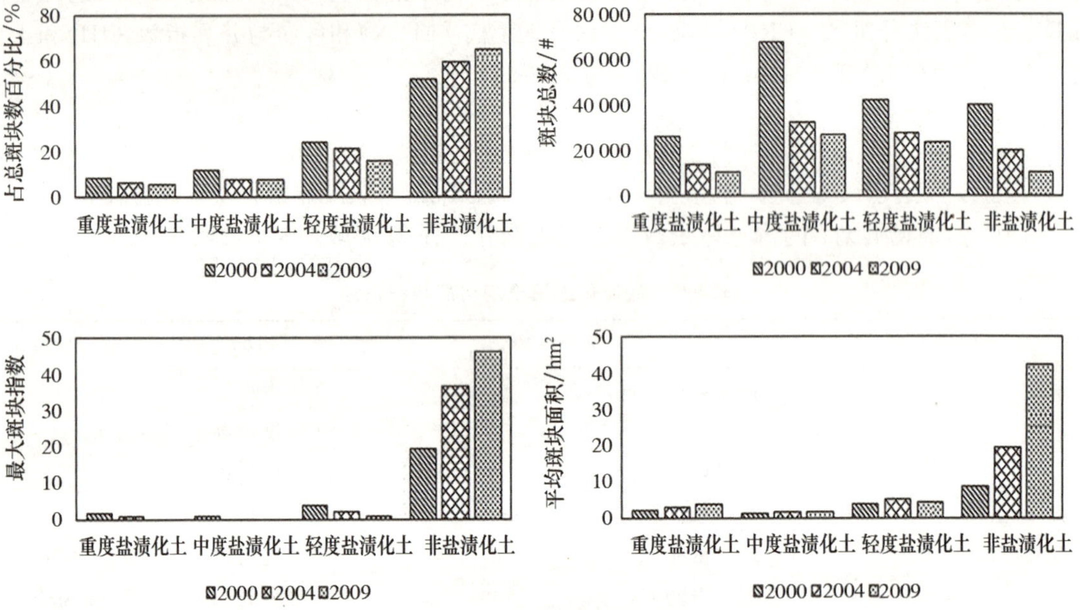

图 8-4　不同时期盐渍化土壤景观类型斑块特征

2. 景观异质性分析

主要选取了 5 个景观指数，包括斑块密度(PD)、边缘密度(ED)、平均斑块分维数(FRAC_MN)、平均最近距离(MNN)与散布与并列指数(IJI)，进一步分析研究区盐渍化及非盐渍化土壤景观类型的空间异质性。

(1)类型层级上景观指数分析　从图 8-5 可以看出，近 10 年来(2000—2009 年)，灌区盐渍化土壤与非盐渍化土壤的斑块密度都呈下降趋势。对于盐渍化土壤(重度盐渍化土壤、重度盐渍化土壤及轻度盐渍化土壤)来说，斑块密度下降的主要是由于各盐渍化土壤类型内部之间以及与非盐渍化土壤之间的转换较少。但是，对于非盐渍化土壤的斑块密度来说，其随着时间的变化而表现出下降趋势，反映了在土地利用过程中各类型盐渍化土壤得到了很好的治理和改良，在这个过程中，许多小面积的盐渍化土壤斑块转变成为非盐渍化土壤斑块，且与相邻的非盐渍化土壤斑块合并后形成大的非盐渍化土壤斑块。这种各类型盐渍化土壤斑块之间的转换以及它们与非盐渍化类型斑块之间的转换与合并，表明了人类土地利用及盐渍化土壤景观改造活动所引起的盐渍化土壤与非盐渍化土壤之间转变过程的时空特征。

从图 8-5 还可以看出，在时间上，无论是盐渍化土壤，还是非盐渍化土壤，它们的边缘密度与斑块密度的变化规律基本相一致，即呈下降趋势，说明了随着时间的推移，斑块形状的不规则程度在减小；非盐渍化土壤的边缘密度的减小更进一步表明了土地利用对盐渍化土壤景观干扰的程度加大。

进一步分析图 8-5 可知，对于盐渍化土壤与非盐渍化土壤的平均最近距离指数来说，在 2004 年都出现了一个相对低值（拐点），也就是说，从 2000—2004 年间，平均最近距离指数呈下降趋势，相反，从 2004—2009 年间，平均最近距离指数呈增加趋势。相对于重度和轻度盐渍化土壤，这种变化趋势对于重度盐渍化土壤景观意义更重大。研究结果表明，景观类型指数分析可以反映出银川平原灌区盐渍化土壤与非盐渍化土壤斑块的时间演变过程，即破碎—收缩—合并的循环过程，这也是人类农业生产活动（土地利用）所表征的盐渍化土壤的利用与改造过程在景观上的空间特征表现。

从图 8-5 中不难看出，3 个时间点上各盐渍化土壤斑块的散布与并列指数时间变化规律不明显，其值主要分布在 70%左右且大致呈下降趋势，根据散布与并列指数的生态学意义可知，银川平原灌区各盐渍化土壤斑块及其相邻斑块在空间上受“地带性”影响。究其原因可能是盐渍化土壤空间分布上在一定程度上受区域地带性环境条件影响，或表现出某种程度上受灌溉渠系“条带性”空间分布影响。另外，对于轻度盐渍化土壤来说，其散布与并列指数在 2009 年已经降到接近 50%左右，意味着围绕在非盐渍化土壤斑块周围有很多轻度盐渍化土壤斑块，如果未来的土地利用是合理的或对土壤盐渍化治理是有利的，它们极易转变成为非盐渍化土壤斑块。

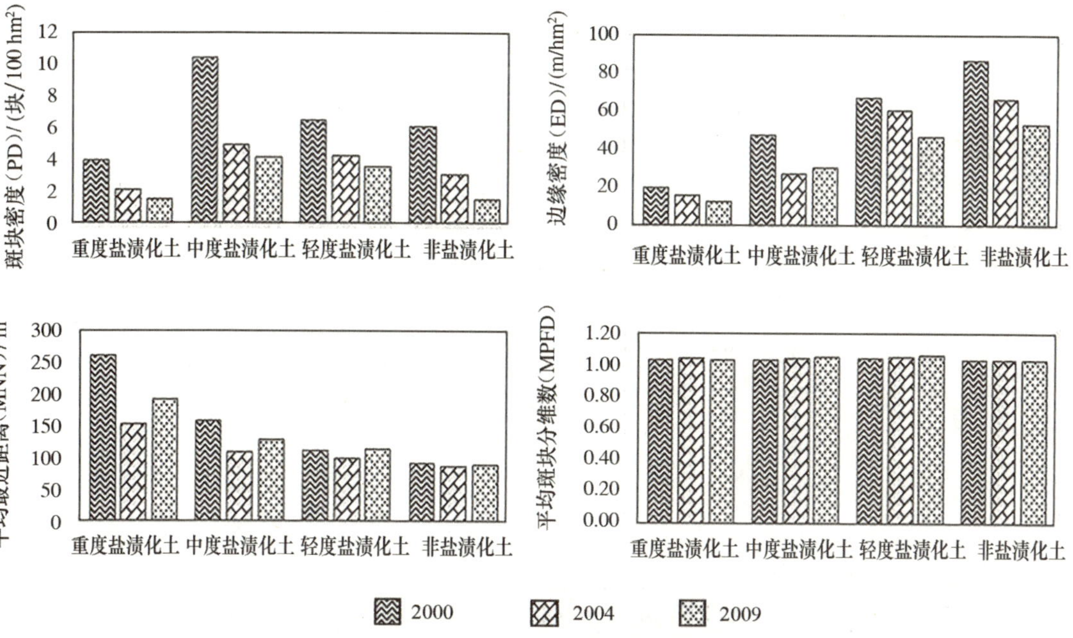

图 8-5　同时期盐渍化土壤景观指数特征比较

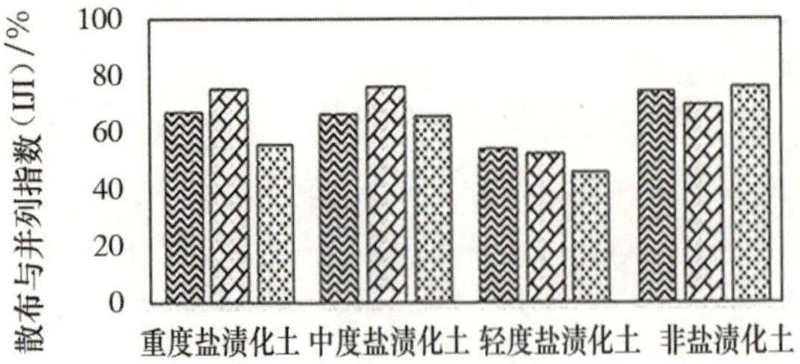

续图 8-5

(2)景观层级上景观指数分析　从图 8-6 中可以看出,景观层级上盐渍化土壤与非盐渍化土壤的斑块密度、边缘密度以及平均最近距离与类型层级上的时间变化趋势非常相似。从景观层级上的平均斑块分维度来看,虽然 3 个时期变化不明显,但是总体上呈现较小的上升趋势。景观层级上的散布与并列指数以及土地利用混合指数也进一步表明了灌区非盐渍化土壤景观的主导优势随时间的推移明显增加,说明银川平原灌区正在经历着脱盐的过程,区域土地利用活动积极作用明显。

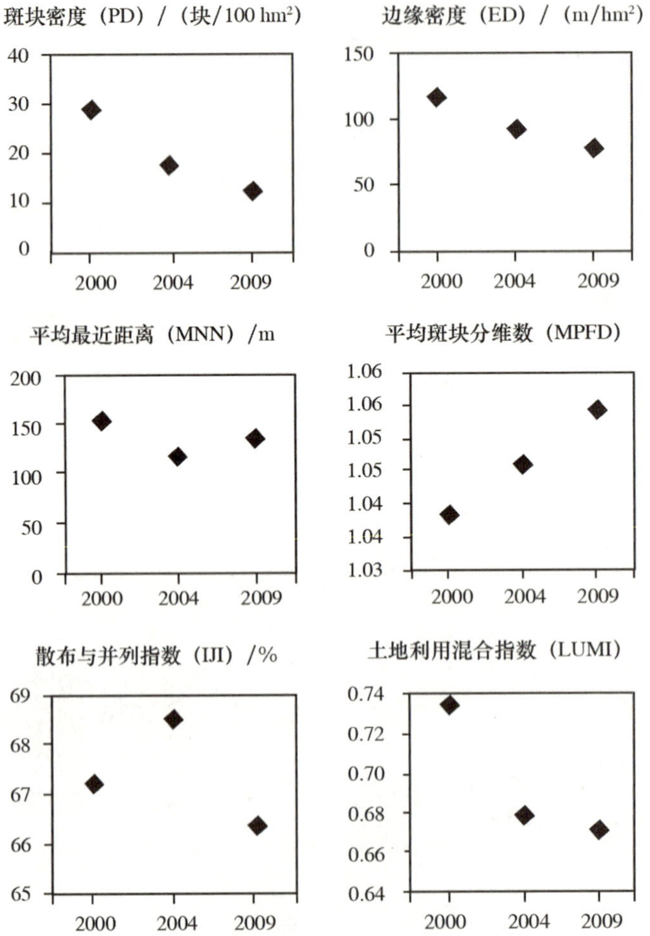

图 8-6　不同时期景观层级上盐渍化土壤景观指数特征比较

8.3 盐渍化土壤景观时空动态模拟模型构建

土壤盐渍化或土壤脱盐化是一个非常复杂的过程，它同时受到自然环境及人类土地利用活动两个因素的共同影响，传统的土壤盐渍化动态模拟方法在土壤盐渍化评价方面表现出一定的不足，尤其在大区域尺度上。随着遥感技术及地理信息系统（GIS）科学的发展，遥感技术所表现出来的宏观、综合、动态、快速的特点以及 GIS 所具有的强大的空间分析功能，为揭示土壤盐渍化过程的时空动态演变与盐渍化过程的关系提供了有效工具；也为盐渍化区土地利用系统的改造提供科学依据，对于干旱半干旱区绿洲土壤盐渍化防治以及土地可持续利用具有重要的实践意义。本章综合集成 CA-Markov 模型与“3S”技术，在上一章节盐渍化土壤景观格局时空变异特征研究的基础上，运用“格局—过程”原理与方法，对 2009 年土壤盐渍化情景进行反演与模拟，并对未来时期 2015 年盐渍化土壤数量结构及空间格局进行模拟预测。从类型层级及景观层级上解析未来时期盐渍化土壤景观格局指数变化特征及其空间格局与过程关系。

8.3.1 CA-Markov 模型在土地利用与景观空间格局模拟的应用

1. CA-Markov 模型的原理及其发展

（1）马尔科夫模型　马尔可夫链（Markov）模型是利用变量的现在状态去预测该变量未来的状态及其动向的一种分析手段，是由俄国数学家马尔科夫（A. A. Markov）创造并以自己名字命名的一种预测方法，它应用概率论中的马尔可夫链理论和方法研究分析随机事件变化规律，并预测未来变化趋势的一种优化控制理论方法（Mondal et al.，2010；Sang et al.，2011）。基于系统各变量的初始状态以及它们时间上的转换概率，Markov 模型能够预测未来系统状态的变化趋势。因此，确定转换概率是能否成功运用该方法的关键因子之一。系统未来的状态可以根据以下公式计算得到：

$$S_{t+1} = P_{ij} \times S(t) \qquad \text{公式 8-5}$$

$$P_{ij} = \begin{bmatrix} P_{11} & P_{12} & \cdots & P_{1n} \\ P_{21} & P_{22} & \cdots & P_{2n} \\ \cdots & \cdots & \cdots & \cdots \\ P_{n1} & P_{n2} & \cdots & P_{nn} \end{bmatrix} (0 \leqslant P_{ij} < 1) \text{ and } \sum_{j=1}^{N} P_{ij} = 1, (i, j = 1, 2, \cdots, n)$$

公式 8-6

式中，$S(t)$，$S(t+1)$ 分别为 t 和 $t+1$ 时刻的系统状态；P_{ij} 转换概率矩阵，i，j 为土壤景观类型，其计算结果如表 8-4 所示。

（2）元胞自动机模型　元胞自动机（Cellular Automata，CA），也被称为细胞自动机、点格子自动机或者单元自动机，是一个时间和空间都离散的动力系统（李才伟，1997），它是由散布在空间上各项同性的一系列元胞（Cell 或者 Grid）组成的且遵循同样的作用规则，依据确定的局部规则来同步更新，用于模拟和分析各种现象的空间几何特征（周成虎等，2000）。CA 模型不同于一般的动力学模型，它没有明确的方程形式，而是包含了一系列模型构造的规则，凡是满足这些规则的模型都可以算作是元胞自动机模型。所以，一般来说，元胞自动机是一类模型的总称，或者说是一个方法框架。

元胞自动机主要是由元胞（Cells）、元胞状态（Cell States）、元胞空间（Lattices）、邻域（Neighborhoods）、转换规则（Transition Rules）及离散时间（Discrete Time），可以用以下函数表示：

$$S_{(t+1)} = f(S_{(t)}, N) \quad \text{公式 8-7}$$

式中，S 为元胞有限、离散的状态集合；N 为元胞的邻域；t 与 $t+1$ 表示不同的时刻；f 为局部空间元胞转换规则。

2. CA 模型与 Markov 模型

Markov 模型与 CA 模型在空间模拟方面有着各自的特点。Markov 模型经常被用来预测复杂事物的发展趋势，当运用 Markov 模型进行数据时间序列长期变化分析时，它是一个很好的模型。但 Markov 模型比较侧重于在数量方面的预测能力，其空间参数相对较弱，无法对空间上的变化特征进行合理的表达。因此，当利用 Markov 模型模拟土地利用变化时，它就会受到空间格局的限制。CA 模型则具有较强的空间概念，可以模拟复杂的空间演变以及模拟局部空间的相互作用。如果将二者相结合，不仅可以在数量上有精确的预测，而且在空间位置上也能有直观的表达。CA-Markov 模型的结合可以具有 CA 模型表达复杂系统空间分布特征和 Markov 模型对于系统状态长期预测的优势特点。

8.3.2 基于 CA-Markov 模型的盐渍化土壤景观时空动态模拟

1. 构建 CA-Markov 模型

CA 模型虽然具有很强的空间模拟能力，可以模拟局部空间要素的相互作用，但它没有宏观上的制约，而现实世界中的地理现象过程变化不仅受到局部相互作用的影响，还受到外部宏观条件的制约和影响，比如人口、政策、交通等因素。另外，不同区域的地理现象的过程演化类型也是不一样的，目标事物与周围事物的相互关系也不一样。在动态变化的过程中，外部条件对地理现象过程变化施加了什么影响，产生了多大的效果，这些效果如何进行量化和估计，都是具有挑战性的工作。

土壤盐渍化过程的动态演变也同样遵循以上规律。盐渍化土壤斑块的变化不仅受到邻近斑块性质的影响，同时还受内部、外部环境条件的作用。如，盐渍化土壤的变化同时受到自然环境变化的影响，还受到人类土地利用活动的影响。因此，在建立 CA-Markov 模型进行盐渍化土壤景观时空格局模拟时，还需要考虑那些影响其变化的内外部因素等参数，以便增强模型模拟现实世界的能力。

(1)影响因素　综合 CA-Markov 模型的局部规则模拟特点、土壤盐渍化问题本身性质、数据空间分辨率的限制性以及数据的可行性等几个方面的考虑，初步选用 11 个影响因素（表 8-7），包括蒸降比、相对高差、地下水埋深、地下水矿化度、到各级盐渍化斑块的距离、到灌溉渠的距离、到排水沟的距离、到水体的距离以及植被覆盖指数（NDVI）。影响因素的权重（w_i's）的确定主要是来自于专家经验知识，以及对它们作用于各类盐渍化土壤景观之间转变过程重要性的认知。

层次分析法和专家决策分析技术为影响因素的权重的计算提供了可能（Mondal et al.，

2010；Saaty T L，1977；Maria et al.，2003；Myint et al.，2006)。主要采用了 10 位长期从事土壤质量及盐渍化相关研究的专家意见，然后运用层次分析法进行影响因素指标的权重再分配计算，结果见表 8-7。

表 8-7　土壤盐渍化影响因数及其权重

驱动因素	A1	A2	A3	A4	A5	A6	A7	A8	A9	A10	A11	权重
蒸降比（A1）	1											0.124 2
相对高差（A2）	2	1										0.185 9
地下水埋深（A3）	1	2	1									0.139 6
地下水矿化度（A4）	2	3	1/2	1								0.096 3
到重度盐渍化土壤的距离（A5）	5	8	1/5	1/4	1							0.029 2
到中度盐渍化土壤的距离（A6）	6	7	1/6	1/4	1/7	1						0.016 6
到轻度盐渍化土壤的距离（A7）	7	8	1/7	1/5	1	1	1					0.017 7
到灌溉渠的距离（A8）	3	4	1/5	1/3	1/3	1/2	1/2	1				0.062 1
到排水沟的距离（A9）	4	5	1/3	1/3	1/3	1/4	1/5	1/2	1			0.047 8
到水体的距离（A10）	5	6	1/9	1/8	1/2	1/3	1/2	1/7	1/5	1		0.028
植被覆盖指数(NDVI)（A11）	3	2	3	4	7	8	9	5	6	7	1	0.252 5
总计												1.000 0

(2)CA-Markov 模型结构　运用 CA-Markov 模型模拟银川平原灌区土壤盐渍化时空动态演变可以通过以下步骤实现。

①元胞：CA 中的元胞与 GIS 的栅格数据中的栅格在结构上具有很大的相似性，在本研究中栅格数据的栅格即为元胞。

②元胞状态：元胞自动机的元胞状态即定义为重度盐渍化土壤、中度盐渍化土壤、轻度盐渍化土壤、非盐渍化土壤、建设用地及水体。

③领域的定义：采用 5×5 的滤波器，即认为一个元胞周围 5×5 个元胞组成的矩形空间对该元胞状态的改变具有显著影响。

④规则的定义：银川平原灌区土壤盐渍化元胞下一时刻的状态不仅取决于该元胞和其领域这一时刻的状态，而且还受到影响因素的影响。CA-Markov 模型中演化规则的定义是通过景观类型转换适宜性图集实现的，根据用户选择的适宜性图像来确定元胞下一时刻的状态。

⑤时间步长的定义：标准 CA 模型中的时间概念是一个抽象的时间概念，在模拟地理实体变化的元胞自动机中，虽然时间也是离散的，但它将模型模拟过程中的时间与实际地理实体演化中的时间对应起来，在 CA-Markov 模型中时间的定义常常通过元胞自动机的循环次数来设定。时间步长采用年来表示。

2. CA-Markov 模型的执行

CA-Markov 模型的执行及其相关有效运算主要通过 IDRISI 地理信息系统与影像处理软件完成的，主要包括：①运用 Markov 模型计算盐渍化土壤转换概率矩阵；②创建基于影响因素的盐渍化土壤转变适宜性图像集；③盐渍化土壤转换概率的空间再分配。技术路线见图 8-7。

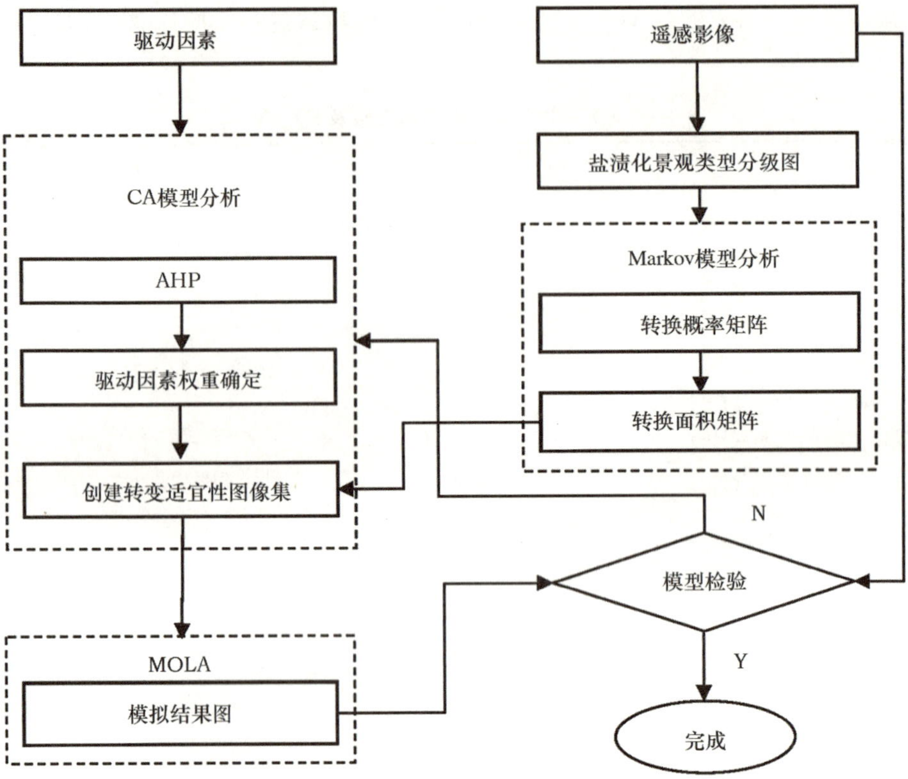

图 8-7 基于 CA-Markov 盐渍化土壤景观类型模拟流程图

(1)基于 Markov 模型计算转换概率矩阵　将不同时期的盐渍化土壤分类图叠合相减，就可以求得该时期内各盐渍化土壤类型转化的数据，构造出盐渍化土壤类型转移矩阵 $\boldsymbol{P}$。

$$P=\begin{bmatrix} p_{11} & p_{12} & \cdots & p_{1n} \\ p_{21} & p_{22} & \cdots & p_{2n} \\ \cdots & \cdots & p_{ij} & \cdots \\ p_{n1} & p_{n2} & \cdots & p_{nn} \end{bmatrix} \qquad 0 \leqslant p_{ij} < 1 \text{ and } \sum_{j=1}^{n} p_{ij} = 1 \qquad \text{公式 8-8}$$

式中，p_{ij} 为第一期的盐渍化土壤类型 i 转变为第二期的各种盐渍化土壤类型 j 的概率。

转移矩阵的意义在于它不仅可以反映研究初期、研究末期的盐渍化土壤景观类型结构，同时还可以反映研究时段内各盐渍化土壤类型的转移变化情况，便于了解研究期初始各盐渍化土壤类型的变化去向以及研究期末各盐渍化土壤类型的来源与构成。此外，对于某一类盐渍化土壤，可通过转换矩阵表计算其流向面积和百分比，作为 CA-Markov 模型中的马尔可夫转换面积文件(Markov transition areas file)，为下一步模拟预测作准备。

采用两个时期(2000—2004 年、2004—2009 年)遥感影像解译数据来计算转换概率(图 8-3)。盐渍化土壤景观转换矩阵由 IDRISI 中的 Markov 模块生成(表 8-3 和表 8-4)，包括 2000—2004 年转换矩阵(M_{04}^{00})与 2004—2009 年转换矩阵(M_{09}^{04})。对于第一个转换矩阵来说，时间步长为 4 年，而对于第二个转换矩阵来说时间步长为 5 年，鉴于两个时期的步长差异，需要将转换概率矩阵标准化为年转换概率(表 8-5)。

(2)创建转变适宜性图像集　转变适宜性图像集是 CA 转换规则的重要组成部分。首先，需要运用 IDRISI 中的标准化算法将不同变化范围及量纲的影响因素指标数值进行标准化处理，以便计算各类盐渍化土壤转变适宜性概率图，用来反映从某一级别或类型的盐渍化土壤转换为另一级别或类型的盐渍化土壤的可能性或概率(Eastman J R，2003)。

计算得到的转换概率矩阵表明了盐渍化土壤从一种类型转向另一个类型的年平均概率；盐渍化土壤转换概率图(Transition potential maps)代表了空间上解析了每一个特定的元胞从一种盐渍化土壤类型转向另一个类型的年平均概率或可能性。

元胞转换概率(TP)一般可以通过以下公式计算得到：

$$TP = \sum f_i w_i \times \prod c_j \qquad \text{公式 8-9}$$

式中，f_i和w_i分别为评判得分及影响因素i的权重；c_j是限制因素j的评判得分；TP为新的考虑了影响因素的转换概率，选取的影响因素对于盐渍化土壤的转换的影响认为是一般连续的取值范围，标准化为 0～255 值域后参与 CA-Markov 模型进行模拟运算。

(3)转换概率的空间再分配　利用 MOLA 模块和元胞自动机空间滤波器将 3 个数据集(2004 年盐渍化土壤景观分类图、盐渍化土壤类型转变适宜性图像集及转换面积矩阵)进行集成，用来模拟计算 2009 年盐渍化土壤景观空间分布图。预测年份的初始设定是进行预测的基础，分别以 2004 年盐渍化土壤景观分类图为基底数据反演模拟 2009 年研究区盐渍化土壤景观空间格局，并对 2015 年的盐渍化土壤景观类型变化趋势及格局进行预测。其中 2009 年的反演模拟主要用来检验模型的模拟精度及其可靠性。

3. CA-Markov 模型模拟精度及检验

为了对 CA-Markov 模型的模拟精度有一个准确的把握，需要对模型的模拟精度进行检验。模型检验主要出于两个目的：一是检验 CA-Markov 模型模拟银川平原灌区盐渍化土壤景观格局的模拟精度，以便预测未来时期灌区盐渍化土壤景观格局演变趋势，为今后预防研究区域土壤盐渍化进一步发生发展而采取土地利用调控方案及措施提供科学依据；二是考察驱动因素对盐渍化土壤景观格局变化所施加的影响和效果。从以上两个目的来看，本研究首先设计两个模拟情景来反演 2009 年盐渍化土壤景观空间格局(即 2009 年盐渍化土壤景观类型模拟图)，第一个模拟情景(Model-Ⅰ)没有考虑到驱动因素的影响，第二个模拟情景(Model-Ⅱ)添加驱动因素的影响，即将驱动因素(风险因子)的影响集成到 CA-Markov 模型中反演 2009 年盐渍化土壤景观空间格局。

由于 CA-Markov 模型相对于 Markov 模型最大的特点就是具有空间概念，能够模拟景观空间格局的变化。一般来说，模型检验主要包括空间位置精度检验以及空间格局变化趋势的检验两种方法(Jenerette et al.，2001)：一是直接逐一比较模拟图与现实图的元胞空间位置的精度，Kappa 系数为元胞空间位置的精度提供了可能；二是检验更多依赖于景观生态学中“格局—过程”效应的盐渍化土壤景观格局变化趋势的检验，盐渍化土壤景观格局变化趋势的检验主要是通过运用一系列景观格局指数分别从类型层级及景观层级上来实现的。景观指数的选取及其相关含义已在上一章中有所描述。

对于区域盐渍化土壤景观格局评价和模拟来说，运用景观格局分析来理解景观格局的时空变异规律以及它们与生态过程的关系是非常重要的，即指经常提到的“格局—过程”关系(Mcgarigal et al.，2009；Yang et al.，2005；Weng Y，2007；Ouyang et al.，2010)。本研究中计算景观格局指数有两个目的：一是比较和验证 CA-Markov 模型模拟盐渍化土壤景观变化的结果；二是分析银川平原灌区 2009 年历史时期与预测 2015 未来时期盐渍化土壤景观空间格局变化。CA-Markov 模型反演模拟得到的 2009 年盐渍化土壤景观指数模拟值与现实值之间的相对误差可以通过以下公式计算得到：

$$\Delta_i(\%) = \frac{M_i - O_i}{O_i} \times 100 \qquad \text{公式 8-10}$$

式中，M_i 与 O_i 分别代表银川平原灌区 2009 年盐渍化土壤景观指数 i 的模拟值与现实值；Δ_i 为 M_i 与 O_i 的相对差值。

8.4 基于 CA-Markov 模型的盐渍化土壤景观动态模拟及预测

8.4.1 CA-Markov 模型检验及比较

基于 2004 年盐渍化土壤景观类型遥感解译分级图（图 8-3）以及 2000—2004 年盐渍化土壤类型转变适宜性图像集及转换面积，运行构建的 CA-Markov 模型即可得到 2009 年两个模拟的盐渍化土壤景观类型空间分格局（图 8-8）。以下分别对 2009 年盐渍化土壤景观空间格局两个模型（Model-Ⅰ vs. Model-Ⅱ）模拟结果进行比较。

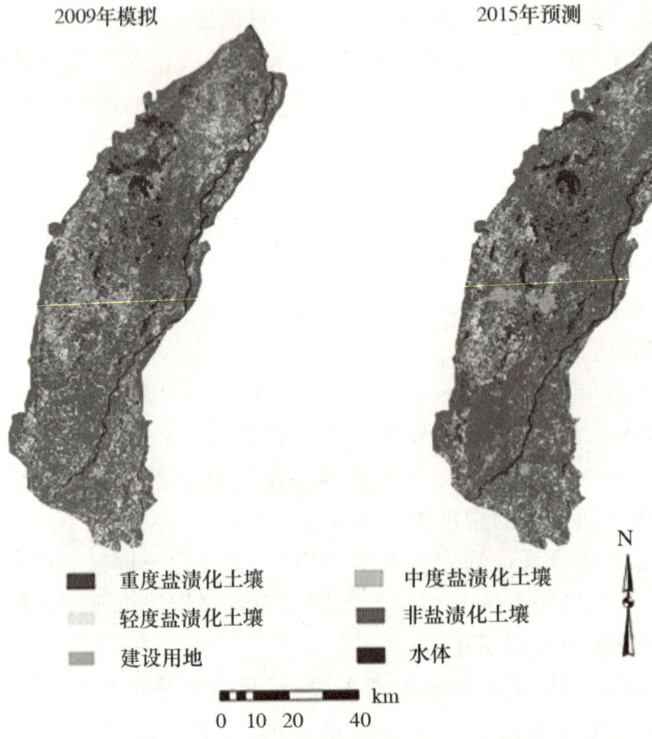

图 8-8　2009 年与 2015 年盐渍化土壤景观模拟与预测

首先，运用 Kappa 系数从两个方面来对模拟结果进行比较和检验，即每一个相应级别类型盐渍化土壤之间(类型层级)的比较以及整个银川平原灌区盐渍化土壤景观在景观层次上的比较(图 8-9)。如图 8-9 所示，就空间位置可以明显看出，对于 kappa 系数的比较与检验，除了中度盐渍化土壤外，Model-Ⅱ的模拟结果明显要比 Model-Ⅰ的模拟结果精度要好。在 Model-Ⅱ中，Kappa 系数值变化于 0.42～0.65 之间，表明模拟结果中等一致(Okura et al.，2004)。其中，中度盐渍化土壤模拟精度相对较低，其原因主要有两个方面：一是 3 个时期的遥感影像来源不同，二是中度盐渍化土壤介于重度盐渍化土壤与轻度盐渍化土壤之间，即 2009 年盐渍化土壤景观类型遥感解译分级图中中度盐渍化土壤的分类精度本身就相对较低(Cai et al.，2010)。另外，还有一个值得注意的问题是，Kappa 系数的计算结果还表明 Model-Ⅱ对于各类盐渍化土壤的空间位置模拟精度要低于非盐渍化土壤的模拟结果。更多的研究结果也表明，将区域盐渍化土壤景观类型图分为两个类型(比如在本研究中，即为盐渍化土壤与非盐渍化土壤)而得到模拟的结果可能要比将区域盐渍化土壤景观类型图分为多个不同盐渍化土壤类型的模拟精度要高得多(Metternicht et al.，2003；Furby et al.，2010)。

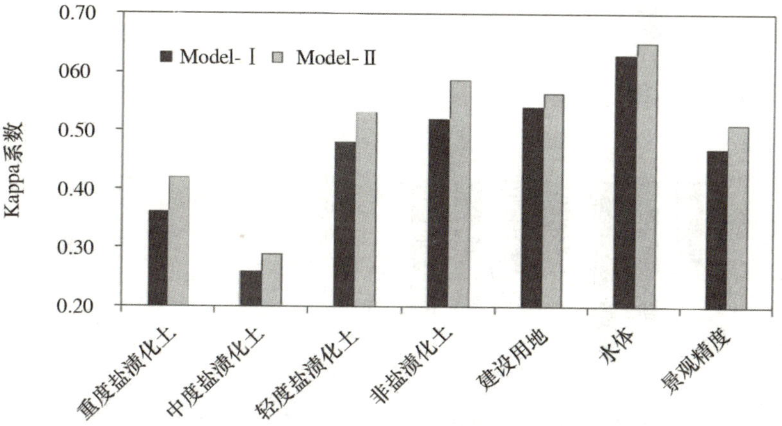

图 8-9　基于两个模型的 2009 年模拟结果 Kappa 系数比较

其次，Jenerette 和 Wu(2001)研究结果表明，景观空间格局指数可用来比较与检验不同时期土地利用模拟结果的精度，该方法要比选择空间要素的绝对位置，即比用 Kappa 系数来检验模拟结果的精度可能要可靠的多。因此，本章还选取了一些景观指数用于对比分析，旨在检验两个模型反演 2009 年盐渍化土壤景观空间格局的精度。结果表明：两个模型对选取的 5 个景观指数中，比如类型斑块占总斑块数百分比(%LANDSCAPE)、边缘密度(ED)、平均斑块分维数(FRAC_MN)、散布与并列指数(IJI)以及土地利用混合指数(LUMI)等景观指数的模拟结果都比较好。而且，对于另外两个景观指数——平均最近距离(MNN)和斑块密度(PD)来说，Model-Ⅱ比 Model-Ⅰ模拟的结果要好得多(图 8-10)。值得一提的是，两个模型都过高的模拟了斑块密度(PD)，而过低的模拟了平均斑块分维数(FRAC_MN)。

总的来说，不管是 Kappa 系数的比较，还是景观指数的比较，其结果都表明 Model-Ⅱ要比 Model-Ⅰ的模拟精度要高得多，研究结果进一步说明了在反演模拟 2009 年盐渍化土壤景观空间格局时，基于考虑影响因素的 Model-Ⅱ对盐渍化土壤景观空间格局模拟要比不考虑影响因素的模型模拟精度要高。

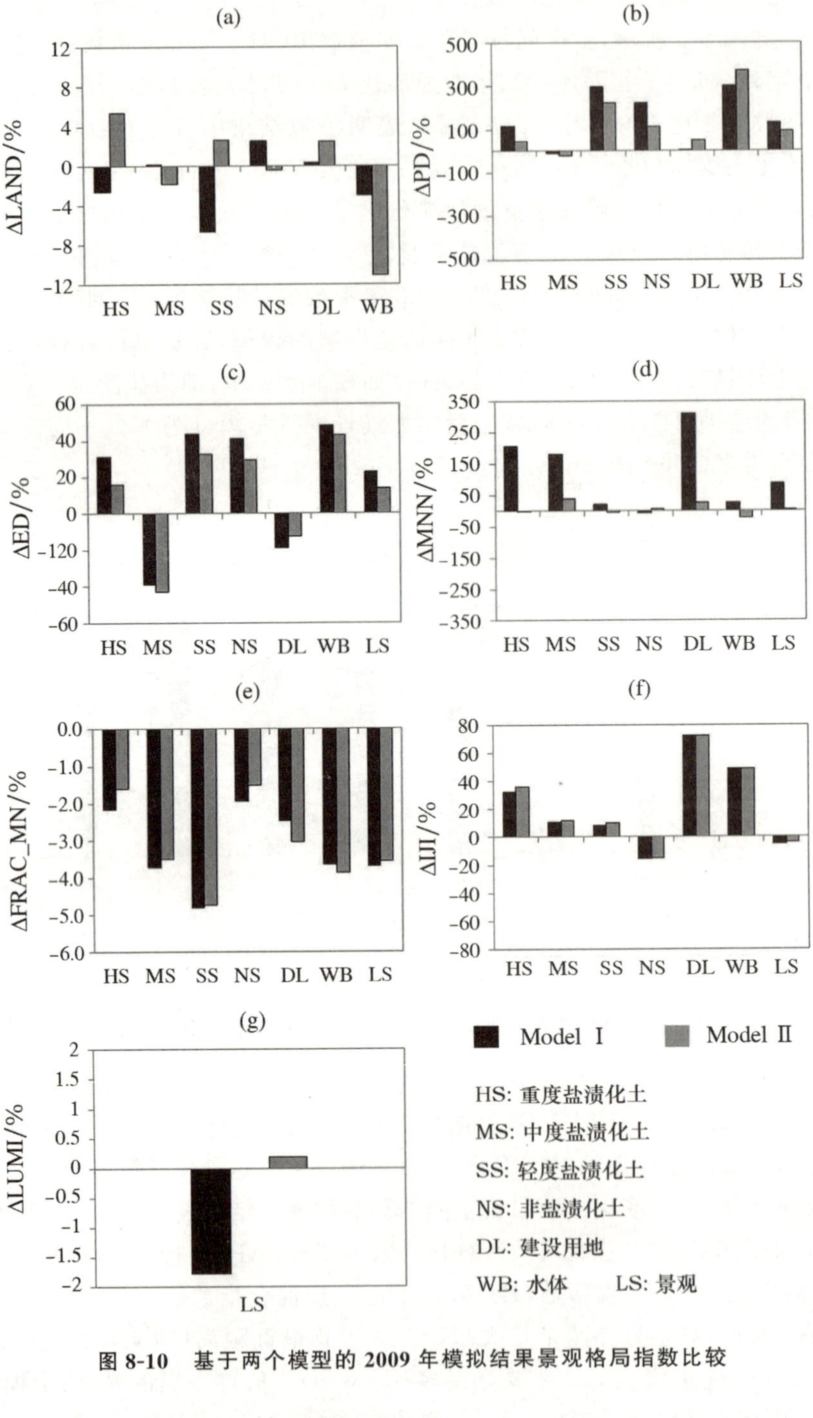

图 8-10　基于两个模型的 2009 年模拟结果景观格局指数比较

8.4.2　盐渍化土壤景观类型预测

鉴于以上分析，本节主要是基于 Model-Ⅱ 的参数运用 CA-Markov 模型对未来时期 2015 年的盐渍化土壤景观格局空间演变进行模拟预测。2015 年盐渍化土壤景观格局预测结果见

图 8-8 及表 8-8。从图 8-8 可以看出，对于当前的土地利用及农业生产管理水平，未来几年银川平原灌区盐渍化土壤景观空间格局变化不大，基本保持目前的空间格局。从表 8-8 中 2009 年与 2015 年两个时点盐渍化土壤景观指数比较结果可以看出，2015 年重度盐渍化土壤面积有增加的趋势，而中度盐渍化土壤及轻度盐渍化土壤面积有所降低，降低的幅度分别为 5.24%及 18.81%；非盐渍化土壤面积增加了 7.21%。

从 2000—2015 年，银川平原灌区轻度盐渍化土壤保持下降的趋势，而非盐渍化土壤保持增长的态势，未来 5～6 年重度盐渍化土壤相对保持稳定的态势；从 2000—2009 年，盐渍化土壤与非盐渍化土壤的斑块密度有所下降，到 2015 年达到稳定。同样，2000—2015 年景观指数边缘密度也表现与斑块密度同样的发展态势。未来时期，平均斑块分维度变化不大，变幅在 1.0～1.5 之间，基本稳定，表明银川平原灌区盐渍化土壤斑块形状处于中等复杂程度(Dibari J N，2007)。综合 2000—2015 年的景观指数散布与并列指数值来看，该指数没有明显的增长或降低的趋势，除了轻度盐渍化土壤，都仍然继续保持在 70%左右。

表 8-8　2009—2015 年银川平原灌区盐渍化土壤景观指数变化

指标		类型层级				景观层级
		重度盐渍化土壤	中度盐渍化土壤	轻度盐渍化土壤	非盐渍化土壤	整体景观
面积百分比/%	2009	5.05	6.57	20.23	60.55	100
	2015	5.22	6.23	16.42	64.91	100
	增降比/%	3.36	−5.24	−18.81	7.21	—
PD/(块/100 hm^2)	2009	1.51	4.17	3.63	1.52	12.32
	2015	1.77	3.11	13.10	2.43	22.95
ED/(m/hm^2)	2009	12.42	30.83	47.15	53.74	78.37
	2015	11.51	21.49	50.47	58.28	77.40
FRAC_MN(—)	2009	1.04	1.06	1.06	1.04	1.05
	2015	1.02	1.04	1.01	1.01	1.02
IJI/%	2009	56.58	66.27	46.77	76.27	66.38
	2015	74.09	71.10	53.48	71.93	67.29
MMN/m	2009	194.26	128.44	114.09	91.12	136.90
	2015	216.34	162.26	110.82	100.18	139.55

8.4.3　CA-Markov 模型应用效果讨论

CA-Markov 对地理现象比如城市空间拓展(Li et al.，2010)、土地利用变化及景观空间格局动态变化等模拟相关研究领域有着广泛的应用(Jenerette et al.，2001；Parker et al.，2003；Sant et al.，2010；Feng et al.，2011；Mitsova et al.，2011)。CA-Markov 模型的一个重要特点是在模拟生态景观格局时可以将自然因素及人类活动因素等土壤盐渍化驱动因素综合集成到一个 GIS 技术框架中。最近几年，该耦合模型在森林管理、乡村可持续发展、沙漠化(荒漠化)以及城市萎缩等方面也有比较广泛的应用(Kamusoko et al.，2009；Mondal et al.，2010；Soares et al.，2002；Haase et al.，2012)。土壤盐渍化或脱盐化不仅受到土体内部的水盐运动规律的影响，还受到空间邻域效应的影响（Metternicht et al.，2003）。

采用CA-Markov模型来模拟及预测银川平原灌区盐渍化土壤景观格局时空变异态势。将11个驱动因素综合耦合到CA-Markov模型中模拟预测银川平原灌区盐渍化土壤景观空间格局发展趋势。从Kappa系数及景观指数的分析结果来看，CA-Markov模型的模拟结果达到了中等程度的可靠性，这样的结果并不令人意外。因为土壤盐渍化这一地理现象高度的时空变异特性必将使模拟区域盐渍化土壤景观空间格局变化使其成为一个具有挑战性的任务。Lobell等（2010）在美国北部红河流域的研究结果表明，基于多年的MODIS遥感影像，运用区域评价模型，只能模拟1/3至1/2的土壤盐渍化时空变异特性或规律。此外，遥感影像解译成果图的空间尺度及其精度也在一定程度上限制了CA-Markov模型在模拟生态景观空间格局等的结果精度（Metternicht et al.，2003；Furby et al.，2010）。

运用CA-Markov模型模拟区域尺度盐渍化土壤景观空间格局变化，模型参数和方法还相对不太成熟。接下来主要从以下几个方面来讨论可能改善模型的方法，以便更好地运用CA-Markov模型模拟盐渍化土壤景观"格局—过程"效应。

首先，第一个假设前提是CA-Markov模型所运用模拟期的景观格局变化的转换概率与前期的转换概率应该相一致。2004—2009年盐渍化土壤景观类型的转换概率要比2000—2004年的要小，即后期的各类型层级盐渍化土壤之间及盐渍化土壤与非盐渍化土壤之间的转换速度要比前期的慢。这主要是因为从长期变化过程来看，银川平原灌区土壤盐渍化或脱盐化过程受到土地利用带来的区域水盐运动的影响，且这种影响表现出非线性发展趋势，最终达到一个新的水盐平衡状态。换句话说，土壤盐渍化或脱盐化发展越接近新的平衡点，转换速度就越慢（边际效应递减）。基于这个原因，对于短期变化模拟预测来说，我们的假设可以认为是合理的，因为两个时期（2000—2004年，2004—2009年）的盐渍化土壤景观类型转换概率比较接近（表8-4）。但是，对于中长期变化模拟预测来说，CA-Markov模型在模拟预测土壤盐渍化或脱盐化长期动态变化方面的能力还有一定的缺陷，如何改善CA-Markov模型的运用条件及参数化还需要加以进一步探索研究。

其次，CA-Markov模型集成土壤盐渍化驱动因素后，较大地提高了模型模拟预测盐渍化土壤景观空间格局的能力。但是，相对于CA-Markov模型中的模拟底图（盐渍化土壤景观分类图）来说，驱动因素集的空间分辨率不一致也是影响本研究模拟结果精度的原因之一。此外，相对于城市扩展来说，土壤盐渍化更容易受到区域局部内外部环境条件变化的影响，比如微地形的变化、局部排水条件及农户的土地利用行为等因素。另外，鉴于数据空间分辨率的匹配问题，没有考虑一些比如社会经济影响因素对土壤盐渍化的影响。

再次，CA-Markov模型作为一个经验模型是一把双刃剑。它以经验邻域函数（规则和关系）的方式来描述驱动因素的变化过程对土壤盐渍化变化的效应。因此，CA-Markov模型具有机械模型的特点，一方面，CA-Markov模型可以被用来模拟土地利用影响因素对土壤盐渍化变化的作用；另一方面，它可能忽略了某些关键因素对于土壤盐渍化过程发生发展等机制作用方面的影响，比如水盐运动规律及其作用机制。相比较物理模型来说，这是所有基于经验邻域函数模型所具有的一个普遍特点，比如多元统计回归模型以及人工神经网络模型等（Lin et al.，2007）。一种提升CA-Markov模型性能的方法就是运用最优化算法找出该模型参数的最优值（Jenerette et al.，2001）。因此，CA-Markov模型模拟预测土壤盐渍化过程能力的改善还需要做大量的相关基础研究工作。

8.5 小结

以 2000 年、2004 年和 2009 年 3 期数据为现状年，依次对 3 个时期的栅格土壤盐渍化类型分级图进行叠加处理，通过地图代数运算提取各盐渍化土壤类型面积转化信息，进一步分析了各类盐渍化土壤之间、盐渍化土壤与非盐渍化土壤之间的数量关系和转换特征。运用景观生态学方法从类型层级及景观层级上开展盐渍化土壤景观格局指数年际变化研究，通过比较这些景观指数的年际变化特征，进一步解析了研究区盐渍化土壤景观格局时空变化特征与过程。

研究结果表明，从整个研究区来看，非盐渍化土壤斑块数量仍然保持相当的比例；盐渍化土壤景观主要还是以轻度盐渍化土壤为主。重度盐渍化土壤、中度盐渍化土壤主要分布在银川平原灌区北部地区，轻度盐渍化土壤主要分布在灌区南部地区，且区域内各级盐渍化土壤类型分布逐年减小，部分易盐渍化区域土壤盐渍化情况加重。总的来看，灌区近 10 年来各级盐渍化土壤面积基本保持在轻度盐渍化土壤＞中度盐渍化土壤＞重度盐渍化土壤，且非盐渍化土壤面积呈上升的趋势，所有类型的盐渍化土壤面积在后 5 年（2004—2009 年）下降的幅度要比前 4 年（2000—2004 年）的下降幅度要小。各类盐渍化土壤之间的演变表现出逐级过渡的规律，即重度盐渍化土壤转变为中度盐渍化土壤，再转变为轻度盐渍化土壤，最终转变为非盐渍化土壤的过程。但是，部分地区盐渍化土壤在演变过程中表现出跨级别转换，这一特点需要在土地利用及盐渍化土壤防控过程中加以注意。

盐渍化土壤景观格局指数分析表明，研究区两个时间盐渍化破碎度呈现下降趋势，且盐渍化土壤景观呈团聚化明显。这种各类型盐渍化土壤斑块之间的转换以及它们与非盐渍化类型斑块之间的转换与合并，表明人类土地利用及盐渍化土壤景观改造活动所引起的盐渍化土壤与非盐渍化转变过程的时空特征。另外，研究区非盐渍化土壤景观类型的主导优势随时间的推移明显增加，说明银川平原灌区盐渍化土壤在人类土地利用过程中正在经历着脱盐的过程，这也进一步说明了人类活动干扰具有明显的积极作用。这一研究成果为预测未来时期研究区盐渍化土壤景观格局空间变化特征及其“格局—过程”的关系奠定了基础。

应用 CA-Markov 模型，对研究区盐渍化土壤景观进行反演与模拟，并对 2015 年盐渍化土壤景观数量结构及空间格局进行模拟预测研究。结果表明 CA-Markov 模型作为一个很有运用前景的区域“格局—过程”评价和模拟工具，它可以用来模拟预测银川平原灌区盐渍化土壤景观空间格局演变特征以及土壤盐渍化（脱盐化）过程。尽管受到模型本身特点的限制，CA-Markov 模型很难解释土壤盐渍化内在的发生、发展机理。但是，实证研究表明，CA-Markov 模型与驱动因素的集成有效地提高了模型在模拟盐渍化土壤景观空间格局特征方面的能力，使模拟结果更接近于地理现象现实状况。通过 CA-Markov 模型耦合驱动因素的建模方法和空间格局分析方法，我们对银川平原灌区土壤盐渍化时空变异趋势有了更进一步的了解。

就目前的土地利用状态下，未来的 5～6 年银川平原灌区仍处于土壤脱盐化阶段，盐渍化土壤面积将进一步下降，占整个灌区面积的 26.7％。2015 年重度盐渍化土壤面积有增加的趋势，而中度盐渍化土壤及轻度盐渍化土壤面积有所降低，降低的幅度分别为 5.24％及 18.81％；非盐渍化土壤面积增加了 7.21％，继续保持增长的态势。另外，通过模拟预测，未来几年内银川平原灌区盐渍化土壤景观空间格局变化不大，基本保持目前的空间格局。

第9章 基于土地利用系统控制的区域土壤盐渍化风险防控

9.1 基于PSR框架的土壤盐渍化风险综合评价

9.1.1 土壤盐渍化风险综合评价的理论与方法

为了促进自然资源的可持续利用以及环境风险评估与防范，综合风险指数被广泛应用于自然资源质量管理、环境风险评价、政府项目与政策评估以及农业活动对环境的影响评价(Huang et al.,2011;Levrel et al.,2009;Maxim et al.,2009)。综合风险指数应用于土壤盐渍化风险评价主要先是由加拿大土壤学家 Eilers 提出来的，即土壤盐渍化风险指数(Salinity Risk Index, SRI)(Eilers et al.,1997)。后来，Huffman 等从5个方面构建了SRI，即土壤盐渍化状态及程度、地形地貌、土壤排水条件、干旱指数和土地利用方式等，对加拿大大草原开展了土壤质量评价及其对农业资源可持续利用的影响等相关评价工作(Huffman et al.,2000;Wiebe et al.,2007)。由于数据和相关地理信息的可不断地获取与更新，SRI一直被用于评价加拿大西部草原地区的土壤盐渍化风险。此后，Florinsky(2000)等与 Wiebe(2007)等又分别对该方法加以改进和发展。

除了加拿大土壤盐渍化风险评价综合指数外，类似的综合风险指数还被用于澳大利亚旱地土壤盐渍化风险评价与风险制图，其中较有影响的盐渍化风险评价和管理框架是澳大利亚的四因素风险评估框架(Biggs et al.,2009)。澳大利亚的四因素风险评价框架受医学术语“诊断”的概念和癌症诊断方法的启示，该框架认为土壤盐渍化风险的产生类似于癌症的发生和发展过程。Grundy 等提出的基于四因素的土壤盐渍化风险评价框架假设土壤盐渍化综合风险指数源于四个非阶层的风险因子(包括生物物理灾害、目前管理上的影响、土壤盐渍化发展阶段及资产价值损失程度)之间的相互作用与关系。基于该框架，Biggs 等(2009)建立了一个基于GIS的土壤盐渍化风险评价系统，并在流域尺度上开展了澳大利亚 Condamine 流域土壤盐渍化风险评价。另外，还有其他一些土壤盐渍化风险评价方法，例如，强反演法(Strongly Inverse Method)利用多元统计回归或人工神经网络模型来“客观地”对区域土壤盐渍化的风险因子赋以相对权重，然后推断这些影响因素之间的相互关系，预测未来时期土壤盐渍化风险(Lamble et al.,2004;Bradd et al.,1997;Schofield et al.,2001;Patel et al.,2002;Triantafilis et al.,2004)。当然，这种方法本身也存在一些局限性：一是需要较大的数据量；如，当类似于地下水位及其增长率、盐分浓度等明显反映土壤盐渍化风险的数据难以获取或缺失时，则需要或可以通过多时间序列遥感数据来反演或模拟预测未来时期土壤盐渍化风险。二是当选取的土壤盐渍化风险因子不能全面反映或仅很少反映土壤盐渍化发生与演变过程时，该评价方法并不能提供一个随时间尺度变化的土壤盐渍化风险，而仅能用于评价土壤盐渍化风险空间分布情况。

从自然资源可持续发展的角度来看，当前的土壤盐渍化风险综合指数(SRI)是一个能以一种简单而有效的方式把那些类如地形因素等与土壤盐渍化进程之间复杂的相互作用的重要信息表达出来的工具(Ackson et al.，2000；OECD，1993)，开展土壤盐渍化风险监控和评估等活动，帮助土地管理人员和决策者在盐渍化风险防范过程中做出有效的决策。然而，为更好地反映风险因子与土壤盐分扩散之间的相关作用关系，特别是人类土地利用活动所引起的土壤次生盐渍化，当前的土壤盐渍化风险评价模型在选取风险因子的方法和原则等方面仍有很大的改进余地。因此，基于“因—果”关系的模型就显得可以更好地用来预测土壤盐渍化风险变化趋势，使得土地管理者更容易理解环境要素以及土地利用和管理的变化对土壤盐渍化风险相互作用(Venkatesan et al.，2011；Gilfedder et al.，2001；Milnes E，2011)。按照风险因子的性质及其与土壤盐渍化风险产生的“因—果”关系与影响过程，可以将土壤盐渍化风险因子分为两大类，即自然影响因素和人类活动影响因素。Niemeijer 等(2008)认为该框架(Conceptual Framework)在土壤盐渍化风险因子识别、筛选及构建评价指标体系等方面可以发挥重要作用，尤其是在构建土壤盐渍化风险评价指标体系时可以从环境因素和人为因素两方面来考虑。

从目前的大多数研究来看，基于“因—果”关系的概念框架被普遍运用在可持续发展相关研究领域，其中“压力—状态—响应”框架(PSR)、“驱动力—状态—响应”(DSR)框架以及“驱动力—压力—状态—影响—响应”框架等在构建评价指标体系方面存在一定的优势。土壤盐渍化作为一个主要的农业环境和土地退化问题，可以采用 PSR 框架来构建土壤盐渍化风险评价指标体系。对于 PSR 概念框架的机理可以简单地描述为“社会经济发展作为主要的驱动力(或压力)对环境施加压力，改变环境状态，针对这些压力以及状态的改变，环境内外部参与者和管理者所做出的有意识的努力”。因此，从这一点来看，PSR 框架为构建土壤盐渍化风险评价指标体系提供了一个非常清晰的思路，运用“压力—状态—响应”(PSR)这一逻辑框架来构建评价指标体系，可以有效地表征土壤盐渍化风险产生的“因—果”关系，即回答了“为什么会产生土壤盐渍化风险、目前的土壤盐渍化风险状况如何、我们将如何进行土壤盐渍化改良、治理及风险防范”这 3 个问题。

概括而言，运用综合风险指数模型进行土壤盐渍化风险评价需要基于以下几个方面的假设：一是土壤盐渍化风险与影响其变化的相关风险因子(Risk Factor)或指标(Indicator)之间存在线性或非线性的函数关系(“因—果”关系)；二是对于每个单一的风险因子都是可以定量或定性衡量的，且它们对产生土壤盐渍化风险过程的影响可以通过某一方法来确定，即选取合适的权重；三是影响土壤盐渍化风险的相关因素加权组合指数值(无量纲化的综合风险指数)能够用于表征土壤盐渍化风险水平。土壤盐渍化风险评价的主要步骤一般可以概括为如下 4 步：①选取影响土壤盐渍化风险的相关风险因子(系统分析法)；②建立土壤盐渍化风险评价模型(线性或非线性加权法)；③确定各个风险因子的权重(专家决策)；④土壤盐渍化风险指数计算与风险分级制图。

9.1.2　土壤盐渍化“因—果”关系分析

PSR 框架最初是由 Rapport 等(1979)提出的，后来又被世界经济合作与发展组织(OECD，1993)加以发展，该框架提供了一种动态监测环境状况或自然资源与生态环境可持续发展的系统性方法。目前大多数政府和组织都认为PSR框架仍然是用于环境评价指标体系构建和环境现状评价最有效的框架之一。

图9-1是基于PSR框架的土壤盐渍化“因—果”关系的概念模型。从图9-1可以看出，首先，土壤盐渍化风险压力因素主要来自两个方面：内外部环境因素的变化与人类活动所施加的影响。一般来说，土壤盐渍化“因—果”关系开始于地下水位上升及地下水强烈的蒸发，土壤中的盐分随地下水向上运移，聚集在土壤表层，同时还受到长期不合理的农业土地利用以及过度的或不合理的灌溉影响。其中，像地下水水文状况、地表蒸发等环境因素是土壤盐渍化风险产生的直接压力因素，而土地利用与管理实践等人类活动则是间接压力因素；相反，土壤盐渍化又会使土地利用条件或环境条件进一步恶化，造成土地利用系统恶性循环。其次，状态因素主要包括土壤盐分状况及盐渍化程度、地下水含盐量及其变化趋势等。再次，响应因素是指由土壤盐渍化导致的土地利用条件及环境条件的进一步恶化并由此衍生的经济损失促使人们采取相应的努力(Pannell et al.,2006)。响应因素主要包括土地利用方式的调整、农业基础设施的改善及相关土壤盐渍化治理与改良的技术措施、当地政府(土地管理者)的政策与决策以及农户(土地利用者)对土壤盐渍化的认知等。例如，对于旱地土壤盐渍化来说，最直接的响应目标就是防止地下水升高。相应的更多措施有增加水资源利用率、增强地下水排水能力、扩大耐盐作物种植面积、种植多年生植物以及避免因夏秋季休耕时而出现地表裸露的情况；对于灌溉土壤盐渍化来说，采用充分的排水措施增加土壤脱盐能力，主要的措施有深挖排水沟、合理灌溉等。另外，加大对土地使用者(农户)和相关决策者培训力度以提高他们对土壤盐渍化风险发生、发展的认知，这也被证明是防控土壤盐渍化风险的一种较为有效的举措(Karlen et al.,1997)。

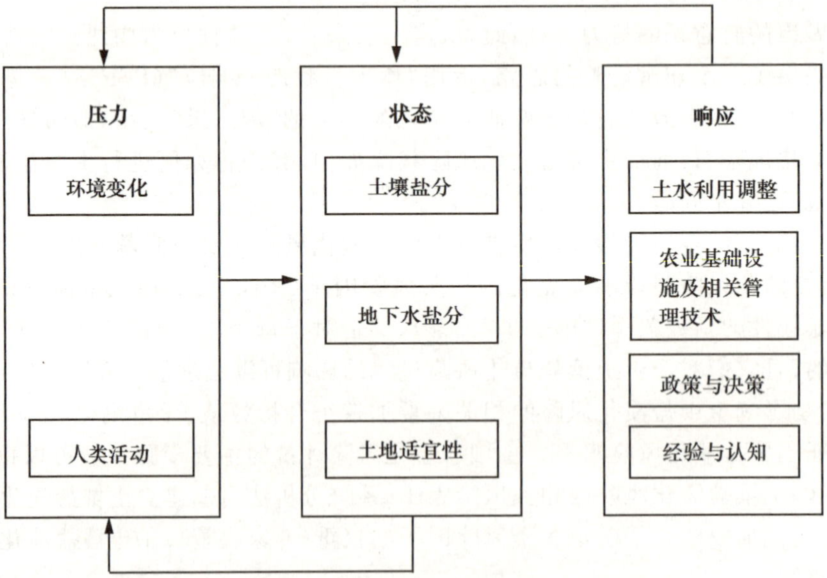

图9-1 基于PSR框架土壤盐渍化风险“因—果”关系概念模型

9.1.3 基于PSR框架的土壤盐渍化风险评价指标体系构建

利用PSR模型框架来构建土壤盐渍化风险评价指标体系，其中的压力指标主要包括来自环境条件的变化压力和人类活动压力。对于某些特定的区域，哪些风险因子需要纳入 PSR 框架，主要取决于区域水盐运动过程本身特征和数据的可获取性。从这一点上来说，并没有一个普遍适用于任何地区或国家标准土壤盐渍化风险评价指标体系。也就是说，PSR 模型框架具有易调整性的特点。盐渍化土地利用系统与环境、社会及经济之间的关系比较复杂，不同的研究区域从自身环境条件和土地利用特点出发，可以通过调整 PSR 模型的结构以便更具体地说明区域土壤盐渍化问题。如前面提到的联合国可持续续发展委员会(UNCSD)在其可持续发展指标研究工作中所运用的 DPSR 模型和欧洲环境署所发展的 DPSIR 模型等都是对 PSR 模型有效调整的补充和发展。PSR 模型框架另一特点就是其与经济社会、信息系统等联系更为密切，通过对评价数据的定期更新来反映区域土壤盐渍化风险随时间而变化的趋势。

由于 PSR 框架注重指标之间的“因—果”关系及其多元空间联系，因此，基于 PSR 框架选取土壤盐渍化风险因子的优势是选取的是基于“因—果”关系的风险因子集而不是相互独立的单一指标，以至于构建的风险评价指标体系能全面地反映土壤盐渍化过程，构建的指标体系具有较强的逻辑性，并且能减少那些主观上的冗余指标。此外，选取的每个指标都可以进行再分类为亚级指标。

表 9-1 是根据 PSR 模型框架构建的土壤盐渍化风险评价指标体系及常用的风险指标。由于土壤盐渍化问题的复杂性及风险因子之间存在较强的相关性，表 9-1 中的某些指标的归类也存在非唯一性特点。比如，上一节中提到的澳大利亚与加拿大西部地区的土地覆被从多年生植物转变为一年生植物后，出现土壤盐渍化加重的现象，由此可以将土地利用方式作为压力指标来反映土壤盐渍化风险。但是，如果当前的土地利用方式或土地管理措施有效地抑制或降低了土壤盐渍化风险，则可以将其归为响应指标(Wiebe et al. ,2007;Biggs et al. ,2009)。其次，需要注意的是，表 9-1 中的某些指标本身就是一个复合指标，受其他指标的影响。例如，土壤深层排水(Deep Drainage)意味着地下水降到根系以下，它同时受到诸如气候条件、土壤类型和土地利用等众多因素的综合影响，可以先用相关的物理模型计算该指标；而地下水位虽然也受到很多因素影响，比如土壤类型、地形、灌溉制度及排水条件等，但是它可以直接测量获得。因此，了解某些指标是复合指标还是单一指标，对于风险评价工作有很大的帮助。再比如，大多数研究都同时强调地质情况以及地下水位对土壤盐渍化风险的影响(Eilers et al. ,1997;Wiebe et al. ,2007;Biggs et al. ,2009)。但是在实际研究中，由于地质情况相对稳定，则很少研究将地质因素作为评价指标。此外，Furby 与 Caccetta(2010)利用地理分层法来解析不同的地理区域之间的土壤盐渍化风险差异；Lamble 与 Fraser(2004)还将研究区划分为不同的兴趣区，来解析因不同的农业发展方式以及水资源利用模式对土壤盐渍化风险影响的差异。

表 9-1　基于 PSR 框架的土壤盐渍化风险因子分类

组别	风险因子	研究区域(尺度)	参考文献
		环境因素压力	
气候因素	干旱指数	加拿大西部(区域)	Eilers 等 (1997); Florinsky 等 (2000);Wiebe 等 (2007)
	平均温度	中国东北及西北(流域)	Li 等 (2007); 肖举国等 (2010)
地形地势	坡度	加拿大西部(区域) 澳大利亚东部(流域)	Eilers 等 (1997); Florinsky 等 (2000);Wiebe 等 (2007); Biggs 等 (2009)

续表 9-1

组别	风险因子	研究区域(尺度)	参考文献
		环境因素压力	
	相对地形位置	澳大利亚西部(区域)	Furby 等 (2010)
	其他 DEM 派生因子	澳大利亚东部(流域)	Lamble 和 Fraser (2004); Biggs 等 (2009); Caccetta 等 (2010)
土壤及其风化物	土壤排水能力	加拿大西部(区域)	Eilers 等 (1997); Florinsky 等 (2000); Wiebe 等 (2007)
	土壤表层沉积物	加拿大西部(区域)	Eilers 等 (1997)
水文地质	排水或积水率	澳大利亚东部(流域)	Bui 等 (1996); Biggs (2003)
	土壤地下水侧向径流	澳大利亚东部(流域)	Biggs 等 (2009)
	土壤基质渗透率	澳大利亚东部(流域)	Biggs 等 (2009)
		人类活动压力	
政策与决策		中国西北(流域)	Li 等 (2007)
土地利用	深度排水	澳大利亚东部(流域)	Yee Yet 和 Silburn (2003);Biggs 等 (2003; 2009)
	地下水水位	澳大利亚东部(流域)	Biggs 等 (2009)
	土地利用强度	巴基斯坦(区域)	Niazi (2003)
	复种指数	巴基斯坦(区域)	Niazi (2003)
	投入模式	巴基斯坦(区域)	Niazi (2003)
	放牧强度	中国东北(流域)	Li 等 (2007)
人口	人口增长率	中国东北(流域)	Li 等 (2007)
农业基础设施	田间道路密度	澳大利亚东部(流域)	Lamble 和 Fraser (2004); Biggs 等 (2009)
	堤坝、渠系渗流	澳大利亚东部(流域)	Biggs 等 (2009)
		状态	
土壤盐分	土壤剖面含盐量	加拿大西部(区域) 美国(区域) 中国东北(流域)	Florinsky 等 (2000); Wiebe 等 (2007); Furby 等 (2010); Lobell 等 (2010)
地下水盐分	地下水运行趋势	澳大利亚东部(流域)	Biggs 等 (2009)
	地下水矿化度	澳大利亚东部及西部(流域)	Tickell (1994); Lamble 和 Fraser (2004)
土地适宜性	耐盐作物	澳大利亚	Pannell 和 Ewing (2006)
		响应	
政策与决策	相关农业补贴	澳大利亚	Pannell 和 Ewing (2006)
土地管理	永久植被与休耕比例	加拿大西部(区域)	Eilers 等 (1997); Wiebe 等 (2007)
	森林覆盖率	澳大利亚东部(流域)	Biggs 等 (2009)

续表 9-1

组别	风险因子	研究区域(尺度)	参考文献
		响应	
	土地利用结构	澳大利亚东部(流域)	Biggs 等 (2009)
	冬夏休耕期 地表裸露率	美国中西部(田间)	Benz 等 (1976)
	有机肥施用量	西班牙(田间) 中国东南(田间)	Tejada 等 (2006); Yao 等 (2007)
	灌溉定额	澳大利亚	Pannell 和 Ewing (2006)
工程措施	排水措施	美国中西部(田间) 澳大利亚西部(农场)	Benz 等 (1976); Pannell 和 Ewing (2006)
	灌溉渠系	中国西北(农场)	Pereira 等 (2007)
	黑色塑料薄膜种植	北美红河流域(田间)	Benz 等 (1976)

9.1.4 土壤盐渍化风险综合指数评价模型

在确定了研究区域、划分评价单元和评价指标体系后，即可利用土壤盐渍化风险评价模型计算土壤盐渍化风险综合指数，并进行风险分级制图。因此，接下来所需要解决的问题是对选取的风险因子进行量化(即风险因子对土壤盐渍化的影响程度)，并确定指标权重。

1. 土壤盐渍化风险综合指数模型

银川平原灌区土壤盐渍化风险评价采用基于灰色关联分析的综合指数法。其原理就是对影响土壤盐渍化风险的各个风险因子的作用进行加权综合，得到的综合性指数来反映土壤盐渍化风险程度。土壤盐渍化风险综合指数计算公式如下：

$$CRI_i = \sum_{j=1}^{n} r_{ij} \times w_j \qquad \text{公式 9-1}$$

式中，n 为选取的风险因子的数量；w_j 是第 j 个风险因子的权重；r_{ij} 是灰色相关系数(灰色关联度)，即风险因子的定量化，或者说它是风险因子对土壤盐渍化风险程度的估计。

2. 风险因子灰色关联系数计算方法

风险因子灰色关联系数的计算采用基于灰色系统理论的风险评价模型。灰色相关分析的基本思想是基于序列之间发展变化趋势的相似性或差异程度来判断它们之间的联系度。灰色相关分析弥补了采用数理统计方法进行系统分析所导致的缺憾，对样本量的大小及样本有无规律性都要求不高。

设 x_{i0} 为第 i 个评价单元的参考序列，x_{ij} 为第 i 个评价单元的第 j 个风险因子的比较序列值。其中

$$X = \begin{bmatrix} x_0 \\ x_1 \\ \cdots \\ x_j \\ \cdots \\ x_m \end{bmatrix} = \begin{bmatrix} x_{10} & x_{20} & \cdots & x_{i0} & \cdots & x_{n0} \\ x_{11} & x_{21} & \cdots & x_{i1} & \cdots & x_{n1} \\ \cdots & \cdots & \cdots & \cdots & \cdots & \cdots \\ x_{1j} & x_{2j} & \cdots & x\,ij & \cdots & x_{nj} \\ \cdots & \cdots & \cdots & \cdots & \cdots & \cdots \\ x_{1m} & x_{2m} & \cdots & x_{im} & \cdots & x_{nm} \end{bmatrix}$$

则有

$$r_{ij}=r(x_{i0},x_{ij})=\frac{\min_i\min_j|x_{ij}-x_{i0}|+b\max_i\max_j\{|x_{ij}-x_{i0}|\}}{|x_{ij}-x_{i0}|+b\max_i\max_j\{|x_{ij}-x_{i0}|\}}$$ 公式 9-2

式中，r_{ij}为第 i 个评价单元的第 j 个风险因 x_{ij} 与母指标序列的灰色相关系数，该值越大，说明母序列与子序列的相关性越强；b 为分辨系数且 $b\in(0,1)$，其值越小，分辨率越高，一般参数 b 取 0.5，它主要是用于调整公式中两个序列绝对差值非常大时的可调参数。

鉴于 x_{ij} 与 x_{i0}之间可能呈现负相关性，则可以定义如下基于灰色关联系数的土壤盐渍化风险评价模型：

$$F_i=1-\sum_{j=1}^{m}w_j\frac{\min_i\min_j|x_{ij}-x_{i0}|+b\max_i\max_j\{|x_{ij}-x_{i0}|\}}{|x_{ij}-x_{i0}|+b\max_i\max_j\{|x_{ij}-x_{i0}|\}}$$ 公式 9-3

式中，w_j的意义同公式(9-1)，$j=1,2,\cdots m$。显然，$F_i\in(0,\ 1)$，称为第 i 评价单元的土壤盐渍化风险综合指数。

考虑到分辨系数 b 选取的合理性和实用性，为获得一个比较合理的土壤盐渍化风险指数的分布，本文中令

$$\bar{F}=\frac{1}{n}\left\{\sum_{1=1}^{n}\left[1\sum_{j=1}^{m}w_j\frac{\min_i\min_j|x_{ij}-x_{i0}|+b\max_i\max_j\{|x_{ij}-x_{i0}|\}}{|x_{ij}-x_{i0}|+b\max_i\max_j\{|x_{ij}-x_{i0}|\}}\right]\right\}=\frac{1}{2}$$

公式 9-4

式中，n 为评价单元的数量。

对原始数据进行标准化处理后，则可依此计算出相应的分辨系数 b，进而评价各个评价单元的土壤盐渍化风险。

3. 风险因子权重的确定方法

为了对研究区各个评价单元土壤盐渍化风险进行综合评价，需要确定各个单项风险因子对整体风险的贡献率，即确定各单项风险因子的权重。本章运用层次分析法(AHP)来确定风险因子的权重。AHP 是由 Saaty (1980)提出的解决多标准决策的一种决策分析法是一种定性分析与定量分析相结合的系统分析方法，是将人的主观判断用数量形式表达和处理的方法，它把复杂得多标准决策问题分解成多层结构来分析评估决策标准的相对重要性。典型的 AHP 包含三个层次结构(目标、准则及指标)。其中目标是指土壤盐渍化风险；准则是指基于 PSR 模型框架的压力、状态与响应；方案是指可选的影响土壤盐渍化的风险因子和相关措施。可以根据风险因子影响土壤盐渍化的程度对各个风险因子分级并赋值，每个风险因子都能根据它们与土壤盐渍化的相对影响程度和重要性来确定一个权重(表 9-2)。

表 9-2 土壤盐渍化风险评价指标及其权重

PSR 框架	风险因子	编号*	权重		
			$W1^{\dagger}$	$W2$	$W3$
环境压力	蒸降比 (—)	X_1	0.116 2	0.145 3	0.091 5
	相对高差/m	X_2	0.049 9	0.062 4	0.039 3
人类活动压力	地下水埋深/m	X_3	0.130 0	0.162 5	0.102 4
	复种指数 (—)	X_4	0.013 1	0.016 4	0.010 3
	人口密度/(人/km^2)	X_5	0.011 4	0.014 3	0.009 0

续表 9-2

PSR 框架	风险因子	编号*	权重		
			$W1$[†]	$W2$	$W3$
状态	底层土壤含盐量/(g/kg)	X_6	0.178 0	0.178 0	0.178 0
	地下水矿化度/(g/L)	X_7	0.229 6	0.229 6	0.229 6
响应	到灌溉渠的距离/m	X_8	0.086 1	0.060 7	0.107 6
	到排水沟距离/m	X_9	0.061 4	0.043 3	0.076 8
	有机肥投入量/(t/km²)	X_{10}	0.009 7	0.006 8	0.012 1
	植被覆盖度(—)	X_{11}	0.039 5	0.027 8	0.049 4
	水稻种植面积比例/%	X_{12}	0.031 5	0.022 2	0.039 4
	小麦种植面积比例/%	X_{13}	0.024 3	0.017 1	0.030 4
	玉米种植面积比例/%	X_{14}	0.019 4	0.013 7	0.024 3
	表层土壤含盐量/(g/kg)	X_0	—	—	—
总计			1.000 0	1.000 0	1.000 0

* X_0 指风险感知器，即灰色关联模型中的参考序列；X_1-X_{14} 指风险因子，即灰色关联模型中的生成序列；

† $W1$，$W2$ 及 $W3$ 是权重敏感分析中不同权重分配模式，即初始权重模式，压力模式及响应模式。

4. 银川平原灌区土壤盐渍化风险综合评价

(1)评价指标的选取　基于 PSR 模型框架，选取了 14 个风险因子构成银川平原灌区土壤盐渍化风险综合评价指标体系(表 9-2 和图 9-2，彩图 9-2)。其中包括 5 个压力指标，2 个状态指标及 7 个响应指标。在灰色关联分析模型中，表层土壤中可溶性盐含量被定义为因变量(风险受体)，而 $X_1 \sim X_{14}$ 称为自变量(生成序列)。

对于压力指标来说，银川平原灌区相对较高的蒸降比使土体中的盐分随水分蒸发使盐分在土壤表层大量积聚，加大了研究区土壤盐渍化的风险(张智等，2008)。银川平原灌区扁平的地形加上区域排水条件较差，也加剧了水分蒸发的强度，导致土壤盐渍化风险加大。不合理的灌溉会引起地下水位上升，导致盐分从土体的底部运移到根系层和表层土壤。另外，Li 等(2007)研究指出，快速的人口增长也是中国西部地区盐碱地扩大的主要原因。复种指数间接表征了研究区农业种植密度、灌溉密度以及灌溉制度，复种指数越大，则说明研究区农业土地利用强度越高。这些风险因子从自然环境条件和人类活动两个方面反映了土地利用系统脆弱的银川平原灌区土壤盐渍化的风险。对于状态指标来说，一个地区的土壤盐分状态可以用土壤剖面盐分的存在形式及其盐渍化程度来表示。在 PSR 模型框架中，底层土壤及地下水矿化度被归类为状态指标。根据研究问题的需要，表层土壤含盐量被认为是土壤盐渍化风险受体输入灰色关联分析模型。

银川平原灌区自从修建第一条引黄灌渠之后，经历了 2 000 多年的灌溉农业发展。由于不合理的农业生产活动和脆弱的环境条件，土壤盐渍化问题一直是制约灌区农业生产的主要因素之一。特别是 20 世纪五六十年代粮食危机引起的水稻种植面积迅速扩张，导致区域地下水位的迅速上升，加剧了土壤盐渍化风险。为此，中央政府和宁夏回族自治区政府采取了一系列措施以减轻和降低土壤盐渍化风险及由此带来的经济和生态损失，主要采取的响应措施有：①加大农田基本建设投资，新增和维护现有的沟渠，形成了一套总长度达 7 000 km 的灌排系

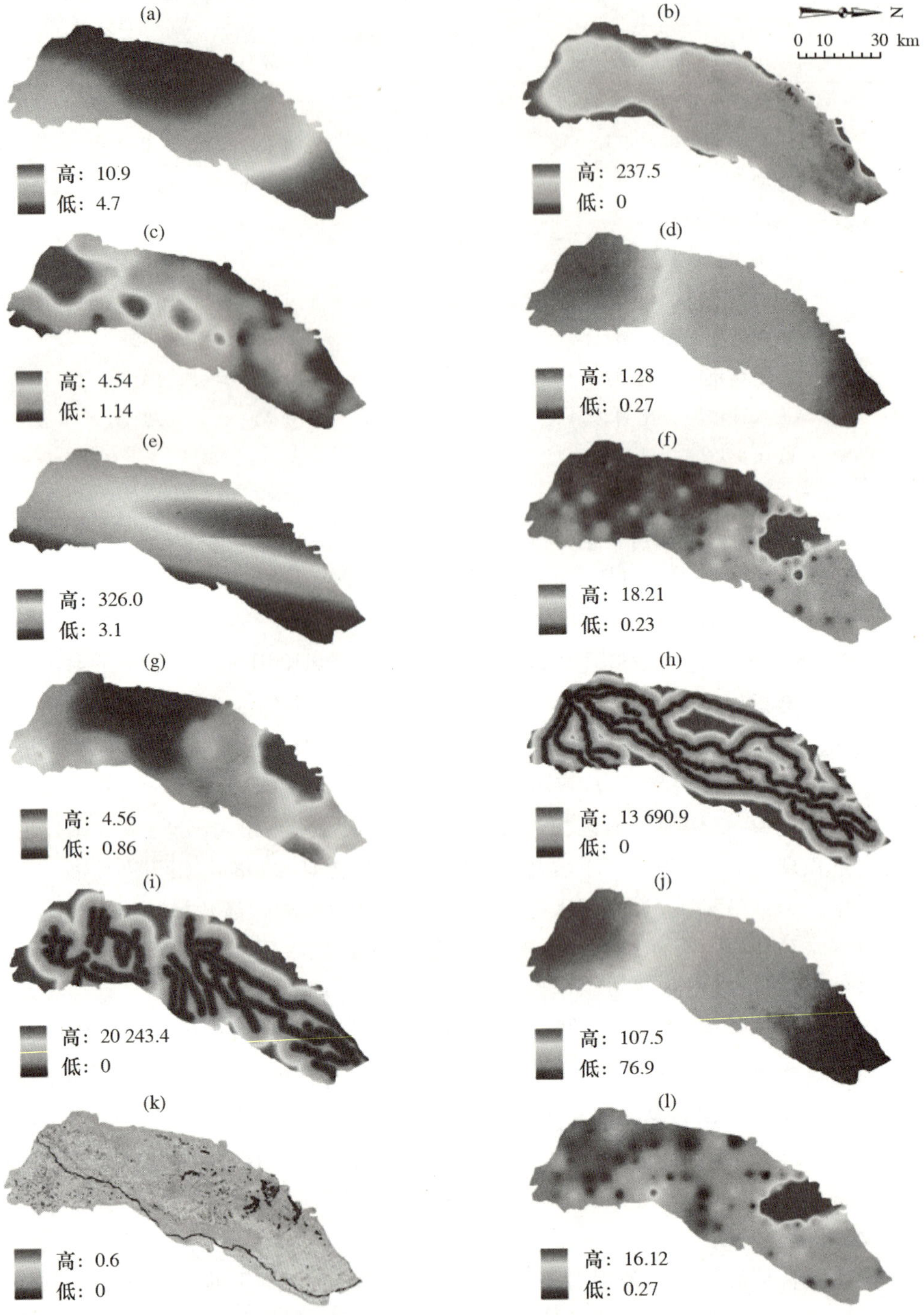

图 9-2 土壤盐渍化风险因子空间分布图(部分指标)

(a)蒸降比(—)；(b)相对高差(m)；(c)地下水埋深(m)；(d)复种指数(—)；(e)人口密度(人/km^2)；(f)表层土壤含盐量(g/kg)；(g)地下水矿化度(g/L)；(h)到灌溉渠的距离(m)；(i)到排水沟距离(m)；(j)有机肥投入量(t/km^2)；(k)植被覆盖度(—)；(l)底层土壤含盐量(g/kg)

统；②制定相关的水资源利用政策和农业土地利用政策；③调整农业产业结构，综合开发利用盐碱地资源。因此，响应指标主要包括到灌渠的距离、到排水沟的距离、有机肥施用量、植被指数、水稻种植面积、小麦种植面积及玉米种植面积。

（2）确定权重及敏感性分析　首先，运用专家咨询法和 AHP 方法相结合，由长期进行土壤盐渍化领域相关研究的专家对风险因子打分，构建判断矩阵，确定风险因子初始权重（*W*1）。

为了进一步探讨压力、状态及响应对银川平原灌区土壤盐渍化风险的影响程度，尤其是人类活动对土壤盐渍化风险的影响，还需要开展土壤盐渍化风险评价指标的敏感性分析。具体方法是在保持总权重为 1 的前提下，分别将压力指标和响应指标增加 25%。比如在压力模式下（*W*2），压力各指标权重增加了 25%，响应各指标的权重降低 25%且状态指标的权重保持不变。同样的方法可以得到响应模式（*W*3）（表 9-2）。最终可以得到 3 个权重模式下的土壤盐渍化风险等级图（图 9-3）。

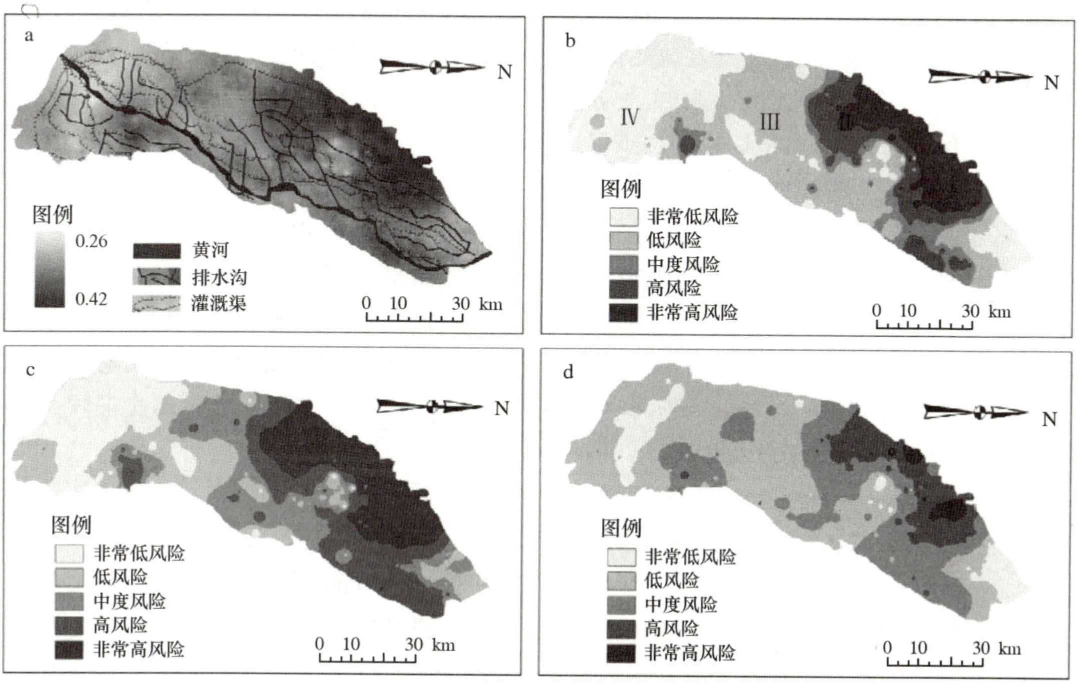

图 9-3　土壤盐渍化风险等级空间分布图

9.1.5　土壤盐渍化风险综合评价结果与分析

1. 银川平原灌区土壤盐渍化风险

从图 9-3a 中可以看出，灌区土壤盐渍化风险综合指数变化范围在 0.26～0.42 之间，且呈现正态分布。进一步采用自然断裂点法对土壤盐渍化风险综合指数（CRI）进行分级，共分为 5 个级别，即非常低风险（CRI ＜0.29）、低风险（0.29 ≤ CRI ＜0.31）、中度风险（0.31 ≤ CRI ＜0.33）、高风险（0.33 ≤ CRI ＜0.36）及非常高风险（0.36 ≤ CRI），如图 9-3b 所示。同样，可以分别得到以上 3 种权重模式下的土壤盐渍化风险空间分布图，如图 9-3b、图 9-3c 及图 9-3d 所示。

从图 9-3b 中可以看出，在空间分布上，灌区土壤盐渍化风险明显存在局部特征。土壤盐渍化非常高及高风险区域主要分布在灌区的西北部（见图 9-3b 中区域Ⅰ和区域Ⅱ），结合各个风险因子的空间分布图来看（图 9-2），灌区西北部出现高土壤盐渍化风险的原因主要是由于该地区地下水位比较浅、植被覆盖度相对较低、高的人口密度以及历史上该区域长期不合理的土地利用，土壤盐分含量高，地下矿化度也相对较高。

相对于北部地区，由于灌区南部具有良好的自然环境条件，灌溉农业发展优势比较明显，土壤盐渍化风险明显低于北部地区，原因主要有以下几点：一是高植被覆盖度降低了土壤表层蒸发量；二是地势较高、地下水位较深；三是良好的排水条件改善了区域水土排盐环境。实地调查发现，虽然南部地区长期种植水稻，但是该地区已形成了合理的水旱（水稻—玉米）轮作制度等良好的土地利用方式和农业结构，水旱轮作制的长期实施，有效地调节了局部地区水文环境，并没有提高该区域土壤盐渍化风险。因此，灌区南部地区水旱轮作制度不仅没有造成灌区农田土壤中的盐分含量增加；相反，在合理的排水作用下，土壤含盐量有降低的趋势。因此，合理的种植制度（水旱轮作制度）有效地降低了该地区土壤盐渍化风险。

从图 9-3（b、c 及 d）中还可以看出，土壤盐渍化高风险区域主要分布在远离黄河的地区，基本远离灌排渠系。首先，由于该地区位于银川平原灌区的下游，加上先天不利的地形和水文地质条件、地势平坦、土质黏重、地表及地下水排水不畅等因素，导致该区域一直是银川平原的水盐汇集区，地下水水位高且含盐量大，是银川平原灌区土壤盐渍化相对较重的地区；其次，该地区缺乏建设良好的排水系统等响应措施（图 9-3a）；再次，银川平原灌区南部（上游地区）水稻种植引起的大水漫灌加上北部（下游地区）对地表水、地下水的调控失衡，致使该地区土壤盐渍化风险居高不下。比较图 9-2 和图 9-3b 可知，对于银北地区来说，土壤盐渍化高风险的主要原因可归结为该地区具有相对较低的地势和平坦的地形，以及相对埋深较浅和含盐量较高的地下水。此外，较高的人口密度和相对较低的植被覆盖度也是该地区土壤盐渍化高风险的主要原因之一。

由于银川平原灌区多风和干旱的环境条件，土壤盐分累积更容易发生在休耕季节和地表裸露地区。对于土壤盐渍化中等风险和高风险地区，农田中的生态林建设（局部退耕还林（草））需要进一步加强，适当增加该地区林草面积比例，建设以农田防护林网为主导的乔、灌、草相结合的人工植被防护体系。调整当前局部地区不合理的农业种植业结构和农用地利用结构；适度加大选择耐盐的经济作物代替传统的种植业模式，不仅可以增加农民的经济收入还会避免由于冬季农田休耕造成地表裸露、高强度地表蒸发等引起的土壤盐渍化的风险。

对于土壤盐渍化风险较低的银南地区，如果不加以科学地管理、盲目的以“灌溉洗盐”的方式继续扩大和发展水稻种植面积，其结果也可能会引起灌排失衡而导致地下水位居高不下，土壤盐渍化风险增加。因此，当务之急是要加强农田基础设施建设，改变当前不合理的灌溉制度和灌溉方式，发展低耗水农业和生态灌溉农业，树立水资源短缺的忧患意识和高效利用意识。对比图 9-3b 和图 9-3d 来看，当增加响应指标的权重时，银川平原灌区整个土壤盐渍化风险从非常低风险逐步上升到低风险级别。另外，从图 9-2d 和图 9-3a 可以看出，灌区局部地区具有较高的复种指数和低盐渍化风险。Pereira 等（2007）对银川平原灌区的研究表明，土地平整和更合理的灌溉制度能够减少 33％的农业灌溉用水量，从而减少农业灌溉回归水的使用量，降低土壤盐渍化程度。张源沛等(2008)研究表明在排水不畅条件下灌溉回归水会增加土壤盐渍化风险，该研究还指出表层土壤含盐量随灌溉年限增加而加重，灌溉 3 年黄河水要比灌溉 1 年的土壤盐分含量增加 1.84 倍。上述研究结果更进一步表明了即使灌溉黄河水，也可造成土壤盐渍化风险，除非有良好的排水措施和条件。因此，对于该区域来说，减少高强度土地利用过程中的农业灌溉用水量和调整灌溉方式及灌溉制度是防止该区域土壤盐渍化风险加剧的最有效措施。

基于 PSR 框架的研究结果表明，不合理的土地利用会继续加剧土壤盐渍化风险以及由此带来的土地利用与生态环境的不经济。影响土壤盐渍化风险的主要因素有地下水埋深、地下水矿化度、底层土壤含盐量以及植被覆盖度。因此，需要针对土壤盐渍化产生的不同机理，理解和掌握区域土壤盐渍化风险时空变异规律并制定相应的对策；应当加大对灌区土壤盐渍化状态以及地下水埋深、植被覆被状况的监控力度，保持和恢复土地利用系统和扩大耐盐作物的种植面积会是更好、更经济的选择(Pannell et al.，2006；Schofield N J，1992；Zhang et al.，2004)。此外，当地政府应当有针对性地采取和制定出土壤盐渍化管理措施及防范对策，尤其是在灌排系统不发达的区域，完善和加强其灌区灌排系统是改善和降低土壤盐渍化风险最直接有效的措施之一。

2. 权重敏感性分析

综合图 9-3 和图 9-4 不难发现，当分别增加压力指标的权重(压力模式 $W2$)和响应指标的权重(响应模式 $W3$)后，结果有明显的差异性。首先，在初始权重模式下，灌区土壤盐渍化非常低风险与低风险面积达到了 65%以上；当施加压力时，银川平原灌区土壤盐渍化非常低风险与低风险的面积有所下降，土壤盐渍化非常高风险与高风险的面积有所增加，每一个土壤盐渍化风险级别的面积比例基本达到平衡，为 20%左右；当增加响应措施时，整个灌区土壤盐渍化风险趋于均质性，土壤盐渍化低风险、中等风险级别的面积比例大幅度增加，占总面积比例的 75%以上，与此同时，土壤盐渍化非常高风险和非常低风险的面积比例都有所下降。

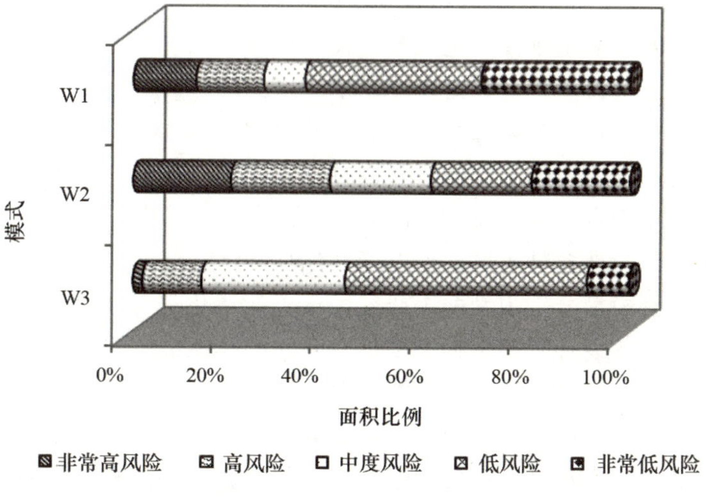

图 9-4　3 种模式下土壤盐渍化各风险级别面积比

3. 结论与讨论

通过整合 PSR 模型框架、灰色关联模型以及 AHP 方法，开展了银川平原灌区土壤盐渍化风险综合评价研究。PSR模型框架的运用不仅从土壤盐渍化风险"因—果"关系的角度提出了一个选取评价指标与构建评价体系的方法,而且将土壤盐渍化问题纳入土地利用可持续评价框架中。正如表9-1所示,进行土壤盐渍化风险评价时需要考虑到一系列风险因子,而PSR模型框架的优势就在于它有利于系统性地筛选出那些影响土壤盐渍化过程且具有一定"因—果"关系的各类风险因子,而不是仅仅选取那些只反映局部土壤盐渍化过程的单个风险因子(Grundy et al.,2007)。

虽然PSR模型框架具有非常清晰的"因—果"关系,但也存在一定的局限性,压力、状态及响应指标的选取和分类主要还是基于研究者自己对所研究问题的理解程度(Lobell et al.,2010;Aldakheel Y,2011;Chen et al.,2008),难以对所有指标按照压力、状态、响应之间的因果关系进行分类,或者确定因果关系的依据科学性不足或者过分简化,有些压力指标与状态指标或状态指标与响应指标之间互为因果(李利锋和郑度,2002)。比如,植被覆盖度可以被归类为状态指标来反映区域土壤盐渍化的状态,但是它还可以被归类到响应指标集中,用来表征土地管理者对土壤盐渍化的一种响应和努力。因此,合理的、科学的评价指标分类应该针对科学问题的具体研究目的和研究内容的不同而做出相应地调整。

9.2 基于SAR模型的土壤盐渍化风险防控模型

9.2.1 基本思路和研究方法

1.基本思路

上一节开展了银川平原灌区土壤盐渍化综合风险评价,并解析了环境因素与人为因素对区域土壤盐渍化发生、发展的作用机理;探讨了自然因素和人类活动因素对银川平原灌区土壤盐渍化的影响;构建的基于PSR框架的评价指标体系能够很好地表征土壤盐渍化风险产生的"因—果"关系、灌区土壤盐渍化风险状态及其变化的趋势,尤其是风险因子权重敏感性分析进一步说明了人类活动对区域土壤盐渍化风险防控的积极影响。但是,PSR模型框架自身的特点决定了它不能解决土壤盐渍化的关键风险因子(可控风险因子)的划分与识别这一问题,从而影响区域土壤盐渍化防控决策和方案制定。此外,地理现象空间分布普遍存在空间自相关、变异性和聚集性(Tobin P C,2004;De et al.,2010;陈彦光,2009),需要运用空间统计模型进一步解析地理现象的空间自相关性及其空间分布特征。

根据银川平原灌区自然条件等区域性差异,将灌区划分为两个典型的区域(银北地区和银南地区),采用空间统计模型分别识别两个研究区土壤盐渍化关键风险因子,为区域土壤盐渍化风险控制和调控方案的设计提供依据。根据空间回归模型的选择原则,分别基于整个银川平原灌区、银北地区和银南地区,采用空间滞后模型计算相关参数,拟达到以下几个目的:①帮助我们更好地理解各个风险因子(解释变量)的空间依赖性;②筛选更合适的空间回归模型识别灌区土壤盐渍化关键人类活动驱动力因子(风险因子);③针对每个具体的关键人为驱动因子制定相应的措施;④最后根据经济效益原则、生态效益原则和社会效益原则将这些措施整合成不同的土壤盐渍化风险防控方案,探索灌区土壤盐渍化风险防控最优方案,从而更有效地控制研究区土壤盐渍化风险。技术路线如图9-5所示。

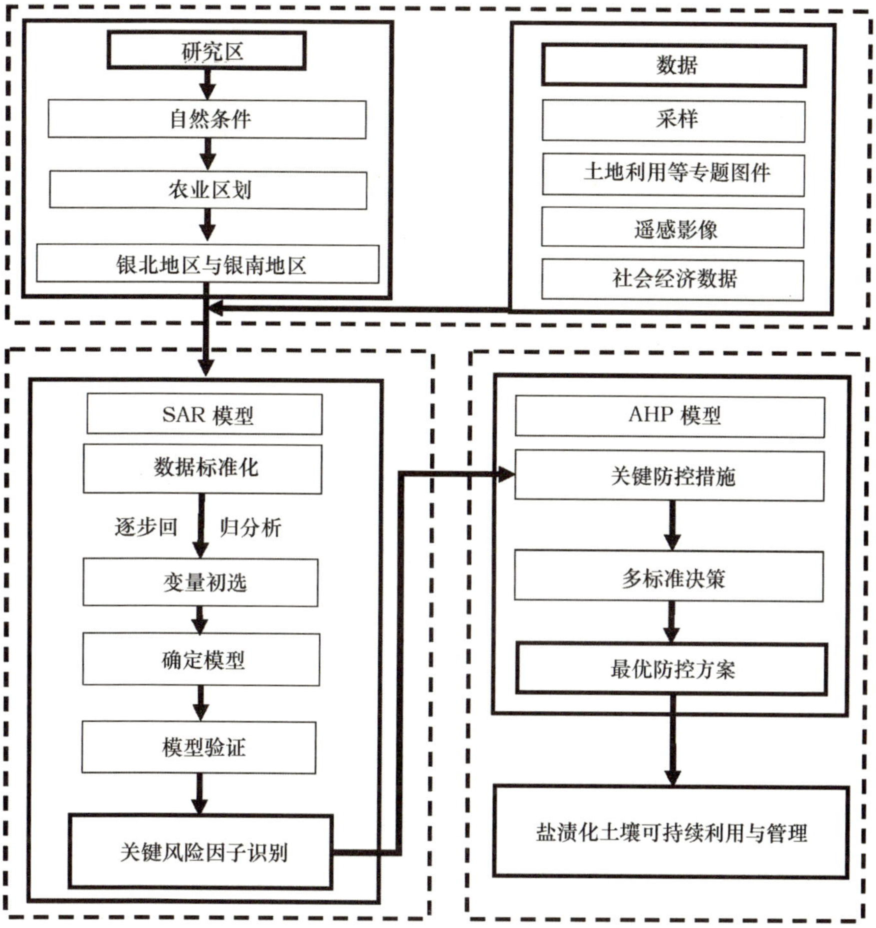

图 9-5　土壤盐渍化风险防控专家系统分析框架

2. 空间统计模型

土壤盐渍化风险变化驱动力分析是指运用某种多元统计方法筛选一系列变量来描述土壤盐渍化综合风险的变化，这些变量就是土壤盐渍化风险变化驱动力因子或风险因子。基于最小平方和估计的线性回归分析法等传统统计学方法及模型忽略了地理空间变量之间会存在空间自相关性及其对各个空间变量因子的相互作用和影响。地理学第一定律指出，空间地理数据或事物都具有相关性，越是离得越近的事物，彼此之间联系性就越强（陈彦光，2009）。土壤盐渍化风险及其各个风险因子作为地理空间变量的类型之一，同样也存在空间自相关性。因此，可以引用空间权重的形式来引入空间自相关因子，采用合适的空间统计模型，如空间回归模型，来解释土壤盐渍化风险及其驱动因子中固有的空间自相关效应。

(1)空间自相关性分析　空间自相关分析是检验具有空间位置某要素的观测值是否显著地与其相邻空间点上的观测值相关联（David M，1996；邱炳文等，2007）。Moran′s Ⅰ 指数常用来表示变量的空间自相关度（陈彦光，2009）。主要表现在以下两个方面：一是 Moran′s Ⅰ 指数可以度量和检验空间相关系数的显著性水平；二是得到的空间自相关图以标准化处理，可以进行不同区域的对比研究（Meisel et al.，1998）。一般来说，Moran′s Ⅰ 指数介于 −1～1 之间，其值大于 0，则表明空间变量存在空间正相关性；反之，存在空间负相关；等于 0，则表示空间变量不存在空间相关性。Moran's Ⅰ指数计算公式如下：

$$Moran's\ I = \frac{n}{\sum_{i=1}^{n}\sum_{j=1}^{n} w_{ij}} \cdot \frac{\sum_{i=1}^{n}\sum_{j=1}^{n} w_{ij}(y_i - \bar{y})(y_j - \bar{y})}{\sum_{i=1}^{n}(y_i - \bar{y})^2} \quad i \neq j \qquad \text{公式 9-5}$$

式中，n 为研究区的空间变量总数；y_i 与 y_j 是某个变量在空间位置 i 与 j 的属性值；W_{ij} 为行标准化的空间权重矩阵，通常被定义为一个二元对称矩阵 W，用来表达 n 个位置的空间区域的邻近关系（王春菊和汤小华，2004）。空间权重矩阵 W 用来表示元素与邻域元素间的空间相关性。对于不规则采样分布来说，常用距离参数来计算空间权重矩阵（Huo et al.，2011）。

(2)空间回归模型　为了检验空间回归模型相对于传统统计模型在处理空间数据上的优势，一开始选取基于普通最小二乘法的传统线性回归模型与基于最大似然估计的空间回归模型来说明它们之间处理空间数据的差异，以便选择合适的空间回归模型来进一步确定土壤盐渍化关键风险因子。空间回归模型主要包括两个关键模型，即空间滞后模型（Spatial Lag Model，SLM）和空间误差模型（Spatial Error Model，SEM）（Anselin L，1990）。

空间滞后模型（SLM）可以用以下一般通用公式表示：

$$Y = \rho \boldsymbol{W} y + \boldsymbol{X}\beta + \varepsilon, \qquad \varepsilon \sim N(0, \sigma^2) \qquad \text{公式 9-6}$$

式中，ρ 是空间自相关系数；Y 是因变量；$\boldsymbol{X}$ 是自变量（解释变量）；ε 为随机误差项向量；β 是参数；$\boldsymbol{W}$ 为 $n \times n$ 阶的空间权重矩阵；$\boldsymbol{W}y$ 为空间权重矩阵 W 的空间滞后因变量。空间滞后模型包括了空间变量空间依赖作用。

空间误差模型（SEM）一般通用的计算公式如下：

$$Y = \boldsymbol{X}\beta + \lambda \boldsymbol{W} u + \varepsilon, \qquad \varepsilon \sim N(0, \sigma^2) \qquad \text{公式 9-7}$$

式中，λ 是空间自相关系数；$\boldsymbol{Y}$ 是关于自变量观测值的向量；$\boldsymbol{X}$ 是解释变量的观测值的矩阵；u 是空间自相关误差项的向量；ε 为随机误差项向量；β 为参数。

(3)空间模型拟合度的测量　由于存在空间自相关性，传统的模型的决定系数（R^2）无法用来测量地理数据空间回归模型的拟合度。在空间回归模型中可采用伪 R^2 来表达空间回归模型的拟合度，它是预测值的方差与因变量的方差之比（Anselin L，1990）。Overmars（2003）指出传统的经典统计分析中的 R^2 与空间回归模型中的伪 R^2 不能直接比较，但是可以比较不同空间回归模型中的伪 R^2（Overmars et al.，2003）。此外，其他可以用来测量空间回归模型拟合度的指标还有最大似然对数值（Maximized Log Likelihood，LIK）、Akaika 信息指标（Akaike Information Criterion，AIC）及 Schwartz 标准的贝叶斯准则（Schwartz Criterion，SC）等 3 个指标（Anselin et al.，1988；谢花林等，2006）。如果 LIK 越大（或 AIC 与 SC 很小），则可以说，空间回归模型的拟合度就越高（Overmars et al.，2003）。此外，标准回归系数（β）与相关显著性水平（p 值）还可以用来比较空间回归模型中各空间解释变量（风险因子）与因变量之间的相关性程度。

3. 土壤盐渍化风险防控优化方案的决策

土壤盐渍化风险的产生、发展与自然环境和人为因素密切相关，需要将土壤盐渍化风险防控优化方案决策作为一个系统工程来考虑，通过对复杂问题层层分解，形成各个组成要素，再根据要素间的相互支配关系将每个要素分解成不同的层次，最终落到具体的决策方案中。

层次分析法(AHP)常用来解决有限方案多目标决策问题，能够将复杂的决策问题进行系统分析并层次化，通过逐层分解比较各种相关因素的相对重要性来为解决复杂的决策问题提供定量的依据，从而使土壤盐渍化风险防控决策方案问题明晰化、具体化，最终形成土壤盐渍化风险防控决策(高润霞等，2011)。

基于层次分析法的土壤盐渍化风险防控优化方案决策一般有以下几个步骤：①建立土壤盐渍化风险防控优化方案的层次结构模型；②构建因素之间的判断矩阵；③层次单排序与层次总排序及一致性检验；④选择土壤盐渍化风险防控优化决策方案。

9.2.2　土壤盐渍化关键风险因子筛选

1. 空间回归模型的因变量与自变量

选取银川平原灌区表层土壤含盐量作为空间回归模型的因变量。自变量的选择方法是将土壤盐渍化风险因子划分为自然环境因素和人为因素两大类，主要包括气候因素、地形因素、地下水因素、农业结构(土地利用方式)、植被覆盖度、农业基础设施、农业生产技术以及人口因素等共选取了 16 个空间变量指标(表 9-3)。为了避免风险因子潜在空间自相关和风险因子对土壤盐渍化风险的非显著性，运用逐步回归统计模型对风险因子进行初步筛选，最终选取了 10 个土壤盐渍化驱动变量输入空间回归模型(表 9-3)。

表 9-3　土壤盐渍化风险空间回归模型的空间变量

变量类型		空间变量	代码	数据来源	变量选择
应变量土壤盐分	Y	土壤含盐量/(g/kg)	SAL_TOPSOIL	田间采样	
自变量			自然因素		
气候因素	X_1	蒸降比(—)	RATE_ER	宁夏气象局	
地形	X_2	相对高差/m	REL_RELIEF	地形图	√
			人为因素		
地下水	X_3	地下水埋深/m	GROU_DEPTH	采样数据	
	X_4	地下水矿化度/(g/L)	GROU_SAL	采样数据	√
农业结构	X_5	水稻种植面积比例/%	PER_PADDY	宁夏统计年鉴	√
	X_6	小麦种植面积比例/%	PER_WHEAT	宁夏统计年鉴	
	X_7	玉米种植面积比例/%	PER_CORN	宁夏统计年鉴	√
	X_8	水产面积比例/%	PER_AQUA	宁夏统计年鉴	√
	X_9	畜牧业面积比例/%	PER_ANIMAL	宁夏统计年鉴	√
植被覆盖	X_{10}	植被指数(—)	NDVI	遥感影像	
农业基础设施	X_{11}	到道路的距离/m	DIS_ROAD	遥感影像和地形图	
	X_{12}	到排水沟距离/m	DIS_DRAIN	遥感影像和地形图	√
	X_{13}	到灌溉渠的距离/m	DIS_IRRIG	遥感影像和地形图	√

续表 9-3

变量类型		空间变量	代码	数据来源	变量选择
农业技术	X_{14}	有机肥投入量/(t/km²)	INPU_FERTILI	宁夏统计年鉴	√
	X_{15}	复种指数(—)	INDEX_CROP	宁夏统计年鉴	√
人口因素	X_{16}	人口密度/(人/km²)	DEN_POP	宁夏统计年鉴	

注:"√"指运用逐步回归统计模型筛选后的风险因子。

2. 分区模型建立及数据处理

进一步筛选土壤盐渍化风险的关键驱动因子,尤其是找出那些关键的人为因素,为下一步土壤盐渍化风险管理和调控方案的制定提供可靠的依据。由于受到气候、地形以及水文等环境条件的影响,银川平原灌区土地利用方式和农业生产方式在区域内基本形成了两个分区,即银南地区和银北地区,为了消除自然环境条件的影响,分别构建银南土壤盐渍化空间回归模型及银北土壤盐渍化空间回归模型,以对银川平原灌区土壤盐渍化进行分区管理。最终得到3个空间回归模型,来比较各个亚区内土壤盐渍化的关键风险因子。

9.2.3 结果与分析

1. 空间自相关性分析

以距离参数计算空间权重矩阵,以2 km为步长计算各个变量的Moran's I指数,对银川平原灌区的自变量与因变量分别进行空间自相关性分析,如图9-6和图9-7所示。图9-6结果表明,3个分区模型土壤盐渍化在小于32 km步长时都呈现出显著性水平($P<0.01$),且土壤盐渍化都呈现显著空间正相关,相对于银北盐渍化区来说,银南盐渍化区土壤盐渍化的空间自相关性要小,这说明银南地区土壤盐渍化不易受到相邻区域土壤盐渍化的影响,相反,银北地区土壤盐渍化更容易受到邻域土壤盐渍化的影响。此外,随着距离(步长)的增加,空间相关性逐渐变弱。

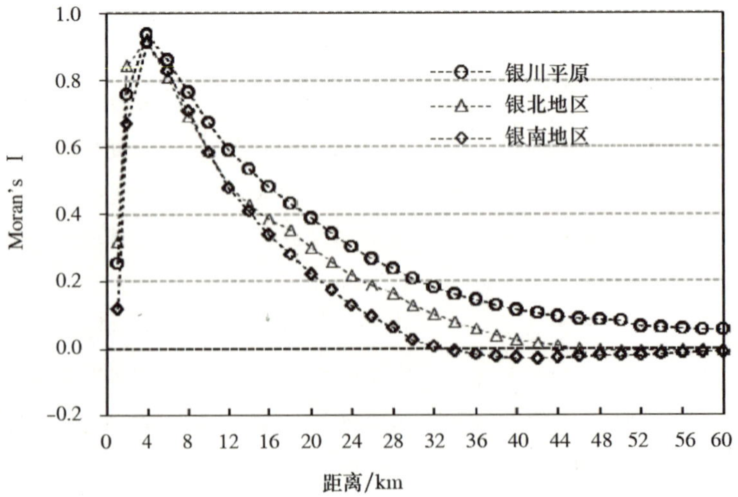

图9-6 银川平原灌区土壤盐渍化的Moran's I指数比较

从图 9-7 中可以看出，土壤盐渍化风险因子变化也表现出强的空间自相关性，随着距离增加，相关性逐步减弱。比如，有机肥投入量和复种指数等表征土地利用方式和农户生产行为的空间变量很强的空间正相关，Moran's Ⅰ指数达到 0.8 以上；此外，到灌溉渠距离和到排水沟距离变量呈现相对较弱的空间相关性，随着距离的增加，各风险因子空间相关性逐渐减弱且达到 22 km 时达到稳定。另外，Moran's Ⅰ指数为 0.1 以下，说明了相对于其他变量来说，银川平原灌区灌排系统虽然经历了漫长的发展和完善，但是在空间分布上具有区域性或规划上主观性，这对今后银川平原灌区灌排系统的改善有一定的意义。另外，所有的变量在 4 km 处都存在较明显的拐点（特征尺度识别点），曲线形状的急剧变化表明存在特征尺度（陈峰等，2008）。

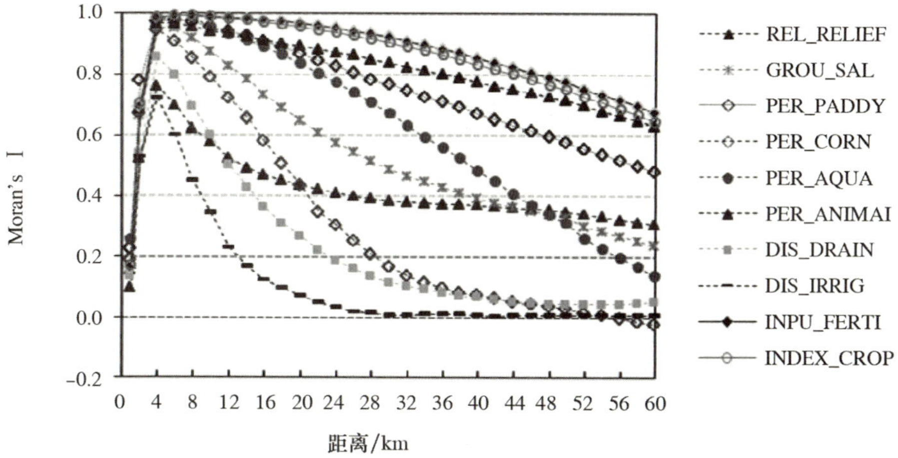

图 9-7　银川平原灌区土壤盐渍化的 Moran's Ⅰ自相关比较

（注：英文缩写见表 9-3）

2. 空间回归模型结果分析

从表 9-4(a)中可以看出，对于 OLS 模型来说，R^2 值相对比较低(0.517)，其中 3 个风险因子水稻种植面积比例、畜牧业面积比例和有机肥投入量与土壤盐渍化的显著性水平也比较低($p>0.05$)，与此同时，变量水稻种植面积比例也表现出低的贡献率($\beta=-0.011\,2$)。然而，在表 9-4(b)中只有变量畜牧业面积比例变得不显著($p=0.753\,3$)，其他变量的显著性水平也逐渐变高（表 9-4(b)中 SLM1 模型）。空间回归模型(SLM1)要比经典的回归模型(OLS 模型)的拟合度明显要高。

表 9-4　银川平原灌区土壤盐渍化 3 个回归模型参数

变量	回归系数(β)	S.D.	t-值	显著性水平(p)
(a) 经典的线性回归模型 $R^2=0.517$；LIK＝ −889.603；AIC＝1 801.21；SC＝1 850.07				
常量	2.804 4	0.040 8	68.692 3	0.000 0
相对高差	0.215 4	0.057 2	3.765 7	0.000 2
地下水矿化度	1.077 3	0.058 5	19.413 6	0.000 0

续表 9-4

变量	回归系数(β)	S. D.	t-值	显著性水平(p)
水稻种植面积比例	−0.011 2	0.103 0	−0.109 0	0.913 2
玉米种植面积	0.607 2	0.173 8	3.494 4	0.000 5
水产面积比例	0.240 1	0.108 7	2.207 9	0.027 6
畜牧业面积比例	−0.186 8	0.120 0	−1.557 3	0.119 9
到排水沟距离	−0.331 3	0.049 7	−6.668 6	0.000 0
到灌溉渠的距离	0.274 7	0.042 0	6.544 2	0.000 0
有机肥投入量	−0.877 1	0.454 3	−1.930 5	0.054 0
复种指数	1.199 9	0.524 6	2.287 2	0.022 5
变量	回归系数(β)	S. D.	Z-值	显著性水平(p)
(b) 空间回归模型 1(SLM1) 伪 R^2=0.885；LIK= −502.321；AIC=1028.64；SC=1081.95				
ρ	0.774 4	0.019 8	39.082 2	0.000 0
常量	0.651 4	0.059 0	11.036 5	0.000 0
相对高差	0.067 2	0.027 7	2.423 6	0.015 4
地下水矿化度	0.290 1	0.034 8	9.327 4	0.000 0
水稻种植面积比例	−0.114 9	0.049 9	−2.303 6	0.021 2
玉米种植面积	0.231 2	0.085 0	2.718 5	0.006 6
水产面积比例	0.173 0	0.052 9	3.270 1	0.001 1
畜牧业面积比例	0.018 2	0.058 0	0.314 2	0.753 3
到排水沟距离	−0.085 6	0.024 5	−3.489 7	0.000 5
到灌溉渠的距离	0.114 1	0.020 8	5.489 5	0.000 0
有机肥投入量	−0.500 7	0.220 3	−2.272 8	0.023 0
复种指数	0.673 8	0.254 8	2.644 9	0.008 2
变量	回归系数(β)	S. D.	Z−值	显著性水平(p)
(c) 空间回归模型 2(SLM2) 伪 R^2=0.885；LIK= −505.334；AIC=1 032.47；SC=1 081.34				
ρ	0.778 4	0.019 7	39.608 5	0.000 0
常量	0.638 9	0.058 8	10.874 5	0.000 0
地下水矿化度	0.278 7	0.034 5	8.071 2	0.000 0
水稻种植面积比例	−0.132 1	0.049 6	−2.660 3	0.007 8
玉米种植面积	0.198 9	0.084 1	2.364 1	0.018 1
水产面积比例	0.180 4	0.053 0	3.401 8	0.000 7
畜牧业面积比例	0.026 0	0.058 1	0.448 3	0.653 9
到排水沟距离	−0.065 0	0.023 1	−2.816 1	0.004 9
到灌溉渠的距离	0.119 7	0.020 7	5.775 1	0.000 0
有机肥投入量	−0.536 8	0.220 6	−2.433 0	0.015 0
复种指数	0.752 8	0.253 7	2.966 8	0.003 0

续表 9-4

变量	回归系数(β)	S. D.	t-值	显著性水平(p)
(d) 空间回归模型 3(SLM3) 伪 R^2＝0.884；LIK＝ －505.324；AIC＝1 030.67；SC＝1 075.09				
ρ	0.777 9	0.019 7	39.520 9	0.000 0
常量	0.639 7	0.058 8	10.877 9	0.000 0
地下水矿化度	0.276 3	0.033 9	9.145 0	0.000 0
水稻种植面积比例	－0.126 2	0.047 9	－2.633 9	0.008 4
玉米种植面积	0.184 0	0.077 1	2.387 1	0.017 0
水产面积比例	0.173 8	0.050 9	3.412 5	0.000 6
到排水沟距离	－0.065 5	0.023 1	－2.834 1	0.004 6
到灌溉渠的距离	0.120 7	0.020 6	5.845 1	0.000 0
有机肥投入量	－0.514 9	0.215 1	－2.394 2	0.016 7
复种指数	0.745 9	0.253 4	2.944 1	0.003 2

表 9-4(c)和表 9-4(d)分别是排除了自然环境因素和那些与银川平原灌区土壤盐渍化风险不显著相关的指标而计算的结果。从表 9-4(c)中可以看出相比较 SLM1 来说，剔除风险因子——相对高差，SLM2 模型拟合度参数 LIK、AIC 及 SC 没有明显的变化。因此，对整个银川平原灌区尺度来说，相对高差对土壤盐渍化的风险影响不大。在 SLM2 中，变量畜牧业面积比例的显著性仍然很低，因此需要继续剔除该变量，构建空间回归模型 3(SLM3)，见表 9-4(d)。最后，所有显著性与贡献率低的风险因子都被剔除，8 个人为因素都呈极显著性水平($p<0.01$)。表 9-4 中的变量指标的参数 β 的绝对值表明该指标对土壤盐渍化的相对于其他指标的影响程度。如果参数 β 为正值，则表明该指标与土壤盐渍化的风险成正相关；负值则表明该变量指标与土壤盐渍化的风险呈负相关。

因此，结果表明：8 个因子包括复种指数、地下水矿化度、玉米种植面积比例和到灌溉渠的距离等变量加剧了土壤盐渍化风险，有机肥投入量、水稻种植面积比例及到排水沟距离等变量缓解了土壤盐渍化的风险，是引起灌区土壤盐渍化的关键风险因子。

9.3　基于土地利用系统控制的土壤盐渍化风险调控策略和措施

9.3.1　盐渍化土地利用系统风险调控的内涵与目标

土壤盐渍化风险调控实质就是减小或消除人为的不合理土地利用，减少环境内部和外部风险因子胁迫，使土地利用系统朝着更高效的方向发展，从而推动土地利用系统在结构和功能上不断完善和优化。

银川平原灌区土地利用系统优化配置与可持续利用的总体战略目标，是在生态工程设计等技术措施经济可行的基础上，采用各种有效措施优化符合灌区水资源利用为主导的灌溉农业土地利用系统；增加土地利用过程中物质和能量的投入，加速土地利用系统物质与能量循环,协调系统内各关键要素之间的关系,构建高效、低耗和稳定且结构合理与功能优化的现代灌溉农业土地利用系统,最终实现经济效益目标、生态效益目标和社会效益目标的综合统一。

9.3.2 构建绿洲土壤盐渍化风险防控体系及优化方案

土壤盐渍化一直是影响银川平原农业土地利用最重要的制约因素,灌区群众在土地利用过程中长期与土壤盐渍化做斗争,已经形成了一套土壤盐渍化防治经验,概括起来主要有:"排(排水洗盐)、稻(开沟种稻)、淤(放淤改良)、洗(冲盐洗碱)、灌(合理灌溉)、平(平整土地)、肥(增施肥料)、翻(伏翻伏泡)、轮(稻旱轮作)、松(中耕松土)、种(耐盐品种)、换(铺沙换土)"(《宁夏水利新志》编委会,2004;《宁夏生态环境评价与科技发展战略》生态环境专题组,1990)。长期以来,这些措施为灌区土壤盐渍化改良及农业经济发展发挥了重大的贡献,为维持灌区农业土地利用系统起到了重要作用。

根据筛选出来的 8 个土壤盐渍化关键风险因子(见本章 9.2.3),提出具体相应的措施并进行分类组合,制定相应的灌区土壤盐渍化风险防控措施并形成不同的策略方案(图 9-8)。除了以水资源可持续利用作为一般性原则外,主要考虑以下 3 个基本方面:①经济效益可行性,即盐渍化土地利用系统调控措施的制定和方案的实施都要以满足和发展当地的经济发展需要为前提,不仅要考虑到投入与产出的比例关系,还要对所实施的工程措施做进一步的"费用—效益"分析。将选取的关键风险因子到灌溉渠系的距离、到排水沟的距离以及相对高差归为一类,主要考虑到要解决这 3 个风险因子前提是需要一定的资金投入,比如地形因子相对高差来说,采取的具体措施是土地整理、植树造林。再比如,对于干旱半干旱地区来说,种植水稻排水洗盐措施需要消耗大量的水资源,且要求较好的排水配套措施。但水利设施的维护需要大量资金投入。因此,考虑选取的措施在经济上是否可行就显得尤为必要;②生态效益可行性,即在满足区域经济发展的前提上,还要考虑区域生态环境的保护,绝不能因要发展经济而放弃对生态环境的保护。实践证明,生态可行性与经济可行性是具有一致性的。具体来说,经济行为具有短期效应的特点,而生态可行性主要更多考虑的是长期效应及可持续效应。比如风险因子复种指数来说,提高一个区域的复种指数,可能会生产更多的农产品和带来更大的经济效应,但是从长远来看,较高的复种指数会带来农业生产物资的高投入,可能会造成对生态环境的污染和破坏。因此,采取逐步生态退耕还林(草)、控制不合理地开垦荒地以及增加生态用地的建设或许是更理性的选择;③社会效益可行性,即区域发展的最终目标是在经济效益和生态效益统一的基础上形成具有良好的社会效益,因此,需要权衡区域社会经济制度与土地生态系统自组织机制的关系,使区域土地利用系统成为一个全生态的社会经济系统。

根据层次分析模型,构建土壤盐渍化风险防范方案的层次结构图(图 9-8),主要包括:①方案实施的主要目标,即构建银川平原灌区土壤盐渍化风险防范决策体系(目标层 A);②保证目标实现的前提是需要遵循经济可行性、生态可行性与社会可行性等原则(准则层 B);③在此基础上针对当前的土壤盐渍化关键风险因子提出相应的措施(因素层 C 和措施层 D);④将具体的措施落实到 3 个综合方案上(方案层 E,见表 9-5),得到土壤盐渍化风险防范方案层次结构。

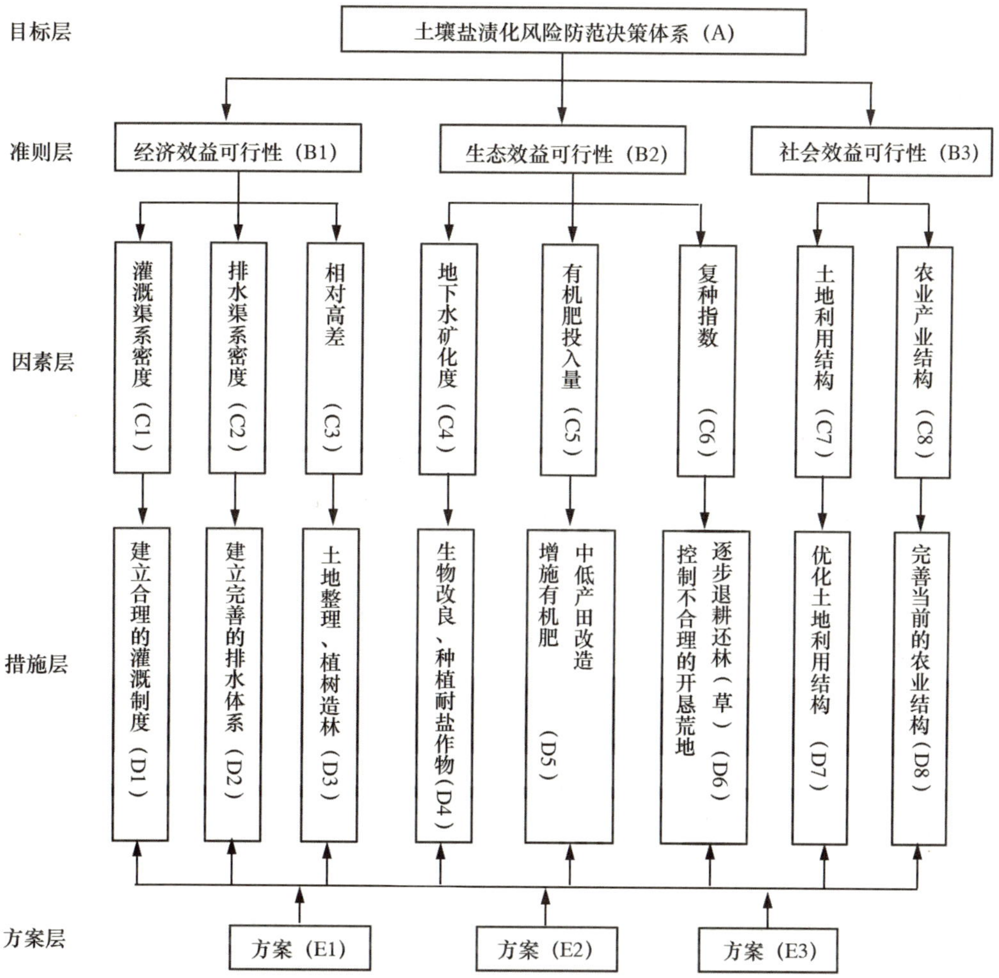

图 9-8　土壤盐渍化风险防范方案层次结构图

表 9-5　银川平原灌区土壤盐渍化风险防范方案

方案	土水资源利用优化模式	方案主要描述
方案(E1)	改进的水旱轮作种植模式	①以解决当前的人口与粮食问题矛盾为基本目标，继续发展传统种植业；②完善优化当前的灌排系统，增加农田基本建设投资；③改变当前不合理的灌溉制度和灌溉习惯
方案(E2)	水资源高效利用农业模式	①以节约、高效利用水资源为纽带，发展水资源高效利用节水农业；②骨干工程更新改造，发展节水工程；③地表水与地下水联合运用；④合理调整水价，提高水资源利用率
方案(E3)	生态灌溉可持续农业模式	①以水资源为主线，根据银北、银南地区区域性差异，合理分配区域水资源；②重度盐渍化区中低产田改造与有目的、步骤的实施退耕还林(草)相结合，开展可持续生态退耕，保护与恢复地力；③调整农业土地利用结构，在保证粮食生产的基础上发展地区特色的耐盐、节水等经济作物；④优化农业产业结构，构建农、林、牧、副、渔业相互协调发展的农村生态经济模式

9.3.3 结果与讨论

根据建立的A-B判断矩阵(表9-6)、B-D判断矩阵(表9-7)与D-E判断矩阵(表9-8),将专家打分纳入层次结构模型,计算各层次的评价指标的权重值。所有判断矩阵满足一致性检验要求,即判断矩阵一致性比例(CR<0.10),认为判断矩阵的一致性是全部可以接受的。

从表9-6可以看出,土壤盐渍化风险防范方案主要是考虑经济可行性(0.4718)、社会可行性(0.3162)与生态可行性(0.212)3个方面。

最佳优选方案设计主要体现在建立合理的灌溉制度、建立完善的排水体系、优化土地利用结构和完善当前的农业结构等方面。通过对于3个方案运用层次分析法的比较,可以得到方案集(E)的综合评价优势度(表9-9),即改进的水旱轮作种植模式(0.2137)、水资源高效利用农业模式(0.2982)和生态灌溉经济农业模式(0.4881)。因此,方案E3的总排序值最高,可以认为该方案是当前银川平原灌区土壤盐渍化风险防范的最优方案,被普遍接受。

通过关键人为因素分析,构建的银川平原灌区土壤盐渍化风险防控体系及最优综合方案能够反映当前银川平原灌区土壤盐渍化风险防控中主要的关键问题,耦合空间回归模型与层次分析法对关键风险因子进行分析和综合方案评价,实现了定量与定性方法的结合,降低了土壤盐渍化风险防控体系构建及最优综合方案选择中人为主观上的影响,具有一定的针对性。

银川平原灌区土壤盐渍化风险防控问题是一个复杂的系统工程,需要研究的问题较多,这就需要管理者抓住土壤盐渍化风险防控问题中的主要问题及其主要方面,寻找合适的突破口,结合当前土地利用系统状况,通过科学的方法将银川平原灌区土壤盐渍化风险防控问题在经济、社会和生态环境层面上综合考虑。

当然,正如前面所述,土壤盐渍化风险防控问题是一个复杂的系统工程。为了更充分地实现所构建的土壤盐渍化风险防控体系及优化决策方案,达到土壤盐渍化风险防控总体目标,还需要采取更多的相关配套措施:①建立长效的土壤盐渍化风险预警系统,主要包括气候变化监测预警子系统、人口变化预警子系统、耕地资源安全预警子系统、水资源安全预警子系统、生态环境安全预警子系统等;②开展以水资源优化配置利用为主线的土地适宜性评价及土地利用系统安全评价;③搞好基于土壤盐渍化风险防范的耕地规划及农村、农业总体发展规划;④重视科技、尊重人才。建立完善的农业教育培训体系,提高基层农业科技工作者的素质,鼓励科技人员下乡参与指导农户农业土地资源及水资源合理利用,提高农民土壤盐渍化防治技术及土壤盐渍化风险防范意识,调动农民参与土壤盐渍化防控积极性;⑤制定、完善相关农业科技配套政策,鼓励农业由劳动力、资本密集型产业向技术密集型产业转型。

表9-6 A-B判断矩阵及其权重

A	B1	B2	B3	权重
B1	1	2.2255	1.4918	0.4718
B2	0.4493	1	0.6703	0.212
B3	0.6703	1.4918	1	0.3162

注:判断矩阵一致性比例:0.0000;λmax:3.0000。

表 9-7　B-D 判断矩阵及其权重

B1	D1	D2	D3	权重	B2	D4	D5	D6	权重	B3	D7	D8	权重
D1	1	1.221 4	2.225 5	0.445 2	D4	1	1.491 8	2.718 3	0.498 3	D7	1	0.670 3	0.401 3
D2	0.818 7	1	1.491 8	0.341	D5	0.670 3	1	1.221 4	0.292 3	D8	1.491 8	1	0.598 7
D3	0.449 3	0.670 3	1	0.213 8	D6	0.367 9	0.818 7	1	0.209 4				

注：B1：判断矩阵一致性比例：0.004 3；λmax：3.004 4；B2：判断矩阵一致性比例：0.017 1；λmax：3.017 8；B3：判断矩阵一致性比例：0.000 0；λmax：2.000 0。所有判断矩阵满足一致性检验要求。

表 9-8　D-E 判断矩阵及其权重

对总目标的权重			E1	E2	E3	权重	CR	λmax
D1	0.210 0	E1	1	0.818 7	0.449 3	0.227 9	0.004 3	3.004 4
		E2	1.221 4	1	0.670 3	0.297 6		
		E3	2.225 5	1.491 8	1	0.474 5		
D2	0.160 9	E1	1	0.670 3	0.301 2	0.172 1	0.000 0	3.000 0
		E2	1.491 8	1	0.449 3	0.256 7		
		E3	3.320 1	2.225 5	1	0.571 3		
D3	0.100 9	E1	1	0.670 3	0.449 3	0.212 0	0.000 0	3.000 0
		E2	1.491 8	1	0.670 3	0.316 2		
		E3	2.225 5	1.491 8	1	0.471 8		
D4	0.105 6	E1	1	1	0.670 3	0.286 4	0.000 0	3.000 0
		E2	1	1	0.670 3	0.286 4		
		E3	1.491 8	1.491 8	1	0.427 2		
D5	0.062 0	E1	1	0.670 3	0.301 2	0.172 1	0.000 0	3.000 0
		E2	1.491 8	1	0.449 3	0.256 7		
		E3	3.320 1	2.225 5	1	0.571 3		
D6	0.004 3	E1	1	1.221 4	0.670 3	0.297 6	0.004 3	3.004 4
		E2	0.818 7	1	0.449 3	0.227 9		
		E3	1.491 8	2.225 5	1	0.474 5		
D7	0.126 9	E1	1	0.818 7	0.449 3	0.227 9	0.004 3	3.004 4
		E2	1.221 4	1	0.670 3	0.297 6		
		E3	2.225 5	1.491 8	1	0.474 5		
D8	0.189 3	E1	1	0.670 3	0.301 2	0.178 2	0.017 1	3.017 8
		E2	1.491 8	1	0.670 3	0.303 8		
		E3	3.320 1	1.491 8	1	0.517 9		

注：D-E 所有判断矩阵满足一致性检验要求。

表 9-9 备选方案及其权重

备选方案	权重
方案(E1)	0.213 7
方案(E2)	0.298 2
方案(E3)	0.488 1

9.4 小结

将空间回归模型与层次分析决策模型相耦合，旨在分析土壤盐渍化及其风险因子的空间自相关性，并通过消除区域环境条件差异及其影响，筛选出了影响银川平原灌区土壤盐渍化风险的关键风险因子，并制定出相应的土壤盐渍化风险防范措施，构建当前灌区土地利用系统下的土壤盐渍化风险防控指标体系；结合区域土地利用特点和土地利用综合目标，形成不同土地利用模式下的区域土壤盐渍化风险防控优化决策方案，达到了预期的研究目的和目标。相关研究结果表明：

(1)灌区土壤盐渍化及其风险因子存在空间自相关性，运用空间滞后模型(SLM)能够很好地筛选主要驱动因子，尤其是消除区域环境条件差异及其影响后，可以得到以人为活动为主导的关键风险因子，为采取合理与科学的区域土壤盐渍化风险防控措施和调控方案优化提供依据。

(2)相对于银北盐渍化区来说，银南盐渍化区土壤盐渍化的空间自相关性要小，这说明银南地区土壤盐渍化不易受到相邻区域土壤盐渍化的影响，相反，银北地区土壤盐渍化更容易受到邻域土壤盐渍化的影响。此外，随着步长的增加，空间相关性逐渐变弱。

(3)对整个灌区尺度来看，相对高差对土壤盐渍化的风险影响不大。相比较银北地区来说，人类活动因素对银南地区的土壤盐渍化风险有更显著的影响。就目前灌区的盐渍化土地利用系统而言，复种指数、地下水矿化度、玉米种植面积比例与到灌溉渠的距离等变量加剧了土壤盐渍化风险，而有机肥投入量、水稻种植面积比例及到排水沟距离等变量缓解了土壤盐渍化的风险。

(4)基于关键驱动力风险因子建立的银川平原灌区生态灌溉可持续农业模式是当前灌区土壤盐渍化风险防范的最优方案，可以被普遍接受。

参考文献

[1] Ackson L E, Kurtz C, Fisher W S. Evaluation guidelines for ecological indicators. Environmental Protection Agency, Washington, DC Report No EPA/620/R-99/005, 2000, pp 110.

[2] Aldakheel Y. Assessing NDVI spatial pattern as related to irrigation and soil salinity management in Al-Hassa Oasis, Saudi Arabia. Journal of the Indian Society of Remote Sensing, 2011, 39(2): 171-180.

[3] Anselin L, Griffith D A. Do spatial effects really matter in regression-analysis? Papers of the Regional Science Association, 1988, 65: 11-34.

[4] Anselin L. Spatial dependence and spatial structural instability in applied regression analysis. Journal of Regional Science, 1990, 30(2): 185-207.

[5] Arnold J G, Allen P M, Bernhardt G. A Comprehensive Surface-Groundwater Flow Model[J]. Journal of Hydrology. 1993, 142(1-4): 47-69.

[6] Bandaru V, Izaurralde R C, Manowitz D, et al. Soil Carbon Change and Net Energy Associated with Biofuel Production on Marginal Lands: A Regional Modeling Perspective[J]. Journal of Environmental Quality. 2013, 42(6): 1802-1814.

[7] Banse M, van Meijl H, Tabeau A, et al. Impact of EU biofuel policies on world agricultural production and land use [J]. Biomass&Bioenergy. 2011, 35 (6SI): 2385-2390.

[8] Bao X, Watanabe M, Wang Q, et al. Nitrogen budgets of agricultural fields of the Changjiang River basin from 1980 to 1990. [J]. Science of the Total Environment. 2006.

[9] Bash J O, Cooter E J, Dennis R L, et al. Evaluation of a regional air-quality model with bidirectional NH_3 exchange coupled to an agroecosystem model[J]. Biogeosciences. 2013, 10(3): 1635-1645.

[10] Benz L C, Sandova F M, Doering E J, et al. Managing saline soils in the Red River Valley of the North. ARS-NC-42, Agricultural Research Service, USDA, Mandan, North Dakota. 1976.

[11] Berger T, Troost C. Agent-based Modelling of Climate Adaptation and Mitigation Options in Agriculture[J]. Journal of Agricultural Economics. 2014, 65(2): 323-348.

[12] Bezlepkina I, Reidsma P, Sieber S, et al. Integrated assessment of sustainability of agricultural systems and land use: Methods, tools and applications[J]. Agricultural Systems. 2011, 104(2): 105-109.

[13] Biggs A J W, Searle R D, Watling K M, et al. Implementation of an adaptive salinity risk framework in the Condamine catchment, Queensland Murray-Darling Basin, Australia. International Journal of Geographical Information Science, 2009, 23(4): 441-456.

[14] Bradd J M, Milne-Home W A, Gates G. Overview of factors leading to dryland salinity and its potential hazard in new South Wales, Australia. Hydrogeology Journal, 1997, 5(1): 51-67.

[15] Britz W, Verburg P H, Leip A. Modelling of land cover and agricultural change in Europe: Combining the CLUE and CAPRI-Spat approaches [J]. Agriculture, Ecosystems & Environment. 2011, 142(1-2SI): 40-50.

[16] Brouwer F, Tagliafierro C, Hutchinson G. Special issue: Ecosystem services and rural land management[J]. Environmental Science & Policy. 2013, 32(SI): 1-4.

[17] Brunner P H, Rechberger H. Practical Handbook of Material Flow Analysis[M]. Washington, DC: Lewis Publishers, 2003: 311-318.

[18] Bui E N, Smettem K R J, Moran C J, et al. Use of soil survey information to assess regional salinization risk using geographical information systems. Journal of Environmental Quality, 1996, 25(3): 433-439.

[19] Cai S M, Zhang R Q, Liu L M, et al. A method of salt-affected soil information extraction based on a support vector machine with texture features. Mathematical and Computer Modelling, 2010, 51(11-12): 1319-1325.

[20] Chazal J, Rounsevell M D A. Land-use and climate change within assessments of biodiversity change: A review[J]. Global Environmental Change-Human and Policy Dimensions. 2009, 19(2SI): 306-315.

[21] Chen S, Rao P. Land degradation monitoring using multi-temporal Landsat TM/ETM data in a transition zone between grassland and cropland of northeast China. International Journal of Remote Sensing, 2008, 29(7): 2055-2073.

[22] Chen X. Review of China's agricultural and rural development: policy changes and current issues[J]. China Agricultural Economic Review. 2009, 1(2): 121-135.

[23] Claessens L, Schoorl J M, Verburg P H, et al. Modelling interactions and feedback mechanisms between land use change and landscape processes [J]. Agriculture, Ecosystems & Environment. 2009, 129(1-3): 157-170.

[24] Corry R C., Nassauer J I. Limitations of using landscape pattern indices to evaluate the ecological consequences of alternative plans and designs. Landscape and urban planning, 2005,72 (4): 265-280.

[25] Costanza R., d'Arge R., de Groot r., et al. The value of the world's ecosystem services and natural capital. Nature, 1997, 387: 253-260.

[26] Cui F, Zheng X, Liu C, et al. Assessing biogeochemical effects and best management practice for a wheat-maize cropping system using the DNDC model[J]. Biogeosciences. 2014, 11(1): 91-107.

[27] Daloglu I, Nassauer J I, Riolo R L, et al. Development of a farmer typology of agricultural conservation behavior in the American Corn Belt [J]. Agricultural Systems. 2014, 129: 93-102.

[28] Daloglu I, Nassauer J I, Riolo R, et al. An integrated social and ecological modeling framework-impacts of agricultural conservation practices on water quality[J]. Ecology and Society. 2014, 19(3).

[29] Dams J, Woldeamlak S T, Batelaan O. Predicting land-use change and its impact on the groundwater system of the Kleine Nete catchment, Belgium[J]. Hydrology and Earth System Sciences. 2008, 12(6): 1369-1385.

[30] David M. An assessment of surface and zonal models of population. International Journal of Geographic Information Systems, 1996, 10(8): 973-989.

[31] De Knegt H J, Van Langevelde F, Coughenour M B, et al. Spatial autocorrelation and the scaling of species-environment relationships. Ecology, 2010, 91(8): 2455-2465.

[32] Deng Z, Zhang X, Li D, et al. Simulation of land use/land cover change and its effects on the hydrological characteristics of the upper reaches of the Hanjiang Basin [J]. Environmental Earth Sciences. 2015, 73(3): 1119-1132.

[33] Dibari J N. Evaluation of five landscape-level metrics for measuring the effects of urbanization on landscape structure: the case of Tucson, Arizona, USA. Landscape and Urban Planning, 2007, 79(3-4): 308-313.

[34] Ding X W, Shen Z Y, Hong Q, et al. Development and test of the Export Coefficient Model in the Upper Reach of the Yangtze River[J]. Journal of Hydrology. 2010, 383 (3-4): 233-244.

[35] Dono G, Cortignani R, Doro L, et al. An Integrated Assessment of the Impacts of Changing Climate Variability on Agricultural Productivity and Profitability in an Irrigated Mediterranean Catchment[J]. Water Resources Management. 2013, 27(10): 3607-3622.

[36] Eastman J R. IDRISI Idrisi Kilimanjaro, guide to GIS and image processing. Worcester, MA: Clark University, 2003.

[37] Eilers R G, Eilers W D, Fitzgerald M M. A Salinity risk index for soils of the Canadian Prairies. Hydrogeology Journal, 1997, 5(1): 68-79.

[38] FAO. Faostat Database 2011 [Available from: http://faostat3. fao. org/browse/ area/41.

[39] Fao. Land Evaluation: Towards a revised framework[R]. Rome: Food and Agriculture of the United Nations, 2007.

[40] Feng Y, Liu Y, Tong X, et al. Modeling dynamic urban growth using cellular automata and particle swarm optimization rules. Landscape and Urban Planning, 2011, 102(3): 188-196.

[41] Filatova T, Verburg P H, Parker D C, et al. Spatial agent-based models for socio-ecological systems: Challenges and prospects [J]. Environmental Modelling &

Software. 2013，45：1-7.

[42] Florinsky I V，Eilers R G，Lelyk G W. Prediction of soil salinity risk by digital terrain modelling in the Canadian prairies. Canadian Journal of Soil Science，2000，80(3)：455-463.

[43] Foley J A，Ramankutty N，Brauman K A，et al. Solutions for a cultivated planet[J]. Nature. 2011，478(7369)：337-342.

[44] Franck C，Grandi S M，Eisenberg M J. Agricultural Subsidies and the American Obesity Epidemic [J]. American Journal of Preventive Medicine. 2013，45 (3)：327-333.

[45] Frank L D，Pivo G. Impacts of mixed use and density on utilization of three modes of travel：single-occupant vehicle，transit，and walking. Transportation Research Record，1995，1466-1452.

[46] Furby S，Caccetta P，Wallace J. Salinity monitoring in Western Australia using remotely sensed and other spatial data. Journal of Environmental Quality，2010，39 (1)：16-25.

[47] Gaiser T，Stahr K，Billen N，et al. Modeling carbon sequestration under zero tillage at the regional scale. I. The effect of soil erosion[J]. Ecological Modelling. 2008，218(1-2)：110-120.

[48] Gaube V，Kaiser C，Wildenberg M，et al. Combining agent-based and stock-flow modelling approaches in a participative analysis of the integrated land system in Reichraming，Austria[J]. Landscape Ecology. 2009，24(9)：1149-1165.

[49] Gilfedder M，Walker G. Dryland salinity risk：A review of assessment methods. Natural Resource Management，2001，4(1)：2-9.

[50] Goglio P，Grant B B，Smith W N，et al. Impact of management strategies on the global warming potential at the cropping system level[J]. Science of the Total Environment. 2014，490：921-933.

[51] Grundy M，Silburn D M，Chamberlain T. A risk framework for preventing salinity. Environmental Hazards，2007，7(2)：97-105.

[52] Haase D，Haase A，Kabisch N，et al. Actors and factors in land-use simulation：The challenge of urban shrinkage. Environmental Modelling & Software，2012，35 (0)：92-103.

[53] Hayha T，Franzese P P. Ecosystem services assessment：A review under an ecological-economic and systems perspective[J]. Ecological Modelling. 2014，289：124-132.

[54] Heerink N，Kuiper M，Shi X P. China's new rural income support policy：Impacts on grain production and rural income inequality[J]. China & World Economy. 2006，14 (6)：58-69.

[55] Huang C，Ma H，Yu C. Substance flow analysis and assessment of environmental exposure potential for triclosan in mainland China [J]. Science of the Total Environment. 2014，499：265-275.

[56] Huang H F, Kuo, Lo S L. Review of PSR framework and development of a DPSIR model to assess greenhouse effect in Taiwan. Environmental Monitoring and Assessment, 2011, 177(1-4): 623-635.

[57] Huang J K, Wang X B, Zhi H Y, et al. Subsidies and distortions in China′s agriculture: evidence from producer-level data[J]. Australian Journal of Agricultural and Resource Economics. 2011, 55(1): 53-71.

[58] Huffman U E, Eilers R G, Padbury G, et al. Canadian agri-environmental indicators related to land quality: integrating census and biophysical data to estimate soil cover, wind erosion and soil salinity. Agriculture, Ecosystems & Environment, 2000, 81(2): 113-123.

[59] Huo X N, Zhang W W, Sun D F, et al. Spatial pattern analysis of heavy metals in Beijing agricultural soils based on spatial autocorrelation statistics. International Journal of Environmental Research and Public Health, 2011, 8(6): 2074-2089.

[60] Hutchings N J. FARM-N scientific documentation 2010.

[61] Ingram J. A food systems approach to researching food security and its interactions with global environmental change. Food Security. 2011, 3(4):417-431.

[62] Jenerette G D, Wu J G. Analysis and simulation of land-use change in the central Arizona-Phoenix region, USA. Landscape Ecology, 2001, 16(7): 611-626.

[63] Johnes P J. Evaluation and management of the impact of land use change on the nitrogen and phosphorus load delivered to surface waters: The export coefficient modelling approach[J]. Journal of Hydrology. 1996, 183(3-4): 323-349.

[64] Johnson A W. , Ryba D M. A literature review of recommended buffer widths to maintain various functions of stream riparian areas. King county surface water management division, 1992.

[65] Kamusoko C, Aniya M, Adi B, et al. Rural sustainability under threat in Zimbabwe - Simulation of future land use/cover changes in the Bindura district based on the Markov-cellular automata model. Applied Geography, 2009, 29(3): 435-447.

[66] Karlen D L, Mausbach M J, Doran J W, et al. Soil quality: a concept, definition, and framework for evaluation (A Guest Editorial). Soil Science Society of America Journal, 1997, 61(1): 4-10.

[67] Köbrich C, Rehman T, Khan M. Typification of farming systems for constructing representative farm models: two illustrations of the application of multi-variate analyses in Chile and Pakistan. Agricultural Systems. 2003, 76(1):141-157.

[68] Kombe W J. Land use dynamics in perl-urban areas and their implications on the urban growth and form: the case of Dar es Salaam, Tanzania[J]. Habitat International. 2005, 29(1): 113-135.

[69] Lamble P, Fraser D. Creation of a predictive model for salinity risk in the Murray Valley Irrigation Region (NSW). International Commission on Irrigation and Drainage, 2nd Asian Regional Conference, Echuca/Moama, NSW, Australia, 2004.

[70] Levrel H, Kerbiriou C, Couvet D, et al. OECD pressure-state-response indicators for managing biodiversity: a realistic perspective for a French biosphere reserve. Biodiversity and Conservation, 2009, 18(7): 1719-1732.

[71] Li X, Chen Y, Liu X, et al. Concepts, methodologies, and tools of an integrated geographical simulation and optimization system. International Journal of Geographical Information Science, 2010, 25(4): 633-655.

[72] Li X, Wang Z, Song K, et al. Assessment for salinized wasteland expansion and land use change using GIS and remote sensing in the west part of Northeast China. Environmental Monitoring and Assessment, 2007, 131(1): 421-437.

[73] Li Y X, Zhang W F, Ma L, et al. An Analysis of China's Fertilizer Policies: Impacts on the Industry, Food Security, and the Environment[J]. Journal of Environmental Quality. 2013, 42(4): 972-981.

[74] Lin Z, Beck M B. Understanding complex environmental systems: a dual approach. Environmetrics, 2007, 18(1): 11-26.

[75] Liu C, Watanabe M, Wang Q. Changes in nitrogen budgets and nitrogen use efficiency in the agroecosystems of the Changjiang River basin between 1980 and 2000[J]. Nutrient Cycling in Agroecosystems. 2008, 80(1): 19-37.

[76] Liu M, Li C, Hu Y, et al. Combining CLUE-S and SWAT models to forecast land use change and non-point source pollution impact at a watershed scale in Liaoning Province, China[J]. Chinese Geographical Science. 2014, 24(5): 540-550.

[77] Liu R, Dong G, Xu F, et al. Spatial-temporal characteristics of phosphorus in nonpoint source pollution with grid-based export coefficient model and geographical information system[J]. Water Science and Technology. 2015, 71(11): 1709-1717.

[78] Liu X, Zhang Y, Han W, et al. Enhanced nitrogen deposition over China[J]. Nature. 2013, 494(7438): 459-462.

[79] Liu Z, Liu L. Characteristics and driving factors of rural livelihood transition in the east coastal region of China: A case study of suburban Shanghai. Journal of Rural Studies. 2016, 43(14):145-158.

[80] Lobell D B, Lesch S M, Corwin D L, et al. Regional-scale assessment of soil salinity in the Red River Valley using multi-year MODIS EVI and NDVI. Journal of Environmental Quality, 2010, 39(1): 35-41.

[81] Luo Z, Wang E, Fillery I R P, et al. Modelling soil carbon and nitrogen dynamics using measurable and conceptual soil organic matter pools in APSIM[J]. Agriculture, Ecosystems & Environment. 2014, 186: 94-104.

[82] Maria De Almeida C, Batty M, VieiraI Monteiro A M, et al. Stochastic cellular automata modeling of urban land use dynamics: empirical development and estimation. Computers, Environment and Urban Systems, 2003, 27(5): 481-509.

[83] Maxim L, Spangenberg H, O'connor M. An analysis of risks for biodiversity under the DPSIR framework. Ecological Economics, 2009, 69(1): 12-23.

[84] Mcgarigal K, Tagil S, Cushman S A. Surface metrics: an alternative to patch metrics for the quantification of landscape structure. Landscpe Ecology, 2009, 24 (3): 433-450.

[85] Meisel J E, Turner M G. Scale detection in real and artificial landscapes using semivariance analysis. Landscape Ecology, 1998, 13(6): 347-362.

[86] Messina J P, Evans T. Complex systems models and the management of error and uncertainty[J]. Journal of Land Use Science. 2008, 3(1): 11-25.

[87] Metternicht G I, Zinck J A. Remote sensing of soil salinity: potentials and constraints. Remote Sensing of Environment, 2003, 85(1): 1-20.

[88] Metzger M J, Rounsevell M, Acosta-Michlik L, et al. The vulnerability of ecosystem services to land use change[J]. Agriculture, Ecosystems & Environment. 2006, 114 (1): 69-85.

[89] Milnes E. Process-based groundwater salinisation risk assessment methodology: Application to the Akrotiri aquifer (Southern Cyprus). Journal of Hydrology, 2011, 399(1-2): 29-47.

[90] Mitsova D, Shuster W, Wang X. A cellular automata model of land cover change to integrate urban growth with open space conservation. Landscape and Urban Planning, 2011, 99(2): 141-153.

[91] Mondal P, Southworth J. Evaluation of conservation interventions using a cellular automata-Markov model. Forest Ecology and Management, 2010, 260 (10): 1716-1725.

[92] Myint S W, Wang L. Multicriteria decision approach for land use land cover change using Markov chain analysis and a cellular automata approach. Canadian Journal of Remote Sensing, 2006, 32(6): 390-404.

[93] Nassauer J I., Corry R C. Using normative scenarios in landscape ecology. Landscape ecology, 2004, 19 (4): 343-356.

[94] Nassauer J I., Santelmann M V., Scavia D. From the corn belt to the gulf: societal and environmental implications of alternative agricultural futures. Washington, DC, USA : Resources for future, 2007.

[95] Nations U. World Population Prospects 2010 [Available from: http://www. unpopulation. org.

[96] Niazi T. Land tenure, land use, and land degradation: A case for sustainable development in Pakistan. Journal of Environment Development, 2003, 12 (3): 275-294.

[97] Niemeijer D, De Groot R S. A conceptual framework for selecting environmental indicator sets. Ecological Indicators, 2008, 8(1): 14-25.

[98] Noto L V, Ivanov V Y, Bras R L, et al. Effects of initialization on response of a fully-distributed hydrologic model[J]. Journal of Hydrology. 2008, 352(1-2): 107-125.

[99] OECD. Core set of indicators for environmental performance reviews: a synthesis

report by the group on the state of the environment. Environment Monographs, Vol 83. Organisation for Economic Co-operation and Development, Paris, 1993.

[100] Okura Y, Urban L H, Mahoney D W, et al. Agreement between self-report questionnaires and medical record data was substantial for diabetes, hypertension, myocardial infarction and stroke but not for heart failure. Journal of Clinical Epidemiology, 2004, 57(10): 1096-1103.

[101] Ouyang W, Skidmore A K, Hao F H, et al. Soil erosion dynamics response to landscape pattern. Science of the Total Environment, 2010, 408(6): 1358-1366.

[102] Overmars K P, De Koning G H J, Veldkamp A. Spatial autocorrelation in multi-scale land use models. Ecological Modelling, 2003, 164(2-3): 257-270.

[103] Pannell D, Ewing M A. Managing secondary dryland salinity: options and challenges. Agricultural Water Management, 2006, 80(1-3 SPEC ISS): 41-56.

[104] Parker D C, Manson S M, Janssen M A, et al. Multi-Agent systems for the simulation of land-use and land-cover change: A review. Annals of the Association of American Geographers, 2003, 93(2): 314-337.

[105] Pastor J, Bonde J, Johnston C, et al. Markovian analysis of the spatially dependent dynamics of beaver ponds. Lectures on mathematics in the life sciences, 1993, 23: 5-27.

[106] Patel R M, Prasher S O, God P K, et al. Soil salinity prediction using artificial neural network. Journal of the American Water Resources Association, 2002, 38(1): 91-100.

[107] Pereira L S, Gon Alves M, Dong B, et al. Assessing basin irrigation and scheduling strategies for saving irrigation water and controlling salinity in the upper Yellow River Basin, China. Agricultural Water Management, 2007, 93(3): 109-122.

[108] Qi X, Zhong L, Liu L. A framework for a regional integrated food security early warning system: a case study of the Dongting Lake area in China. Agriculture and Human Values. 2015, 32(2):315-329.

[109] Qin D, Luo Y P, Huang Z. Pollution Status and Source Analysis of Water Environment in Dongting Lake[J]. Environmental Science & Technology. 2012, 35(8): 193-198.

[110] Randa J L J C. Recommended Terminology for Microwave Radiometry[J]. 2008: 1551.

[111] Rapport D, Friend A M, 1979. Towards a comprehensive framework for environmental statistics: a stress-response approach, Statistics Canada, OTTAWA, pp 87.

[112] Reeves H W, Zellner M L. Linking MODFLOW with an Agent-Based Land-Use Model to Support Decision Making[J]. Ground Water. 2010, 48(5): 649-660.

[113] Repetto R. Economic Incentives for Sustainable Production[J]. Annals of Regional Science. 1987, 21(3): 44-59.

[114] Ritchie J T. International consortium for agricultural systems applications (ICASA): Establishment and purpose[J]. Agricultural Systems. 1995, 49(4): 329-335.

[115] Saaty T L. Scaling Method for Priorities in Hierarchical Structures. Journal of Mathematical Psychology, 1977, 15(3): 234-281.

[116] Sang L, Zhang C, Yang J, et al. Simulation of land use spatial pattern of towns and villages based on CA-Markov model. Mathematical and Computer Modelling, 2011, 54(3-4): 938-943.

[117] Sant I, Garc A A M, Miranda D, et al. Cellular automata models for the simulation of real-world urban processes: A review and analysis. Landscape and Urban Planning, 2010, 96(2): 108-122.

[118] Schofield N J. Tree planting for dryland salinity control in Australia. Agroforestry Systems, 1992, 20(1): 1-23.

[119] Schofield R, Thomas D S G, Kirkby M J. Causal processes of soil salinization in Tunisia, Spain and Hungary. Land Degradation & Development, 2001, 12(2): 163-181.

[120] Schreinemachers P, Berger T. An agent-based simulation model of human - environment interactions in agricultural systems[J]. Environmental Modelling & Software. 2011, 26(7): 845-859.

[121] Schreinemachers P, Berger T. Land use decisions in developing countries and their representation in multi-agent systems[J]. Journal of Land Use Science. 2006, 1(1): 29-44.

[122] Shaffer, Pierce. A user's guide to NTRM, a soil-crop simulation model for nitrogen, tillage, and crop-residue management[J]. Conservation research report (USA). 1987, 1(34): 103.

[123] Siciliano G. Urbanization strategies, rural development and land use changes in China: A multiple-level integrated assessment. Land Use Policy. 2012, 29(1): 165-178.

[124] Siciliano G. Urbanization strategies, rural development and land use changes in China: A multiple-level integrated assessment[J]. Land Use Policy. 2012, 29(1): 165-178.

[125] Simelton E. Food self-sufficiency and natural hazards in China. Food Security. 2011, 3(1):35-52.

[126] Smith H F, Sullivan C A. Ecosystem services within agricultural landscapes-Farmers' perceptions[J]. Ecological Economics. 2014, 98: 72-80.

[127] Soares B S, Cerqueira G C, Pennachin C L. DINAMICA - a stochastic cellular automata model designed to simulate the landscape dynamics in an Amazonian colonization frontier. Ecological Modelling, 2002, 154(3): 217-235.

[128] Sun B, Zhang L, Yang L, et al. Agricultural Non-Point Source Pollution in China: Causes and Mitigation Measures[J]. AMBIO. 2012, 41(4): 370-379.

[129] Taguas, E. V., Yuan, Y., Bingner, R. L. & Gomez, J. A. Modeling the contribution of ephemeral gully erosion under different soil managements: A case study in an olive orchard microcatchment using the AnnAGNPS model [J]. Catena, 2012,98:1-16.

[130] Tayyebi A, Pijanowski B C, Tayyebi A H. An urban growth boundary model using neural networks, GIS and radial parameterization: An application to Tehran, Iran. Landscape and Urban Planning, 2011, 100(1-2): 35-44.

[131] Tejada M, Garcia C, Gonzalez J L, et al. Use of organic amendment as a strategy for saline soil remediation: Influence on the physical, chemical and biological properties of soil. Soil Biology and Biochemistry, 2006, 38(6): 1413-1421.

[132] Tickell S J. Dryland salinity hazard map of the northern territory, report 54/941, water resources division, power and water authority of the Northern Territory, Darwin, 1994.

[133] Tobin P C. Estimation of the spatial autocorrelation function: consequences of sampling dynamic populations in space and time. Ecography, 2004, 27(6): 767-775.

[134] Triantafilis J, Odeh I O A, Warr B, et al. Mapping of salinity risk in the lower Namoi valley using non-linear kriging methods. Agricultural Water Management, 2004, 69 (3): 203-229.

[135] Valbuena D, Verburg P H, Bregt A K, et al. An agent-based approach to model land-use change at a regional scale[J]. Landscape Ecology. 2009, 25(2): 185-199.

[136] Valbuena D, Verburg P H, Bregt A K. A method to define a typology for agent-based analysis in regional land-use research[J]. Agriculture Ecosystems & Environment. 2008, 128(1-2): 27-36.

[137] Valbuena D, Verburg P H, Veldkamp A, et al. Effects of farmers' decisions on the landscape structure of a Dutch rural region: An agent-based approach[J]. Landscape and Urban Planning. 2010, 97(2): 98-110.

[138] Vatn A, Bakken L, Bleken M A, et al. A methodology for integrated economic and environmental analysis of pollution from agriculture[J]. Agricultural Systems. 2006, 88(2-3): 270-293.

[139] Venkatesan A K, Ahmad S, Johnson W, et al. Systems dynamic model to forecast salinity load to the Colorado River due to urbanization within the Las Vegas Valley. Science of the Total Environment, 2011, 409(13): 2616-2125.

[140] Vitousek, P. M., Naylor, R., Crews, T., David, M. B., Drinkwater, L. E., Holland, E., Johnes, P. J., Katzenberger, J., Martinelli, L. A., Matson, P. A., Nziguheba, G., Ojima, D., Palm, C. A., Robertson, G. P., Sanchez, P. A., Townsend, A. R., Zhang, F. S. Agriculture. Nutrient imbalances in agricultural development. Science. 2009, 324, 1519-1520.

[141] Vogeler I, Giltrap D, Cichota R. Comparison of APSIM and DNDC simulations of nitrogen transformations and N_2O emissions[J]. Science of the Total Environment.

2013, 465(SI): 147-155.

[142] Wang, X., Gassman, P. W., Williams , et al. Modeling the impacts of soil management practices on runoff, sediment yield, maize productivity, and soil organic carbon using APEX [J]. Soil Till Res., 2008, 101: 78-88.

[143] Wei J, Zhao Y, Xu H, et al. A framework for selecting indicators to assess the sustainable development of the natural heritage site. Journal of Mountain Science, 2007, 4(4): 321-330.

[144] Welsch D J. Riparian forest buffers: function and design for protection and enhancement of water resources, Radnor, PA: USDA forest service, 1994.

[145] Weng Y. Spatiotemporal changes of landscape pattern in response to urbanization. Landscape and Urban Planning, 2007, 81(4): 341-353.

[146] Wheaton G, Wallace J F, Mcfarlane D, et al. Mapping salt-affected land in Western Australia. Proceedings of the 6th Australasian Remote Sensing Conference, 1992, 2: 369-377.

[147] Wiebe B H, Eilers R G, Eilers W D, et al. Application of a risk indicator for assessing trends in dryland salinization risk on the Canadian Prairies. Canadian Journal of Soil Science, 2007, 87(2): 213-224.

[148] Wilensky U. Netlogo[J]. 1999.

[149] Worrall F, Burt T P. The impact of land-use change on water quality at the catchment scale: the use of export coefficient and structural models[J]. Journal of Hydrology. 1999, 221(1-2): 75-90.

[150] Yang P, Wu W, Li Z, et al. Simulated impact of elevated CO_2, temperature, and precipitation on the winter wheat yield in the North China Plain [J]. Regional Environmental Change. 2014, 14(1SI): 61-74.

[151] Yang X, Liu Z. Quantifying landscape pattern and its change in an estuarine watershed using satellite imagery and landscape metrics. International Journal of Remote Sensing, 2005, 26(23): 5297-5323.

[152] Yao L X, Li G L, Tu S H, et al. Salinity of animal manure and potential risk of secondary soil salinization through successive manure application. Science of the Total Environment, 2007, 383(1-3): 106-114.

[153] Yee Yet J S, Silburn D M. Deep drainage estimates under a range of land uses in the QMDB using water balance modelling (Toowoomba, Qld.: Queensland Department of Natural Resources and Mines), 2003.

[154] Yu Q, Wu W, Verburg P H, et al. A survey-based exploration of land-system dynamics in an agricultural region of Northeast China [J]. Agricultural Systems. 2013, 121: 106-116.

[155] Zare M, Samani A A N, Mohammady M. The impact of land use change on runoff generation in an urbanizing watershed in the north of Iran[J]. Environmental Earth Sciences. 2016, 75(127918).

[156] Zhang J F, Xing S J, Zhou J X, et al. Study on cultural technologies and salt-resistance of Nitraria sibirica in coastal areas with serious salt-affected soil. In: Proceedings of the World Engineers' Convention. Shanghai, China. 2004.

[157] Zhang P, Liu Y H, Pan Y, et al. Land use pattern optimization based on CLUE-S and SWAT models for agricultural non-point source pollution control[J]. Mathematical and Computer Modelling. 2013, 58(3-4): 588-595.

[158] Zhang, S. H., Liu, Y. & Wang, T. W. How land use change contributes to reducing soil erosion in the Jialing River Basin, China [J]. Agr Water Manage, 2014, 133:65-73.

[159] Zhou D, Lin Z, Liu L. Regional land salinization assessment and simulation through cellular automaton-Markov modeling and spatial pattern analysis[J]. Science of the Total Environment. 2012, 439: 260-274.

[160] Zhou F, Xu Y, Chen Y, et al. Hydrological response to urbanization at different spatio-temporal scales simulated by coupling of CLUE-S and the SWAT model in the Yangtze River Delta region[J]. Journal of Hydrology. 2013, 485(SI): 113-125.

[161] Zhu D, Chang J B. Annual variations of biotic integrity in the upper Yangtze River using an adapted index of biotic integrity (IBI)[J]. Ecological Indicators. 2008, 8(5): 564-572.

[162] 鲍金星,葛霖,刘学涛,等. 多视角农村土地整理效益评价[J]. 农业工程. 2012, 02(05): 54-58.

[163] 毕雪,王晓媛. 基于输出系数模型的洞庭湖流域面源污染分析[J]. 人民长江. 2012, 43(11): 74-77.

[164] 蔡思敏. 银川平原土壤盐渍化驱动力模型研究 [硕士学位论文]. 北京: 中国农业大学, 2010.

[165] 蔡为民, 唐华俊, 吕钢, 等. 景观格局分析法与土地利用转换矩阵在土地利用特征研究中的应用. 中国土地科学, 2006, 20(1): 39-44.

[166] 蔡运龙. 土地利用/土地覆被变化研究:寻求新的综合途径[J]. 地理研究. 2001, 20(06): 645-652.

[167] 曹甲伟. 小康阶段我国安全人均粮食占有量研究 [硕士学位论文]. 北京: 中国农业科学院; 2003.

[168] 常笑,刘黎明,刘朝旭,等. 农户土地利用决策行为的多智能体模拟方法[J]. 农业工程学报. 2013, 29(14): 227-237.

[169] 陈峰, 何报寅, 龙占勇, 等. 利用 Landsat ETM+分析城市热岛与下垫面的空间分布关系. 国土资源遥感, 2008, 76(2): 56-67.

[170] 陈海,杨维鸽,梁小英,等. 基于 Multi-Agent System 的多尺度土地利用变化模型的构建与模拟[J]. 地理研究. 2010, 29(08): 1519-1527.

[171] 陈静生,高学民,夏星辉,等. 长江水系河水氮污染. 环境化学,1999,18(4):289-293.

[172] 陈敏鹏,陈吉宁. 中国区域土壤表观氮磷平衡清单及政策建议[J]. 环境科学. 2007, 28(06): 1305-1310.

[173] 陈彦光. 基于 Moran 统计量的空间自相关理论发展和方法改进. 地理研究，2009，28(6)：1449-1463.

[174] 邓祥征. 土地动态模拟系统[M]. 北京：中国大地出版社，2008.

[175] 第一次全国污染源普查资料编纂委员会. 污染源普查产排污系数手册[M]. 北京：中国环境科学出版社，2011.

[176] 丁晓雯,刘瑞民,沈珍瑶. 基于水文水质资料的非点源输出系数模型参数确定方法及其应用[J]. 北京师范大学学报(自然科学版). 2006，42(05)：534-538.

[177] 杜建涛,何文清,Vinay Nangia,等. 北方旱区保护性耕作对农田土壤水分的影响[J]. 农业工程学报. 2008，24(11)：25-29.

[178] 冯绍元,蒋 静,霍再林,等. 基于 SWAP 模型的春小麦咸水非充分灌溉制度优化[J]. 农业工程学报,2014,30(9):66-75.

[179] 付永虎. 高集约化农区投入减量化与低环境风险的土地利用系统设计——理论与模式[D]. 中国农业大学，2016.

[180] 傅伯杰. 黄土区农业景观空间格局分析. 生态学报，1995，15(2)：113-120.

[181] 高润霞，代述勇，宋丽，等. 农村国土整治项目规划方案的优选——以重庆市杨柳项目为例. 中国农学通报，2011，27(14)：273-276.

[182] 宫志锋. 安徽省不同区域耕地地力评价的因子选取及隶属函数参数调整研究 [硕士学位论文]. 合肥：安徽农业大学；2012.

[183] 郭秀锐. 城市生态系统健康评价——以广州市为例[博士学位论文]. 北京：北京师范大学，2003.

[184] 国家发展和改革委员会价格司. 全国农产品成本收益资料汇编[M]. 北京.

[185] 国家人口发展战略研究课题组. 国家人口发展战略研究报告 2007 [Available from: http://www.china.com.cn/policy/txt/2007-01/11/content_7643393_3.htm.

[186] 国家统计局人口与就业统计司. 中国人口统计年鉴. 北京：中国统计出版社；1996.

[187] 哈岸英. 青铜峡灌区续建配套与节水改造技术研究. 人民黄河，2002，24(9)：41-42.

[188] 韩例娜,李裕元,石辉,等. 水生植物对农田排水沟渠氮磷迁移生态阻控效果比较研究. 农业现代化研究,2012,33(1):117-120.

[189] 郝芳华,程红光,杨胜天. 非点源污染模型-理论方法与应用. 北京:中国环境科学出版社,2006.

[190] 何秋虹. 生态控草技术对丘陵地区茶园生物多样性影响的研究. 硕士论文. 长沙:湖南农业大学,2010.

[191] 侯玲玲,孙倩,穆月英. 农业补贴政策对农业面源污染的影响分析——从化肥需求的视角[J]. 中国农业大学学报. 2012，17(04)：173-178.

[192] 胡宝清，王世杰. 基于 3S 技术的区域喀斯特石漠化过程、机制及风险评估. 北京：科学出版社，2008.

[193] 胡豹,卫新,王美青. 影响农户农业结构调整决策行为的因素分析——基于浙江省农户的实证[J]. 中国农业大学学报(社会科学版). 2005(02)：50-56.

[194] 黄代中,万群,李利强,等. 洞庭湖近 20 年水质与富营养化状态变化[J]. 环境科学研究. 2013，26(01)：27-33.

[195] 黄佩民，俞家宝. 2000—2030 年中国粮食供需平衡及其对策研究. 管理世界. 1997，(02):154-160+186.

[196] 季翔，刘黎明，起晓星. 区域耕地粮食生产保障能力及其风险评价方法. 农业工程学报. 2014，(07):219-226.

[197] 季翔，刘黎明. 粮食生产水平的内涵解析及其预测方法. 农业工程学报，2011(S2)：331-335.

[198] 季翔. 城镇化背景下乡村景观格局演变与布局模式——以金井镇为例[博士学位论文]. 北京：中国农业大学，2014.

[199] 柯新利，邓祥征，何书金. 地理元胞自动机模型的尺度敏感性及原因[J]. 地理研究. 2010，29(05)：863-872.

[200] 李才伟. 元胞自动机及复杂系统的时空动态模拟[博士学位论文]. 武汉：华中理工大学，1997.

[201] 李东坡，武志杰. 化学肥料的土壤生态环境效应[J]. 应用生态学报. 2008，19(05)：1158-1165.

[202] 李高明. 湖南农业面源污染中氮、磷损失的影响因素研究[D]. 湖南农业大学，2009.

[203] 李宏，于洪伟. 对新疆塔里木河流域土壤盐渍化进行专题信息提取的应用研究. 测绘与空间地理信息系统，2007，30(4)：65-70.

[204] 李军，邵明安，张兴昌. EPIC 模型中土壤氮磷运转和作物营养的数学模拟[J]. 植物营养与肥料学报. 2005，11(02)：166-173.

[205] 李丽华，李强坤. 农业非点源污染研究进展和趋势. 农业资源与环境学报. 2014，(01):13-22.

[206] 李利锋，郑度. 区域可持续发展评价：进展与展望. 地理科学进展，2002，21(3)：237-248.

[207] 李芹，陈海，梁小英，等. 农户土地利用决策模型构建及影响因素分析——以陕西省米脂县高西沟村为例[J]. 水土保持通报. 2014，34(02)：234-239.

[208] 李帷，李艳霞，张丰松，等. 东北三省畜禽养殖时空分布特征及粪便养分环境影响研究. 农业环境科学学报，2007，26(6)：2350-2357.

[209] 李秀珍，布仁仓，常禹，等. 景观格局指标对不同景观格局的反应. 生态学报，2004，24(1)：123-134.

[210] 李兆富，刘红玉，李燕. HSPF 水文水质模型应用研究综述[J]. 环境科学，2012，33(7)：2217-2223.

[211] 李中. 农村土地流转与农民收入——基于湖南邵阳市跟踪调研数据的研究[J]. 经济地理. 2013，33(05)：144-149.

[212] 梁流涛，秦明周. 中国农业面源污染问题研究. 北京：中国社会科学出版社；2013.

[213] 刘朝旭，刘黎明，付永虎，等. 不同政策情景下农业土地利用效应模拟分析[J]. 生态与农村环境学报. 2015，31(04)：484-491.

[214] 刘洪彬，王秋兵，董秀茹，等. 大城市郊区典型区域农户作物种植选择行为及其影响因素对比研究——基于沈阳市苏家屯区 238 户农户的调查研究[J]. 自然资源学报. 2013，28(03)：372-380.

[215] 刘洪彬，于国锋，王秋兵，等. 大城市郊区不同区域农户土地利用行为差异及其空间分布特征——以沈阳市苏家屯区238户农户调查为例[J]. 资源科学. 2012，34(05)：879-888.

[216] 刘建刚，褚庆全，王光耀，等. 基于DSSAT模型的氮肥管理下华北地区冬小麦产量差的模拟[J]. 农业工程学报. 2013，29(23)：124-129.

[217] 刘黎明. 土地资源学[M]. 北京：中国农业大学出版社，2010：172-182.

[218] 刘黎明. 乡村景观规划. 北京：中国农业大学出版社，2003.

[219] 刘晓雨，李志鹏，潘根兴，等. 长期不同施肥下太湖地区稻田净温室效应和温室气体排放强度的变化[J]. 农业环境科学学报. 2011，30(09)：1783-1790.

[220] 刘亚彬，刘黎明，许迪，章少辉. 基于信息扩散理论的中国粮食主产区水旱灾害风险评估. 农业工程学报. 2010，(08)：1-7.

[221] 刘毅，陈吉宁. 滇池流域磷循环系统的物质流分析[J]. 环境科学. 2006，27(08)：1549-1553.

[222] 刘莹，黄季焜. 农户多目标种植决策模型与目标权重的估计[J]. 经济研究. 2010(01)：148-157.

[223] 卢良恕. 中国农业新发展与食物安全. 中国科协2003年学术年会，辽宁沈阳.

[224] 鲁明星，贺立源，吴礼树，徐辉，黄魏，邓银霞. 基于GIS的华中丘陵区耕地地力评价研究. 农业工程学报. 2006，(08)：96-101+273.

[225] 鲁明星，贺立源，吴礼树. 我国耕地地力评价研究进展[J]. 生态环境. 2006，15(04)：866-871.

[226] 鲁如坤，刘鸿翔，闻大中，等. 我国典型地区农业生态系统养分循环和平衡研究 Ⅰ. 农田养分支出参数[J]. 土壤通报. 1996b(04)：145-150.

[227] 鲁如坤，刘鸿翔，闻大中，等. 我国典型地区农业生态系统养分循环和平衡研究 Ⅱ. 农田养分收入参数[J]. 土壤通报. 1996a(04)：151-154.

[228] 吕新业，胡非凡. 2020年我国粮食供需预测分析. 农业经济问题. 2012，(10)：11-18+110.

[229] 马树庆，王琪. 区域粮食安全的内涵、评估方法及保障措施. 资源科学. 2010，(01)：35-41.

[230] 马威，林建南，汤连生，等. 基于层次分析法的区域泥石流防治决策模型. 灾害学，2009，24(2)：21-25.

[231] 孟岑，李裕元，徐晓光，等. 亚热带流域氮磷排放与养殖业环境承载力实例研究. 环境科学学报，2013，33(2)：635-643.

[232]《宁夏生态环境评价与科技发展战略》生态环境专题组. 宁夏生态环境评价与科技发展战略. 宁夏：宁夏人民出版社，1990.

[233]《宁夏水利新志》编纂委员会. 宁夏水利新志. 银川：宁夏人民出版社，2004.

[234] 潘畅. 生态沟渠对氮磷的净化及狐尾藻对氮的去除研究. 硕士论文. 武汉：华中农业大学，2011.

[235] 彭茹燕，刘连友，张宏. 人类活动对干旱区内陆河流域景观格局的影响分析—以新疆和田河中游地区为例. 自然资源学报，2003，18(4)：492-498.

[236] 起晓星，刘黎明，刘亚彬，王莉. 基于故障树分析的区域粮食安全风险因子识别和分类. 农业工程学报. 2011，(12)：1-6.

[237] 起晓星. 基于粮食安全和环境风险控制目标的可持续农业土地利用模式研究[D]. 中国农业大学，2015.

[238] 邱炳文，王钦敏，陈崇成. 池天河福建省土地利用多尺度空间自相关分析. 2007，22(2)：311-319.

[239] 邱建军,李虎,王立刚. 中国农田施氮水平与土壤氮平衡的模拟研究[J]. 农业工程学报. 2008，24(08)：40-44.

[240] 任玮,代超,郭怀成. 基于改进输出系数模型的云南宝象河流域非点源污染负荷估算[J]. 中国环境科学. 2015，35(08)：2400-2408.

[241] 邵磊,陈郁,张树深. 基于 AHP 和熵权的跨界突发性大气环境风险源模糊综合评价[J]. 中国人口·资源与环境. 2010，20(S1)：135-138.

[242] 谭美英,武深树,邓云波,等. 湖南省畜禽粪便排放的时空分布特征. 中国畜牧杂志，2011,47(14):43-48.

[243] 唐国勇,黄道友,童成立,等. 土壤氮素循环模型及其模拟研究进展[J]. 应用生态学报. 2005，16(11)：204-208.

[244] 唐华俊,吴文斌,余强毅,等. 农业土地系统研究及其关键科学问题[J]. 中国农业科学. 2015，48(5)：900-910.

[245] 汪林，甘泓，汪珊. 宁夏引黄灌区水盐循环盐化与调控. 北京：中国水利水电出版社，2003.

[246] 王春菊，汤小华. 福建省人口数据空间化. 地理与地理信息科学，2004，20(4)：71-74.

[247] 王东明. 粮食主产区农户耕地流转行为的影响因素研究[D]. 西南大学，2014.

[248] 王激清,马文奇,江荣风,等. 中国农田生态系统氮素平衡模型的建立及其应用[J]. 农业工程学报. 2007，23(08)：210-215.

[249] 王磊. 土地利用变化的多尺度模拟研究[D]. 北京大学，2011.

[250] 王莉. 宁南黄土丘陵区小流域景观生态恢复模式研究[博士学位论文]. 北京：中国农业大学，2010.

[251] 王敏,吴建强,黄沈发,等.不同坡度缓冲带径流污染净化效果及其最佳宽度.生态学报，2008,28(10):4951-4956.

[252] 王涛,吕昌河,于伯华.基于 WOFOST 模型的京津冀地区冬小麦生产潜力评价.自然资源学报,2010,25(3):475-486.

[253] 王宪礼，布仁仓，胡远满，等. 辽河三角洲湿地的景观破碎化分析. 应用生态学报，1996，7(3)：299-304.

[254] 王秀妮，张荣群，周德，等. 基于 Markov 链的土壤盐渍化动态变化预测. 农业工程学报，2010，26(2)：202-206.

[255] 王秀妮. 银川平原土壤盐渍化演变规律与图谱分析模型研究：[硕士学位论文]. 北京：中国农业大学，2011.

[256] 王友生,余新晓,贺康宁,等. 基于 CA-Markov 模型的藉河流域土地利用变化动态模拟[J]. 农业工程学报. 2011(12)：330-336.

[257] 危向峰，段建南，胡振琪，王建峰. 层次分析法在耕地地力评价因子权重确定中的应用. 湖南农业科学. 2006，(02)：39-42.
[258] 魏静，马林，马文奇，等. 城镇化对我国不同年代农田氮素循环的影响[J]. 河北农业大学学报. 2009，32(01)：6-9.
[259] 邬建国. 景观生态学. 北京：高等教育出版社，2007.
[260] 邬建国. 景观生态学：格局、过程、尺度与等级. 北京：高等教育出版社，2000.
[261] 吴健生，冯喆，高阳，等. CLUE-S模型应用进展与改进研究[J]. 地理科学进展. 2012，31(01)：3-10.
[262] 吴连翠，陆文聪. 基于农户模型的粮食补贴政策绩效模拟研究[J]. 中国农业大学学报. 2011，16(05)：171-178.
[263] 武深树，谭美英，龙岳林，等. 洞庭湖区畜禽粪便中氮素污染及其环境成本[J]. 农业工程学报. 2009，25(06)：229-234.
[264] 夏艳珺. 茶园不同覆盖措施的土壤生态效应研究[硕士论文]. 长沙：湖南农业大学，2006.
[265] 肖笃宁，李秀珍. 当代景观生态学的进展和展望. 地理科学，1997，17(4)：356-363.
[266] 肖国举，张强，李裕，等. 气候变暖对宁夏引黄灌区土壤盐分及其灌水量的影响. 农业工程学报，2010，26(6)：7-13.
[267] 谢高地，甄霖，鲁春霞，等. 一个基于专家知识的生态系统服务价值化方法. 自然资源学报，2008，23(5)：911-919.
[268] 谢花林，刘黎明，李波，等. 土地利用变化的多尺度空间自相关分析. 地理学报，2006，61(4)：389-400.
[269] 谢惠民. 复杂性与动力系统. 上海：上海科技教育出版社，1994.
[270] 谢新民，赵文骏，裴源生，等. 宁夏水资源优化配置与可持续利用战略研究. 郑州：黄河水利出版社，2002.
[271] 辛翔飞，张怡，王济民. 我国粮食补贴政策效果评价——基于粮食生产和农民收入的视角[J]. 经济问题. 2016(02)：92-96.
[272] 严昌荣，梅旭荣，何文清，郑盛华. 农用地膜残留污染的现状与防治. 农业工程学报. 2006，(11)：269-272.
[273] 杨飞，杨世琦，诸云强，王卷乐. 中国近30年畜禽养殖量及其耕地氮污染负荷分析. 农业工程学报. 2013，(05)：1-11.
[274] 殷冠羿，刘黎明，起晓星，等. 基于物质流分析的高集约化农区环境风险评价[J]. 农业工程学报. 2015，31(05)：235-243.
[275] 殷冠羿. 基于物质流分析的集约化农业土地利用的环境风险预警研究[D]. 中国农业大学，2016.
[276] 余红兵. 生态沟渠水生植物对农区氮磷面源污染的拦截效应研究[博士论文]. 长沙：湖南农业大学，2012.
[277] 余强毅，吴文斌，唐华俊，等. 基于农户行为的农作物空间格局变化模拟模型架构[J]. 中国农业科学. 2013，46(15)：3266-3276.
[278] 余强毅，吴文斌，杨鹏，等. Agent农业土地变化模型研究进展[J]. 生态学报. 2013，33

(06)：1690-1700.
[279] 余强毅. 基于农户决策的农业土地系统变化模型研究[D]. 中国农业科学院，2013.
[280] 袁承程，刘黎明，付永虎，等. 基于物质流分析的农业土地利用系统氮素效应分析——以湖南省桃江县为例[J]. 中国生态农业学报. 2016，24(10)：1371-1381.
[281] 袁宁，刘小川. 不同耕地规模影响农户粮食经营行为的实证研究[J]. 调研世界. 2013(01)：31-34.
[282] 岳强，陆钟武. 中国铜循环现状分析(Ⅰ)——"STAF"方法[J]. 中国资源综合利用. 2005(04)：6-11.
[283] 张江徽，陆钟武. 中国 2004 年锌循环分析及政策建议[J]. 资源科学. 2007，29(05)：81-89.
[284] 张均华，刘建立，张佳宝. 作物模型研究进展[J]. 土壤. 2012，44(01)：1-9.
[285] 张丽君，黄贤金，钟太洋，等. 区域农户农地流转行为对土地利用变化的影响——以江苏省兴化市为例[J]. 资源科学. 2005，27(06)：40-45.
[286] 张荣群，宋乃平，王秀妮，等. 盐渍土时空变化信息的图谱可视化分析. 农业工程学报，2012，28(9)：230-235.
[287] 张晓刚，曾辉. 从系统到景观：区域物质流分析的景观取向[J]. 生态学报. 2014，34(06)：1340-1351.
[288] 张笑楠，王克林，张明阳，等. 人类活动影响下喀斯特区域景观格局梯度分析. 长江流域资源与环境，2009，18(12)：1187-1192.
[289] 张玉斌，郑粉莉. ANSWERS 模型及其应用. 水土保持研究，2004，11(4)：165-168.
[290] 张源沛. 绿洲区土水盐渍化时空分异模式与调控—以银川平原为例[博士学位论文]. 北京：中国农业大学，2008.
[291] 张智，林莉，陈晓娟，等. 银川平原气候变化特征分析. 干旱区资源与环境，2008，22(6)：68-72.
[292] 钟振宇，陈灿，万斯. 洞庭湖污染状况及防治对策. 湖南有色金属，2011，27(4)：64-67.
[293] 周成虎，孙战利，谢一春. 地理元胞自动机研究. 北京：科学出版社，2000.
[294] 朱坚，石丽红，田发祥，等. 湖南典型双季稻田氨挥发对施氮量的响应研究[J]. 植物营养与肥料学报. 2013，19(05)：1129-1138.
[295] 朱占强. 宁南黄土丘陵区小流域景观生态重建的理论与方法研究[博士学位论文]. 北京：中国农业大学，2008.
[296] 庄恒扬，曹卫星，刘传松. 作物磷素养分的动态模拟[J]. 生态学杂志. 2005，24(03)：335-338.
[297] 卓东. 高集约化农业土地利用的环境风险管理体系研究[D]. 中国农业大学，2017.
[298] 卓东. 高集约化农业土地利用的环境风险识别与评价方法研究[硕士学位论文]. 北京：中国农业大学；2013.

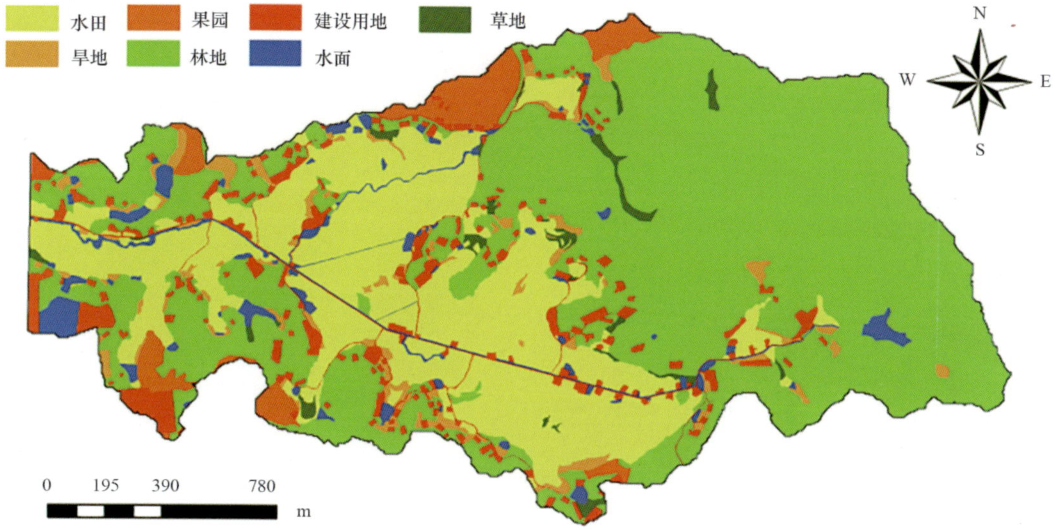

图 3-2 花园洞小流域土地利用现状图

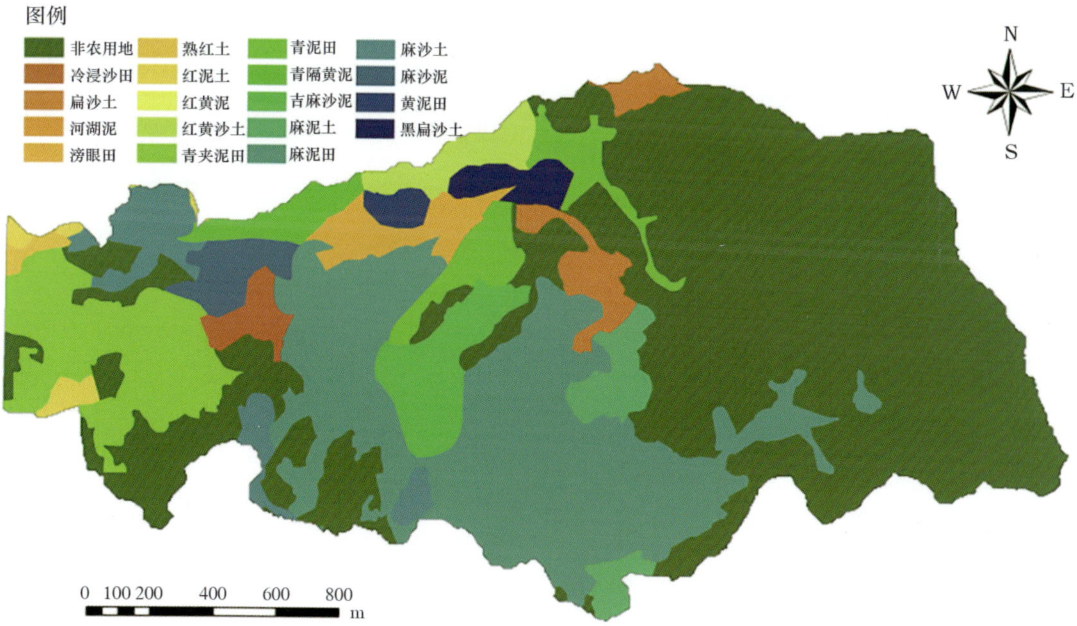

图 3-3 花园洞小流域土壤分布图

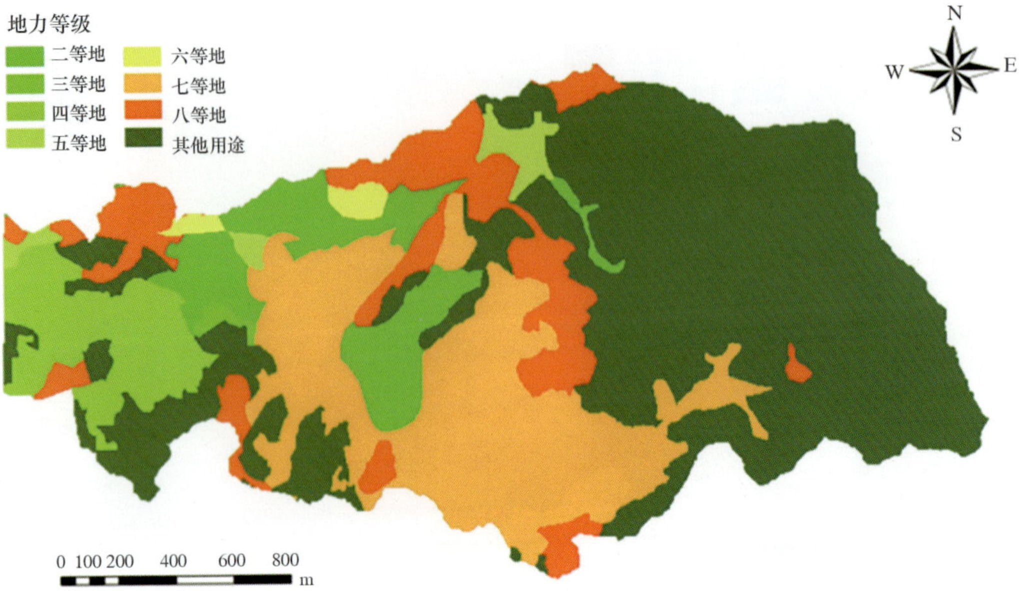

图 3-4 花园洞小流域耕地地力等级图

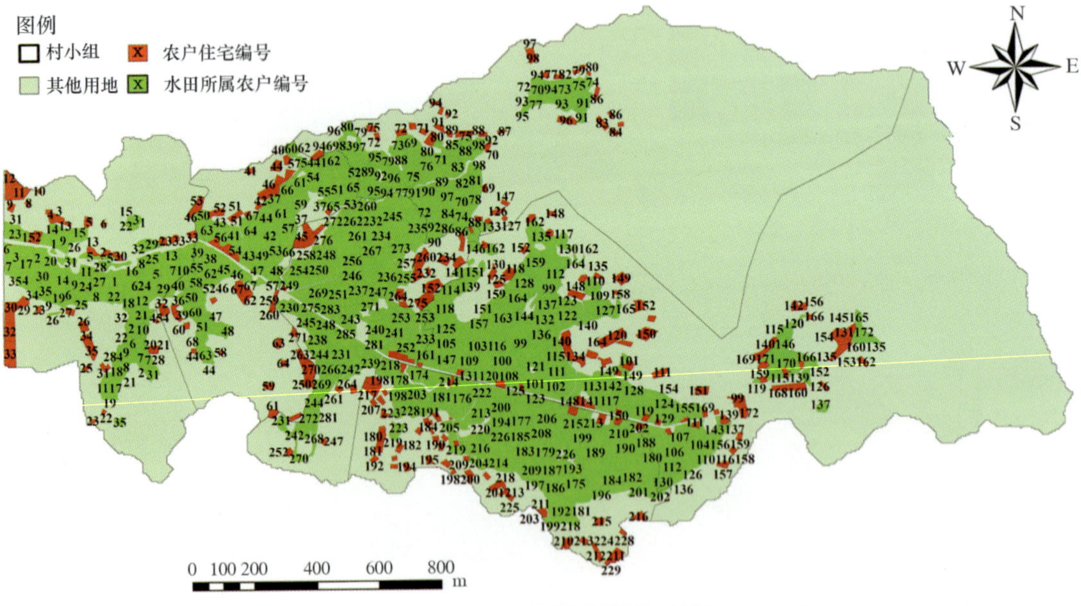

图 3-5 花园洞小流域土地权属图

注：建设用地的标号是指某农户类型的编号，如果某一水田的编号中与此编号相同，则表明此田块由该农户耕作。

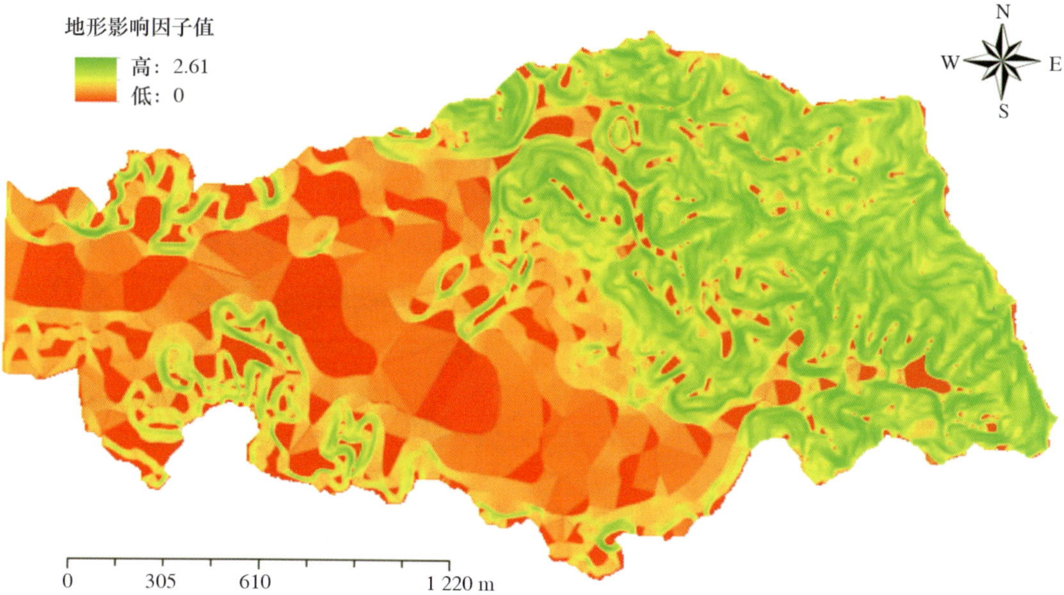

图 3-8　花园洞小流域的地形影响因子值

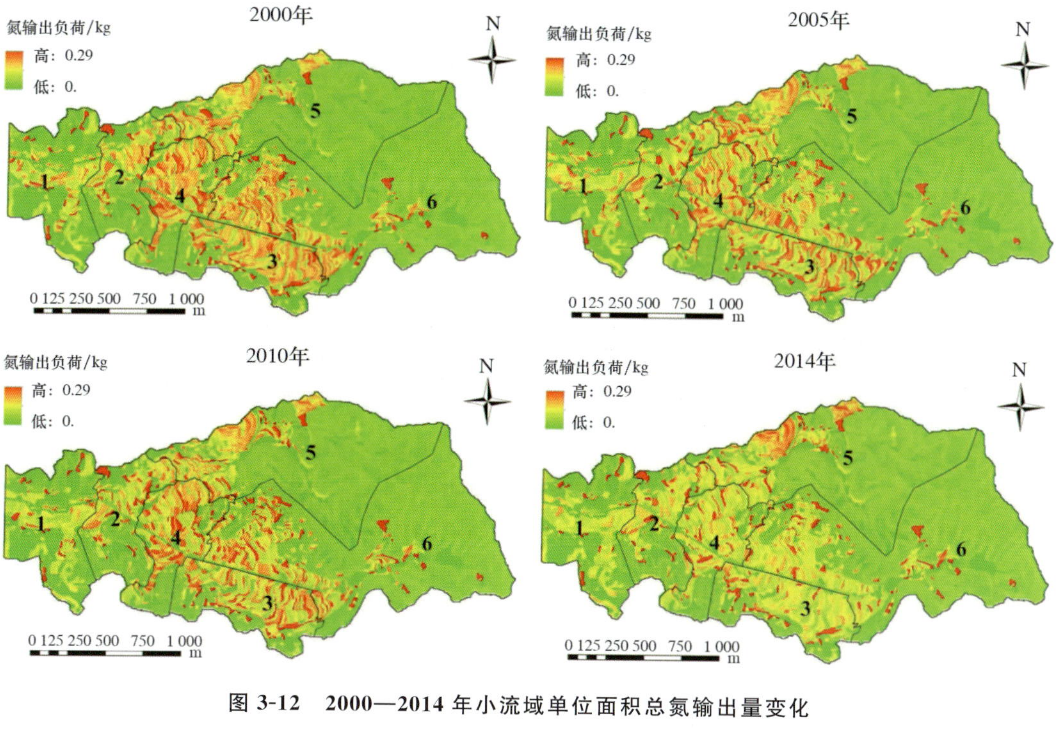

图 3-12　2000—2014 年小流域单位面积总氮输出量变化

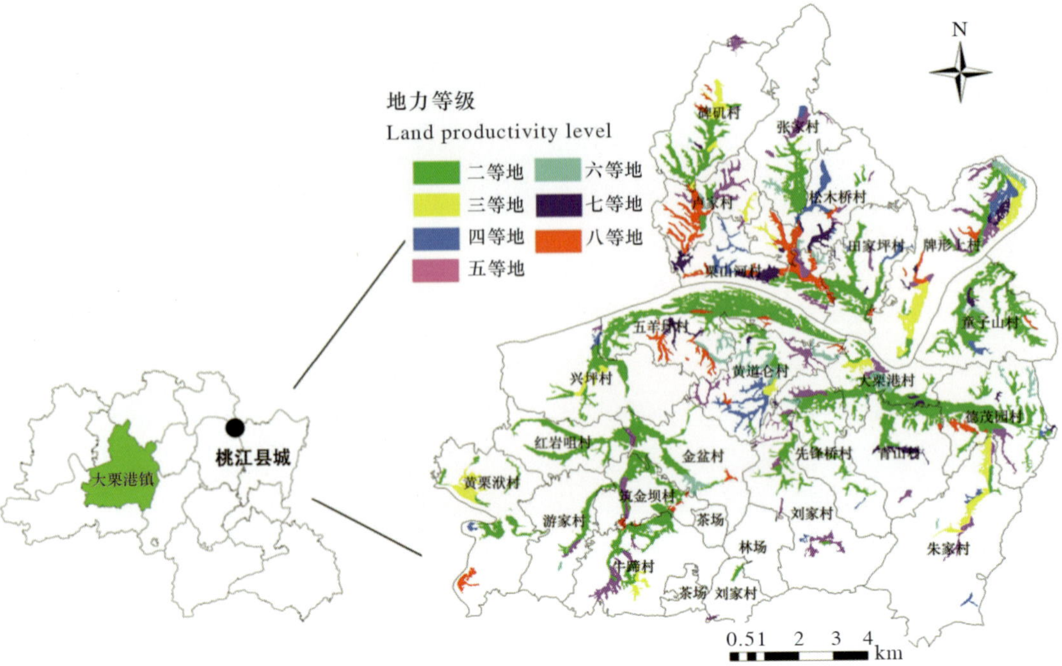

图 4-1　大栗港镇区位图与地力等级图

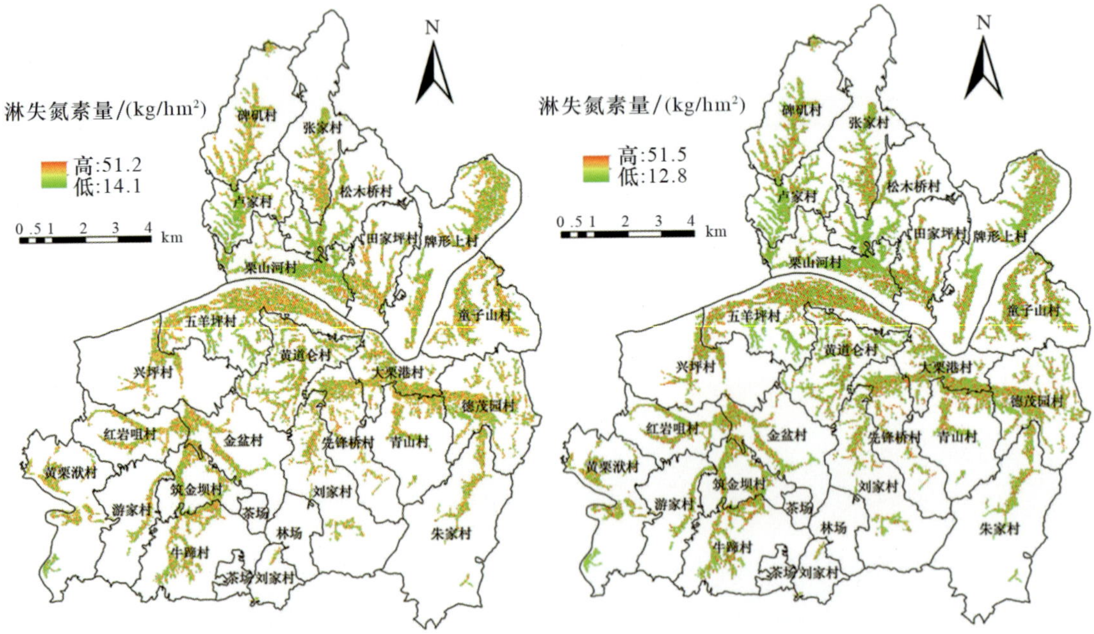

图 4-8　2000—2014 年大栗港镇氮素淋失量的空间分布图

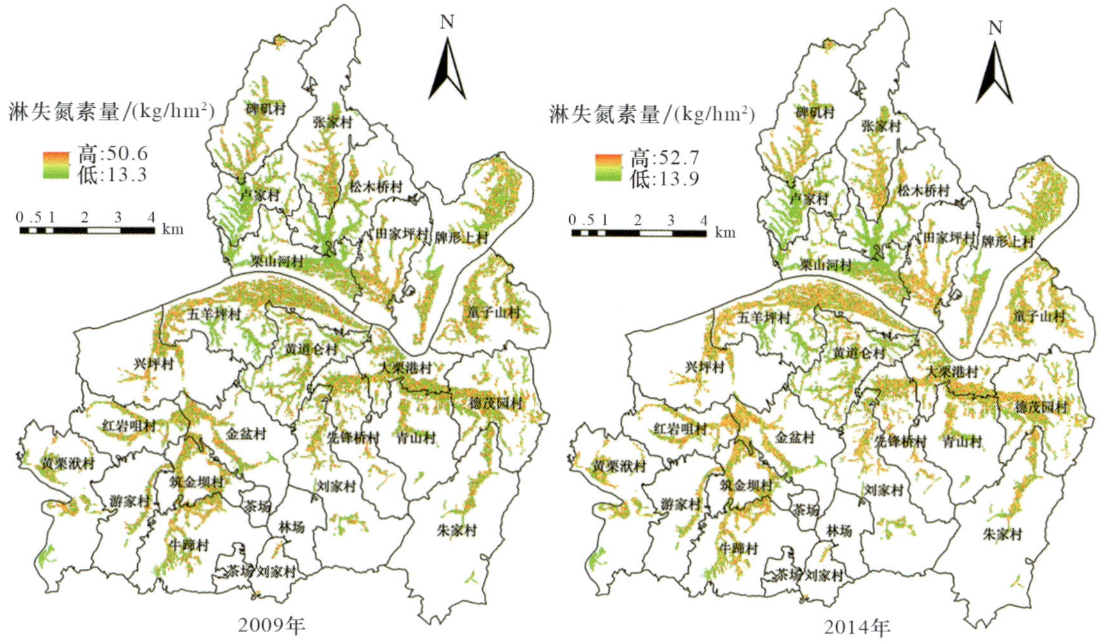

续图 4-8

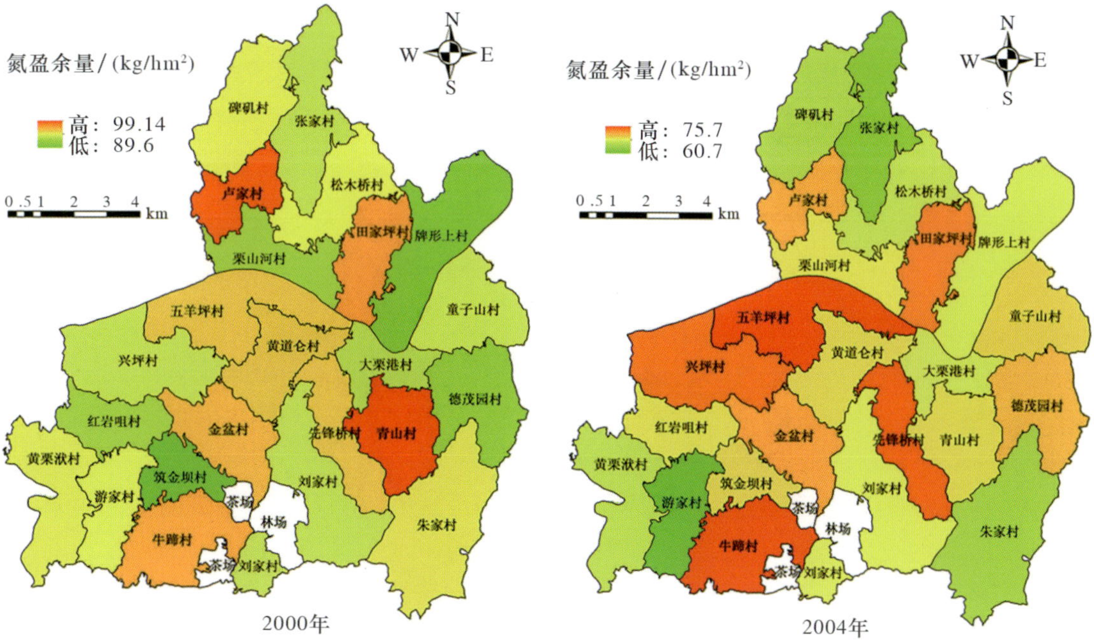

图 4-9 2000—2014 年大栗港镇水稻种植氮盈余量的空间分布图

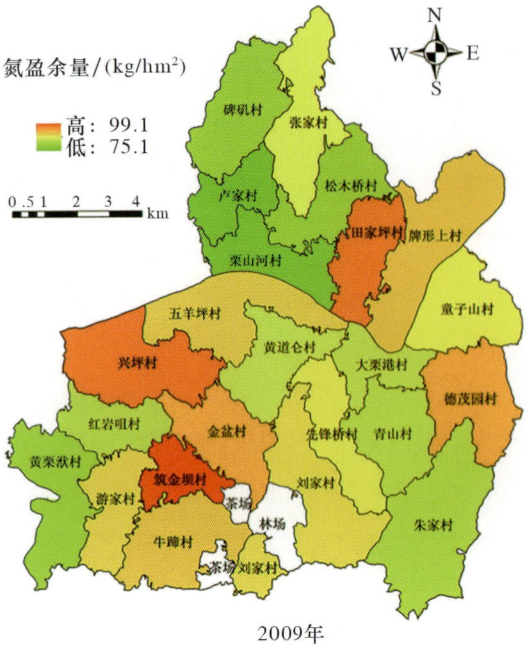

续图 4-9

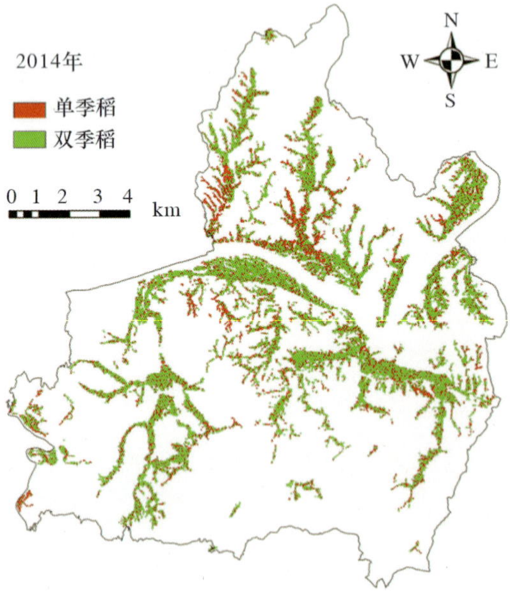

图 5-2　2014 年大栗港镇水稻种植制度的空间变化图

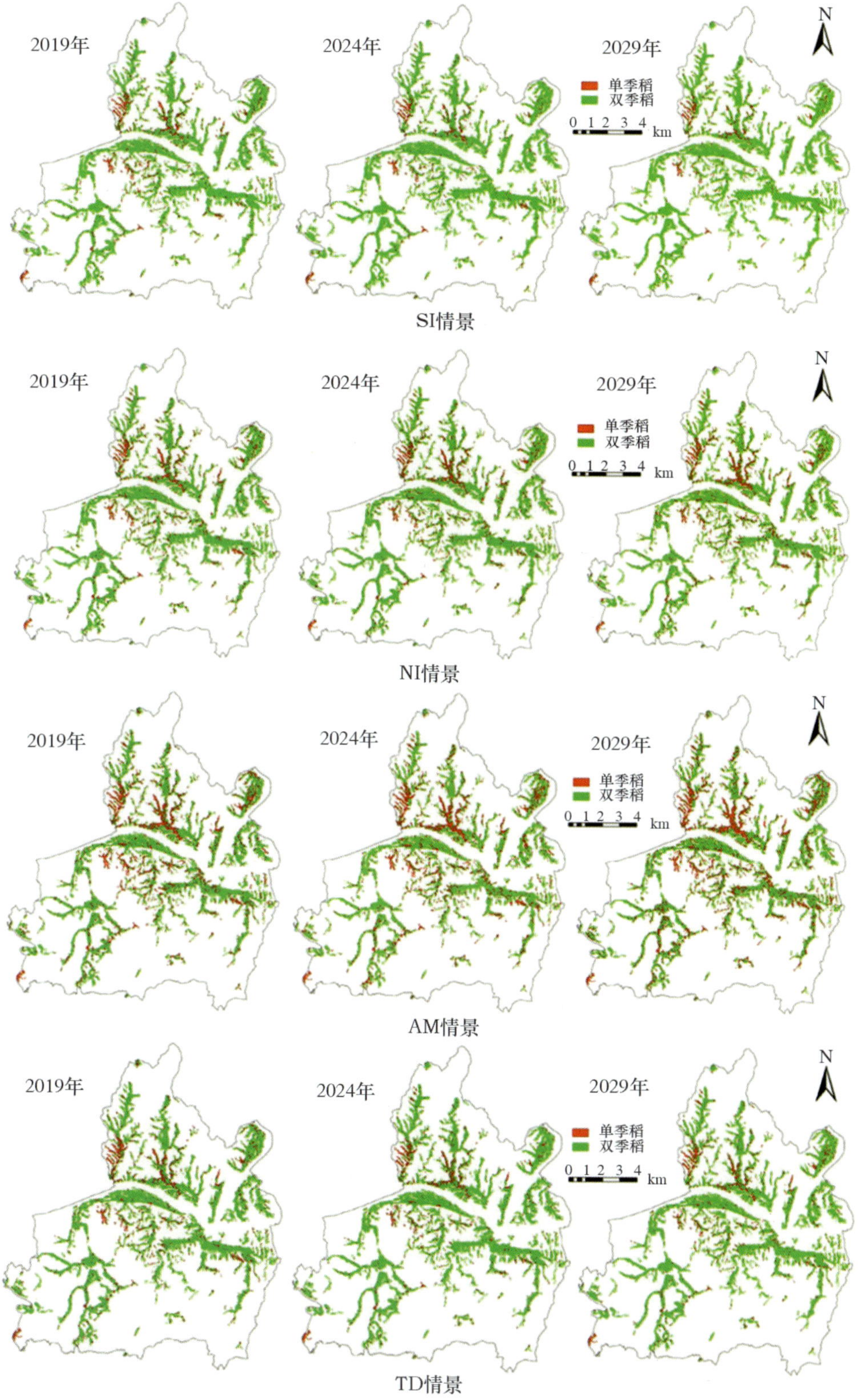

图 5-3　2019—2029 年不同政策情景下大栗港镇水稻种植制度的空间变化图

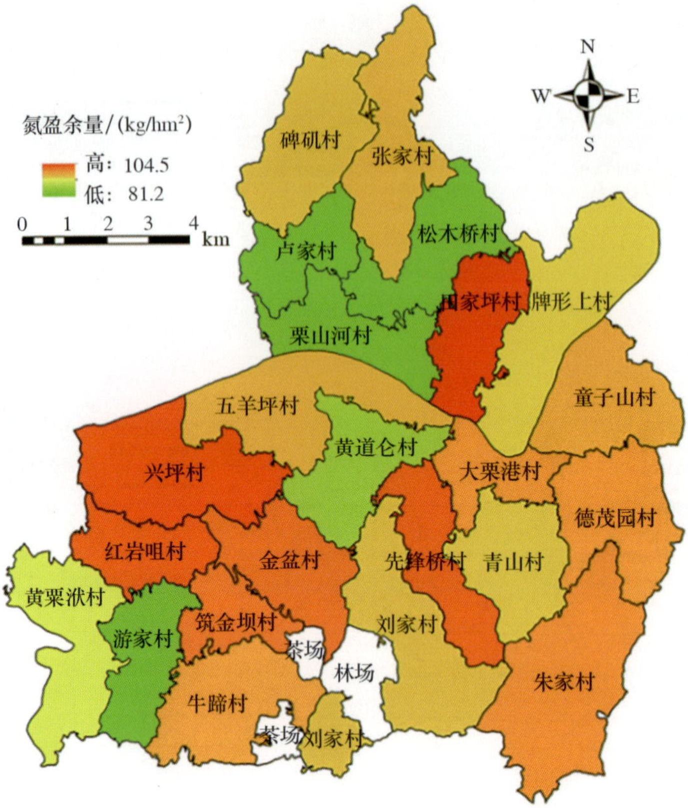

图 5-7 2014 年大栗港镇水稻种植氮盈余量的空间分布图

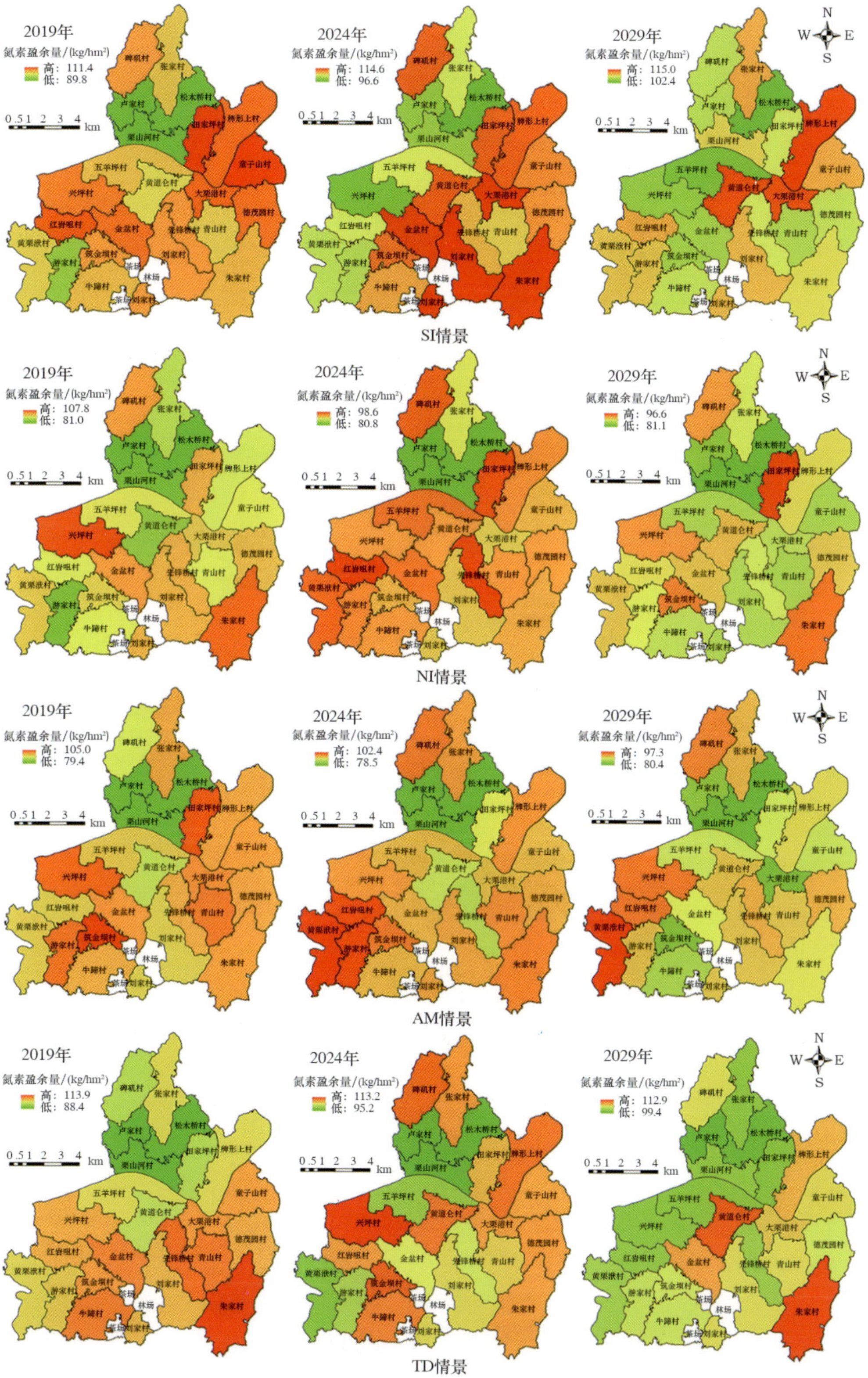

图 5-8　2019—2029 年不同政策情景下大栗港镇水稻种植氮盈余量的空间分布图

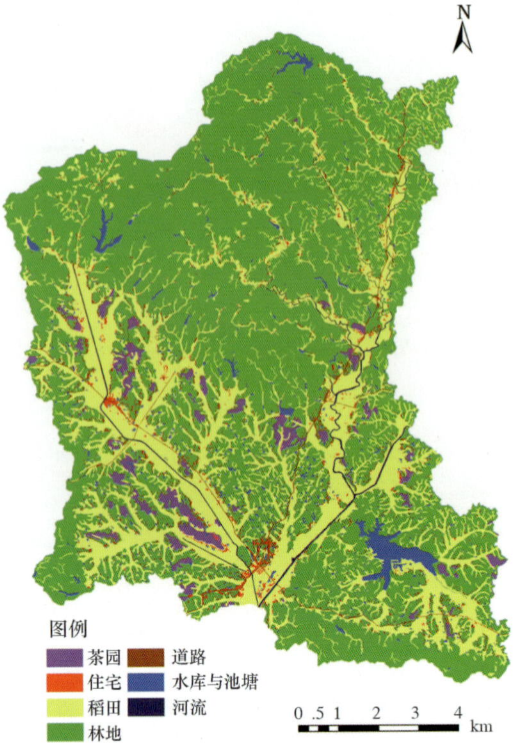

图 6-3　金井镇 2010 年土地利用现状图

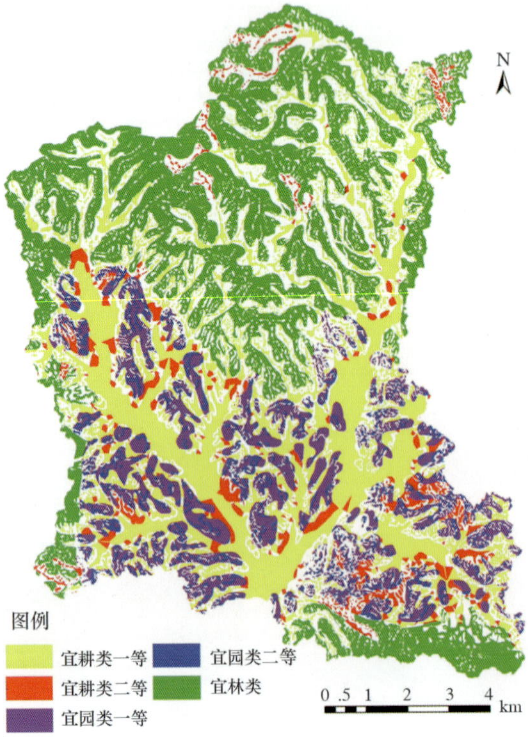

图 6-7　土地适宜性评价图

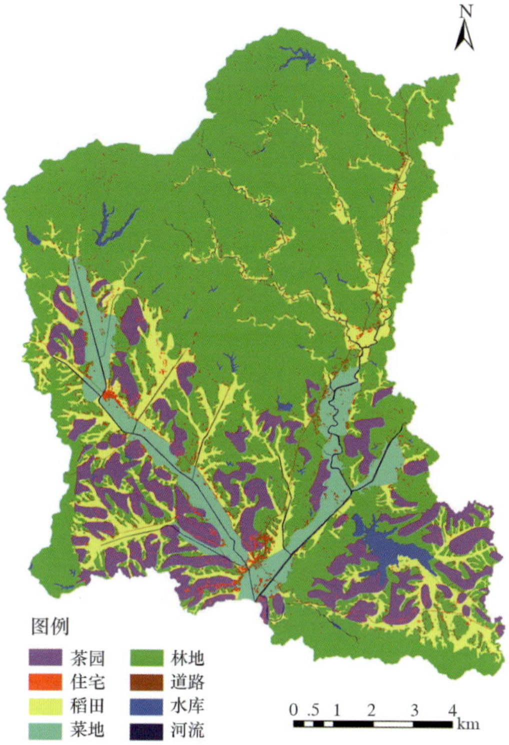

图 6-9　情景Ⅰ:提高农产品产量为首要目标的未来景观格局

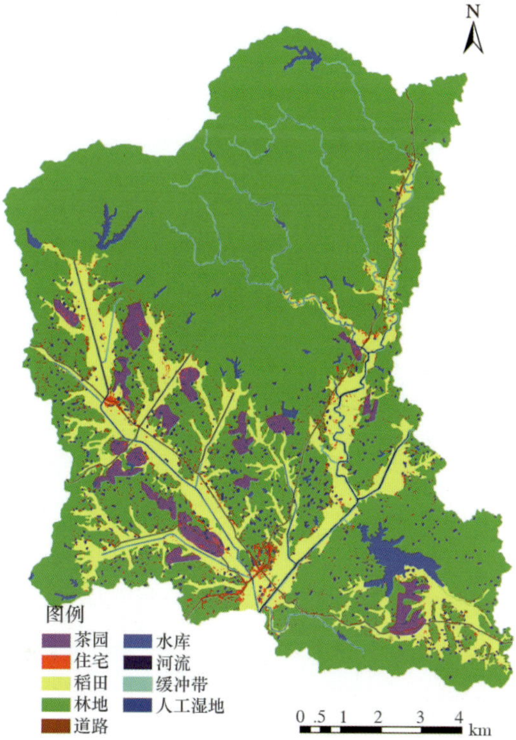

图 6-10　情景Ⅱ:提升水环境质量为首要目标的未来景观格局

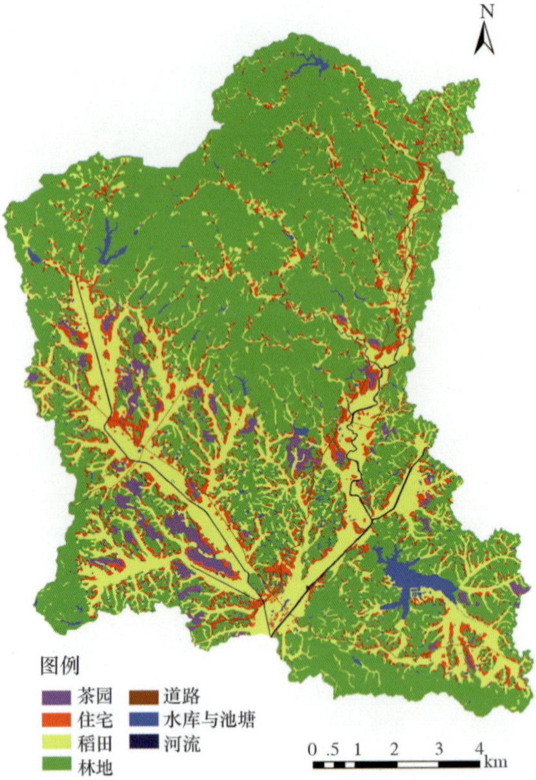

图 6-11　情景Ⅲ:新型城镇化建设为首要目标的未来景观格局

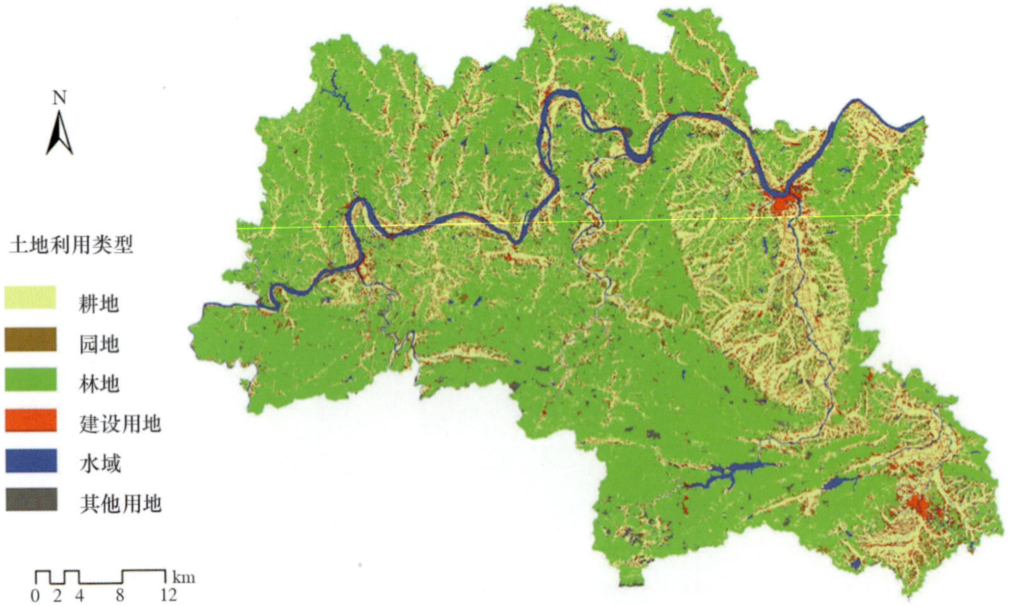

图 7-1　桃江县土地利用现状图

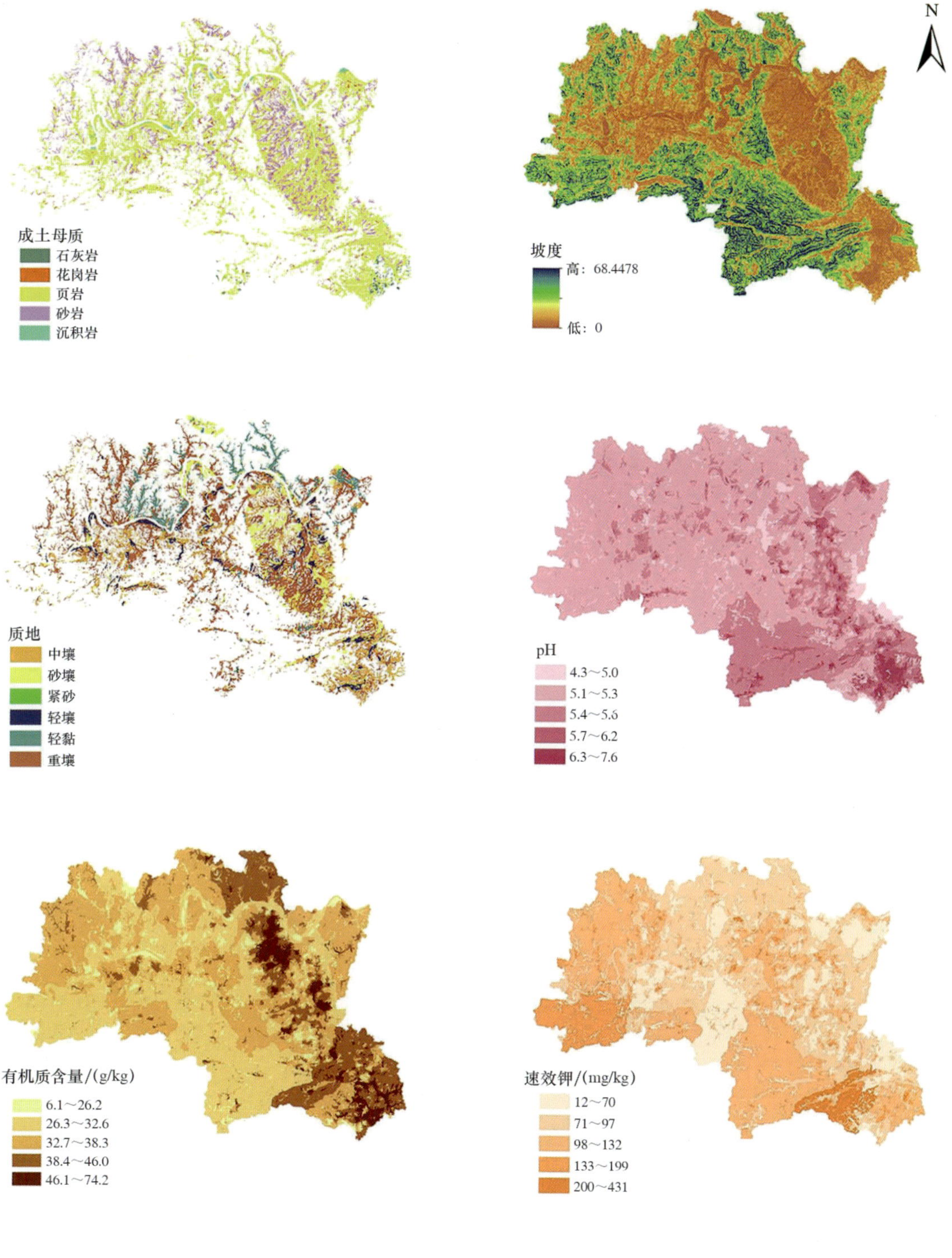

图 7-8　桃江县耕地生产力评价指标空间分布图

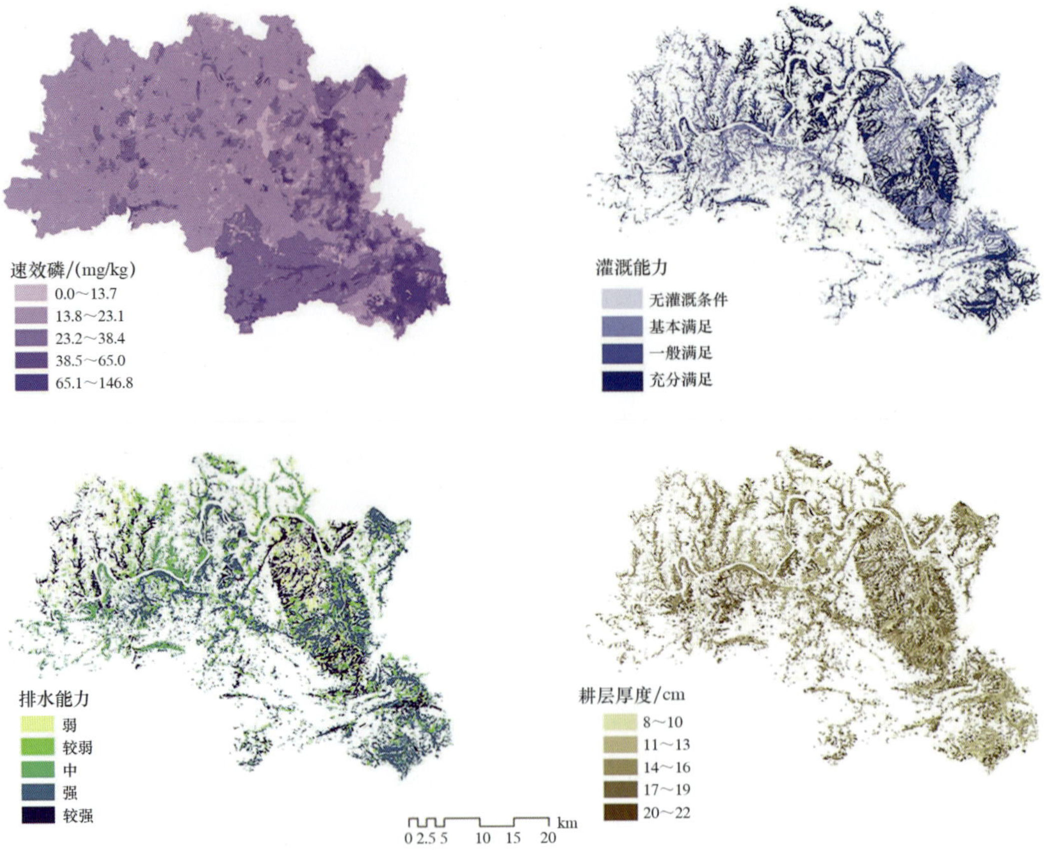

续图 7-8

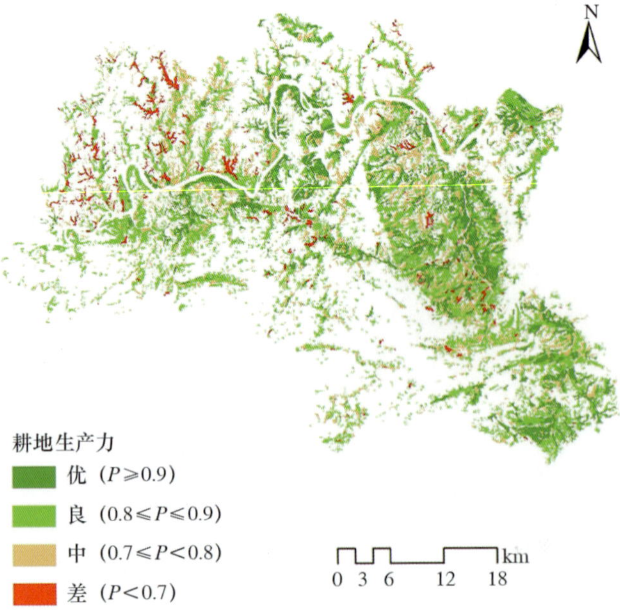

图 7-9　桃江县耕地生产力空间分布图

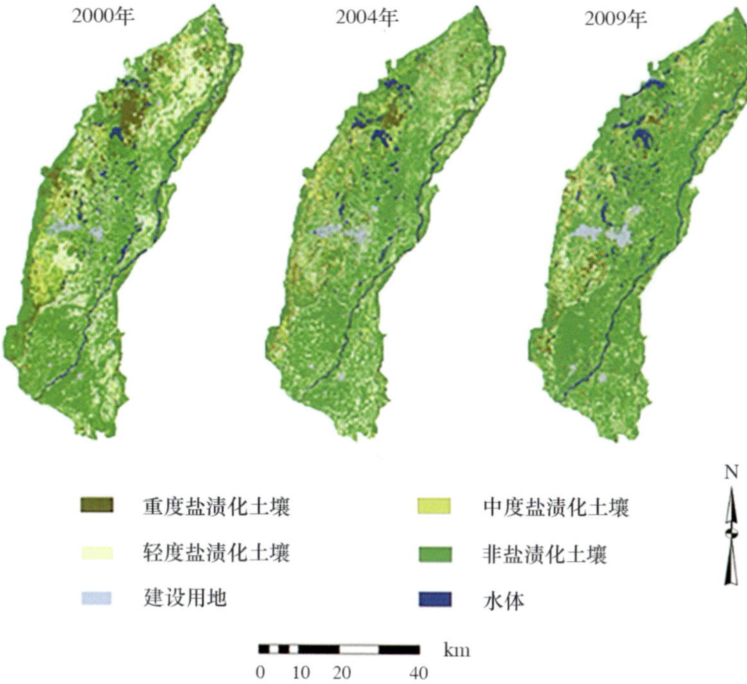

图 8-3　银川平原灌区盐渍化土壤景观分类图

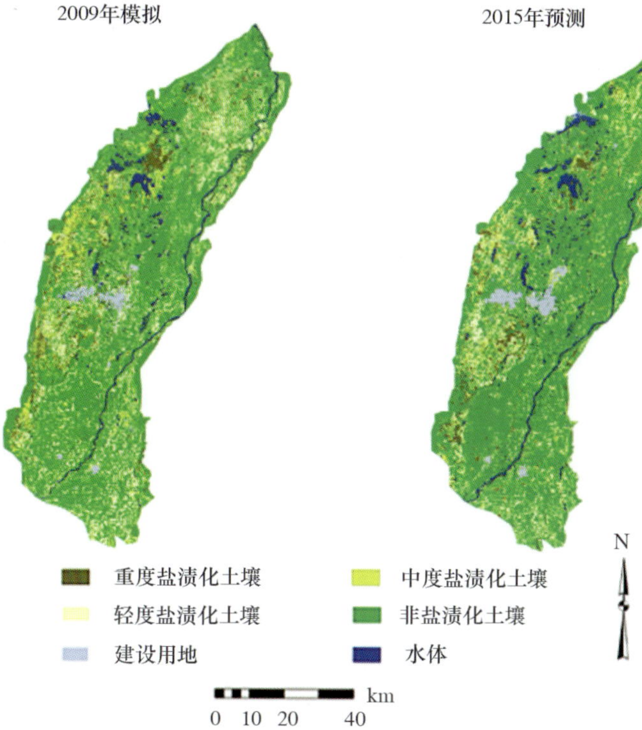

图 8-8　2009 年与 2015 年盐渍化土壤景观模拟与预测

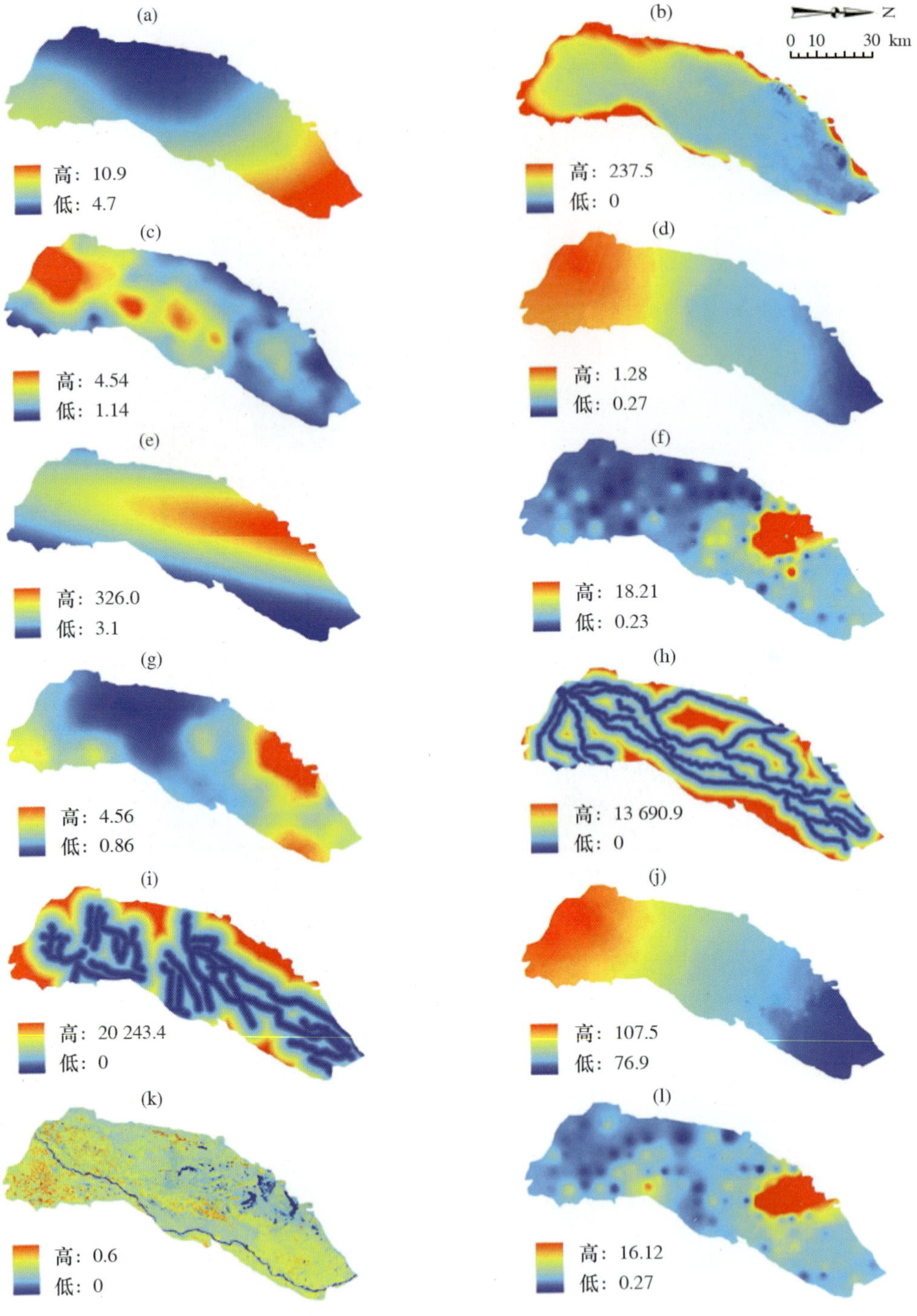

图 9-2　土壤盐渍化风险因子空间分布图(部分指标)

(a)蒸降比(一)；(b)相对高差(m)；(c)地下水埋深(m)；(d)[illegible]指数(一)；(e)人口密度(#/km²)；(f)表层土壤含盐量(g/kg)；(g)地下水矿化度(g/L)；(h)到灌溉渠的距离(m)；(i)到排水沟距离(m)；(j)有机肥投入量(t/km²)；(k)植被覆盖度(一)；(l)底层土壤含盐量(g/kg)